中國史學基本典籍叢刊

皇宋中興兩朝聖政輯校

五

〔宋〕佚名撰
孔學輯校

中華書局

增入名儒講義皇宋中興聖政卷之五十四

孝宗皇帝十四

淳熙二年春正月甲申朔。

泉州左翼軍聽帥司節制

二月癸亥，詔：「泉州左翼軍去朝廷二千里，每事必申密院殿司，恐致失機。自今遇有盜賊竊發一時，聽安撫節制。」

節録館職策

三月己丑，進呈何澹試館職策，有御筆勾處，奏審取旨。上出文字一紙，乃録其策中所言「堂闕歸部，亦有未便。舊法，吏部長貳得以銓量年老不堪釐務之人，今不復有所進退。近來引見選人改官，未聞有不許改官者」。上曰：「恐所言有可採者，不欲遺之。」後五日，檢照條例將上，申嚴舊法，令吏部從實銓量，并引見選人改官，於進卷内具出舉主所薦事狀，如係捕盜人，即詳具所得功賞之因。從之。

擢詹騤等

是月，親試舉人，賜詹騤以下及第、出身有差。尋特御射殿，引正奏、特奏名按射，推賞有差。後遂爲例。

楊甲對策忤旨

蜀人楊甲對策，言恢復之志不堅者二事，其一謂「妃嬪滿前，聖意幾於惑溺」，其一謂「策士之始，其及兵者不過一言而已，是以談兵革爲諱，論兵革爲迂也」。上覽對不悦，置之第五。

降會子換兩淮銅錢

是春〔一〕，降會子五十萬貫，付兩淮收換銅錢。

楮幣少而重

夏四月壬子朔，内殿進呈淮東、西兩總領各乞以金銀兑換會子支遣。上曰：「綱運既以會子中半入納，何故乃爾闕少？」葉衡、龔茂良奏：「緣朝廷以金銀換收會子，椿管不用，金銀價低。軍人支請折閲，所以思用會子。」上曰：「何幸得會子重，但更思所以闕用之因。」三日，復宣問及此，衡奏：「户部歲入一千二百萬，其半爲會子，而南庫以金銀換收者四百餘萬，流行於外者纔二百萬，安得不少？」上曰：「此是户部之數，不知兩總領所分數入納如何？兩處且各以三十萬與之兑換金銀。」及錢良臣申到，民間入納闕少會子，并兩淮取換銅錢，已支絶會子，乞再給降。上曰：「會子直如此少？」茂良奏：「聞得商旅往來貿易，競用會子，一爲免商税，二爲省脚乘，三爲不復折閲。以此觀之，大段流通。」上令應副，因宣諭曰：「卿等子細講究本末，思所以爲善後之計。」

臣留正等曰：以楮爲幣，其始行之，猶未至於流布，自發内帑所積以易之，而後楮幣重於黄金。雖有僞之亂真，與夫易於欺隱之爲弊，而三十年間，其重也有加於前日者，蓋得其所以權輕重之道也。然猶聖訓丁寧，思所以爲善後之計，豈非以是爲權宜之制乎？聖慮所及，其深遠矣。

除豁已放秋苗

乙卯，進呈江西、湖南昨得旨，以頻年旱傷，第四、第五等人户合納秋苗，特蠲一半，切恐諸郡支遣不足，緣此敷擾及民。上曰：「此是特恩，又所争止十七八萬斛，可並於上供數内除豁，仍禁戢不得輒有敷擾，許人户越訴，將違戾官吏重作施行。」

臣留正等曰：蠲減之難，蓋拘於上供之不可闕。仁宗皇帝嘗因水旱詔減上貢，然後惠利及於斯民。壽皇聖帝自即位以來，蠲逋已責，亦云多矣。而淳熙改元，江西、湖南所減斛以萬計者，十有八悉於上供之數而除之。節用以裕民，至哉之仁，與天同其大矣！

禁兵將奔競交結

戊辰，興州駐劄御前諸軍都統制吴挺劄子：「切見四川諸軍，近年以來，兵將官差除廢罷，雖名爲出自宣撫司，其實多自諸司官屬，及州縣官造作毁譽，推薦中害，往往罪賞不當，因此兵將官不以職事爲意，專務奔競交結。乞指揮嚴行戒飭。」詔：「令宣撫司常加覺察，如有違戾，具名申奏，重作施行。」

臣留正等曰：風俗之弊，至於毁譽之亂真，交結以媒進，其在遠方，容或有之。主帥之言，要之未必盡然，而聖主爲之戒敕，亦足以見皇明之燭，雖遠而必從，雖微而必察，四方萬里如在畿甸之中，此所以天下之大，而運之一堂之上也。

知縣以三年爲任

五月己丑〔二〕，詔：「知縣並以三年爲任。」從知饒州王師愈之奏也。

臣留正等曰：古者吏與民相親，官吏布于六卿之中，又何嘗有遷徙更易之勞哉？故夫言焉而民聽之，令焉而民從之。後世既異于古，而又不使之久任，以千萬人之情僞，而聽於一令之耳目，雖得賢者爲之，猶恐難乎其爲力也。三年爲任，則官修其業，民習其教，古之意爲近之矣。

辛卯，宴宰執於澄碧。上曰：「今歲雨暘時若，蠶事已畢，聞諸處麥已登場，米價低平，百物俱廉，可喜。」遂汎問中外事，葉衡等各以所聞對，上曰：「自三代而下至於漢、唐，治日常少，亂日常多，何故？」衡奏：「正爲聖君不常有，如周之八百年，所稱極治者，成、康而已。」上曰：「然。朕嘗觀無逸篇，見周公爲成王歷數商、周之君，享國久遠，真後世龜鑑，未嘗不以此爲戒。」衡等同奏：「陛下能以無逸爲龜鑑，誠宗廟社稷無窮之福也。」

宴宰執於澄碧

汎問宰執中外事

論歷代治亂

以無逸爲龜鑑

臣留正等曰：人主之德成於憂勤而敗於逸樂，成王之賢未必遠過於商之三宗，蓋以衆賢在朝，相與講明天下之理，推之於稼穡之艱難，而驗之於小人之怨詈，據舊鑑新，日就月將，遂成賢君之名，無逸之書之效也。仰惟至尊壽皇聖帝天資之高，聖德之不可及，然猶有取於是書，則夫保天下之治於無窮也，蓋原於此矣。

上又語及君臣相遇之難曰：「如陸贄之于唐德宗，不謂不遇。朕嘗覽奏議，喜其忠直，次第見於施行。」龔茂良奏：「蘇軾在經筵，繳奏陸贄奏議，其

喜陸贄奏議

表云：『人臣獻言，正如醫者用藥，藥雖進於醫手，方多傳於古人。』陸贄不遇德宗，今陛下深喜其書，欲推行之，是亦遇也。」上又汎論用人不可分别黨與，須當盡公。又曰：「朝廷所用，止論其人賢否如何，不可有黨。如唐之牛、李，其黨相攻四十餘年不解，皆緣主聽不明，所以至此。文宗乃言：『去河北賊易〔三〕，去朝中朋黨難。』朕嘗笑之。爲人主但公是公非，何緣爲黨？」衡等同奏：「文宗優柔不斷，故有此語。陛下聖明英武，誠非難事。」上曰：「此所謂坐而論道，豈不勝如絲竹管弦？」皆起謝。

臣留正等曰：自古小人之欲害夫君子也，其説有二：曰好名也，曰歸過於人主也。至於逐君子而去之，則必歸於朋黨之一説，黨之名立，黨之説行，則善士之容於朝者少矣。君子去，則小人之志伸，極其所爲，皆足以召天下之禍，信史所載，殊途一轍。聖論用人不可分别黨與，玉音所傳，天下稱誦，亦孰敢有不精白以承休德者哉！

龜鑑曰：召於選德，見於祥曦，引於水殿，宴於澄碧，從容坐席之間，上下射飲之樂，非但曰禮樂相示而已。凡軍國大政，古今理亂，有事當商確者，不妨專奏；有疑當闕决者，隨即徹聞；如某事未施行，則以

用人不可分黨

不肯任事責魏杞；如某除未公當，則以徇情廢法責允文；且謂朕有闕失，卿等不可不極言，非聽納之勤，能如是乎？

戒士夫清議

上又曰：「朝廷所行事，或是或非，自有公議。近來士大夫又好唱爲清議之說，此語一出〔四〕，切恐相師成風，便以趨事赴功者爲猥俗，以矯激沽譽者爲清高，駸駸不已。如東漢激成黨錮之風，殆皆由此，深害治體，豈可不痛爲之戒？卿等可書諸紳。」茂良奏曰：「唐末白馬之禍，害及縉紳，至有清流、濁流之說。然惟大中至正之道可以常行。」上曰：「朕常日所行，乃執其兩端，用其中於民。」衡等同奏：「舜之所以治天下者，其要在此。」

用中于民

上下堅守法度

六月癸亥，進呈內降李顯忠奏陳，乞女夫添差東南第四副將趙鼒差遣，奉御筆再與前任差遣，緣無添差恩例，有礙近降指揮。上曰：「卿等合如此理會，既礙指揮則已。大凡法度，須是上下堅守。」

用人在久任

乙亥，臣寮言：「用人之道，未有不以久任爲說，諸路則監司、帥守，諸軍則都統、統制，此尤不可不久。望詔大臣求材預備，待其或闕，則取而用之，如此則用得其人，可久於其任。」從之。

定補外帶職法

是月，定補外帶職格，從左司諫湯邦彥之請也。邦彥言：「陛下憂勤萬務，規恢事功。然而國勢未强，兵威未振，民力未裕，財用未豐，其故何耶？由群臣不力故也。望自今而後，中外士夫，無功不賞，而以侍從恩數待有功之侍從，以宰臣恩數待有功之宰相。任侍從、宰相無功而退者，並以舊官歸班。惟能强國治兵、裕民豐財者，則賞隨之，而又視其輕重而爲差等。任侍從而功大，與之宰執恩數可也。任宰相而功小，與之侍從恩數可也。其在外者，雖不曾任侍從、宰執，而其所立之功可以得侍從或宰相恩數者，亦視其功而與之，則天下之士變求進之心爲立事之心，而陛下之志遂矣。」上深然之。遂詔自今宰臣、侍從除外任者，非有功績，並不除職。在朝久者，特與轉官。其外任人，非有勞效，亦不除授。於是曾逮以權工侍出知秀州，不帶職，用新制也。

罷宣撫司復制置

罷四川宣撫，復制置使。湯邦彥又論：「四蜀復置宣撫，而以應於舊屬場務悉還軍中。又除統制司赴宣司審察外，其餘皆俾都統自差，是與其名而奪其實。與其名則前日體貌如故，奪其實則前日事勢不存。以不存之事勢，爲如故之體貌，是必上下交惡，軍帥不睦，不惟無益，而又害之矣。」上亦納其言，於是召沈夏還朝，而宣撫司遂罷矣。

竄張説等

竄蔣芾、王炎、張説，芾、炎落職，説降觀使，建昌、袁、撫州居住。以言者論，三臣其始皆言誓死效力以報君父，及得權位，懷姦失職，深負使令也。

不輕降楮幣

秋七月乙未，宰臣進呈訖，上曰：「今中外無事，近日時時得雨，豐稔可待。會子通行，民間銅錢日多，甚可喜。」葉衡奏：「今諸處會子甚難得，謂宜量行支降行〔五〕使。」上曰：「未可。向來正緣所出數多，致有前日之弊。今須少待，徐議施行。」

臣留正等曰：幣之以楮，權時之宜也。斂散之得，其術則未始不便於民。大觀嘗改四川交子爲錢引矣，蓋自取湟廓〔六〕，增之以助軍費，由是比天聖一界踰二十倍，價益損矣。及其換也，以新交子之一易舊交子之四，因多寡而爲重輕，其驗可考也。觀之於此，聖主之慮深矣。

議賈和仲失律罪

丁未，上宣諭葉衡等：「賈和仲，朕本欲行軍法，然其罪在輕率進兵。朕觀漢、唐以來將帥被誅，皆以逗遛不進，或不肯用命。今和仲正緣輕敵冒進，誅之，却恐將士臨敵退縮。俟勘到情犯，別議施行。」先是，上宣諭衡等：「賈和仲與茶賊戰失利，當治其罪。此須商量，要歸於當。朕非固欲誅之，和仲當一小寇，乃失律如此，設有大敵，當如何？不誅恐無以警諸將，然誅一人，須要是，卿等更熟議。」

彗出西方

是月，彗出西方。

張栻論廣西鹽法

八月甲戌，廣西經略張栻言：「諸郡賦入甚寡，用度不足。近年復行般賣鹽，此誠良法，然官般之法雖行，而諸郡之窘猶故。蓋以此路諸州全仰于漕司，漕司發鹽，使之自運，除本脚之外，其息固有限，而就其息之中，以十分爲率，漕收其八，諸州僅得其二。逐州所得既微，是致無力盡行般運。而漕司據已撥之數，責八分之息，以爲寄樁，則其窮匱，何時而已？幸有僅能般到者，高價抑買，豈保其無欲？乞委本司及提刑鄭丙、漕臣趙善政公共將一路財賦通融斟酌，爲久遠之計，既于漕計不乏，又使一路州郡有以支吾，見行鹽法，不致弊壞。」從之。

湯邦彥使虜

是月，湯邦彥使虜〔七〕，請河南陵寢之地也。

淮襄等依舊分路

九月辛卯〔八〕，詔揚、廬、荊南、襄、興元、金、興州依舊分爲七路，每路文臣一人，充安撫使以治民，武臣一人，充都總管以治兵。

黃茂材教六花陣

丁酉，知荊門軍黃茂材言：「唐李靖六花陣法，出於武侯，嘗因陛對，畫圖以進。比帥司奉詔，令州軍見管民兵以七十五人爲一隊，正合李靖兵法，遂將本軍義勇民兵分爲七軍，每軍旗幟各別色號，置造兵器，候今冬躬自教習，大陣包小陣，大營包小營，隅落鈎連，曲折相對，可以成六花陣。今來荆南府差將官前來本軍教閲，恐只沿習軍中之法。乞將本軍民兵自教兩月，却差荆南將官一員閲視。」從之。

論宰執當容物

己亥，龔茂良、李彦穎奏：「省院各止獨員，臣等於擬除批旨等事皆不便。」上曰：「朕深入思慮，以未得其人，故爾遲遲。」因汎論中外臣僚，上曰：「爲宰臣，須胸次大，乃能容物。」茂良奏：「誠如聖諭。坤之六二，乃大臣爻，其辭云：『直方大，不習無不利。』直方之德須大，乃能有容。」上曰：「居此位，安可不大？」彦穎奏：「後之爲輔相者，往往先有忌克之心，以故不能容。」上曰：「士大夫更歷外職任，未見其短，纔居政路，便覺有此等病。」茂良奏：「書之泰誓曰：如有一介臣，斷斷兮無他技云云。蘇軾爲之訓傳，謂前一人似房元齡，後一人似李林甫。」上曰：「此説極當。」

士夫知道者少

次日，内殿奏事畢，茂良等謝昨日聖訓。上曰：「今士大夫能文者多，知道者少，故平時讀書不見於用。」

重關外四州選辟

庚子，詔：「階、成、西和、鳳州當職官以下，令本路帥、漕司於四路在部官同共選辟，并體量見任人，委實癃老及不堪倚仗者，並申制置司躬親審量保明，申取朝廷指揮。其所辟官不許辭避。所有邊賞一節，令吏部看詳，申尚書省。」以知成都府、權四川制置使范成大所奏也。

臣留正等曰：關外四州最爲極邊之地〔九〕，吏之不得其人可乎？其後十月乙未，又有旨：「四州守臣舊以統制官兼令都統司審擇保明奏差，通判令制置司保明選辟，見任知、通，令兩司各行審量能否聞奏。」誠使一郡之内，皆得其人，則遠方之人如在畿甸之内。武王「不泄邇，不忘遠」之意，可考於此矣。

范成大乞互相應援

甲辰，制置范成大言：「相度乞下興州都統司，如鳳州不測，緩急所有應援一節，一面應機將附近軍馬遣發前去，却申制司照會。」從之。

湯邦彦攻罷葉衡

是月，葉衡罷相，以諫官湯邦彦論其奮身寒微，致位通顯，未聞少有裨益，惟務險愎，以爲身謀也。初命知建寧府，言者不已，遂罷之。

閏九月庚戌，詔：「諸路常平司，每歲於秋成之際，取見所部郡縣豐歉各及幾分，如有合賑糶、賑給去處，即仰約度所用，及見管米斛若干，或有闕少，合如何措置移運，並預期審度施行，仍須管於九月初旬條具聞奏。」

禁私易官吏

辛酉，浙憲徐本中言：「近者州郡率用私意，更易官吏，不申省部，不報監司，移郡之邑，移邑之郡，或以他官而兼攝，或以卑官而任重〔一〇〕，往往辭繁就簡，捨薄從厚，請求僥覬，惟利是趨，易置紛然，寖亂舊制，理宜戒飭。」從之。

給亭户納鹽手曆

壬戌，詔浙東提舉鹽司，體訪浙西提舉薛元鼎措置印給亭户納鹽手曆式樣，將合支本錢盡數秤下支給，毋致積壓拖欠。先是，元鼎印給手曆，遍給亭户，令賫曆就秤下支錢，至是，復令浙東行之。

詔浙東修水利

丁卯，詔：「浙東今歲間有旱傷州軍，仰轉運、提舉日下委官興修水利，召募本處闕食人，支給錢米，因此存濟，趁時修築，不得因而科擾。」

小官不許再任

守祖宗成法

辛未，進呈淮南轉運司申濠州鍾離、定遠縣巡檢耿成令再任〔一一〕。上曰：「祖宗成法，惟監司及沿邊郡守方許再任。耿成雖有勞效，已經再任，不欲以小官差遣，壞祖宗成法。」因論及：「國家承平二百年，法令明備，講若畫一。儻能守之，自足爲治。蓋天下本無事，庸人擾之耳。」

是月，賑兩淮饑。

定坊場祖額

冬十月戊寅朔，詔浙東合納內藏庫坊場錢，可依自來立定祖額。

具析修水利官

庚辰，詔：「昨令諸路興修水利，以備旱乾。今歲旱傷，江東、淮東爲甚，未委當來如何興修〔三〕，元興修官具析以聞。」從門下省請也。

不許陞降服屬

丁酉，進呈御筆，將上臣僚奏，吴益王府「多」字號宗子係英宗四世孫，祖免親，乞陞等換官，并每月添支錢米及雇募人等。上曰：「此事須當討論，恩數即可與。如服屬，豈容輒有陞降？」

賞李川舉職

壬寅，上諭執政曰：「李川按劾統制官解彥詳等不能平賊，此甚可喜。風俗委靡，務爲姑息，以徇人情，此弊非一日。朕每見有能舉職者，須與激勵。李川昨曾降官，今可與復元官，更轉一官。」

加太上帝后尊號

十有一月戊申朔，日南至。加太上帝、后尊號，光堯壽聖憲天體道性仁誠德經武緯文太上皇帝、壽聖齊明廣慈太上皇后。

不受王楫羨餘

戊午，進呈提點坑冶王楫奏：「刷到本司寬剩錢十萬貫，欲乞進入，以裨慶賚之萬一。」上曰：「此不可受，亦不須却，宜令就本處樁管，充製造軍器使用。」龔茂良奏：「是舉不惟可遏獻羨餘之原，亦使中外聳然，莫測聖意所在。」

復祖宗會計録

癸亥，臣僚言：「祖宗時，有會計録，備載天下財賦，出入有帳，一州以司法掌之，一路以漕屬掌之。紹興七年，臣僚有請，倣本朝三司之制，專舉提舉帳司，總天下帳狀，以户部左曹郎官兼之。積習既久，視爲文具。乞詔户部條畫，申嚴措置，俾天下財賦有所稽考，不致失陷。」從之。

推行張栻保伍法

張栻留意職事

張栻經理邕管

戊辰，進呈知静江府張栻奏：「保伍之設，誠戢盗之良法。臣自到官以來，講究措置，施行於静江境内，頗得其效。近復以推於一路。乞下有司考訂斟酌，申嚴而行之。」上曰：「張栻頗留意職事，可委諸路州軍守臣，詳廣西已行事理，措置施行，帥、憲司常切覺察，毋致稽慢。」栻尋又奏：「本路備邊之郡九，而邕管爲最重。邕之所管，輻員數千里，而左、右兩江爲最重。自邕之西北，有牂牁、大理、羅甸，自杞而西南，有白衣、九道、安南諸國，皆其所當備者。然邕之戍兵不滿千人，所恃以爲籬落者，惟左、右兩江溪洞共八十餘處民兵，不下十萬，首領世襲，人自爲戰，如古諸侯民兵之制。其去邕管近者餘三百里，遠者近千里，所恃以維持撫馭之者，惟提舉盗賊、都巡檢使四人，各以戍兵百餘，爲溪洞綱領，其職任可謂不輕矣，可不遴選其人，謹護其土，以爲南方久遠之蔽？乞依大觀指揮，許本司奏辟。」從之。

己巳，進呈提舉江東潘甸、提舉淮東葉翥、權發遣平江府陳峴具析到修

治修水利不實罪

治陂塘事。上曰：「昨委諸路興修水利，以備旱乾。今歲災傷，乃不見有灌溉之利。若非當來修築滅裂，即是元申失實。内江東已修去處最多，彼傷分數尤甚。」於是潘甸特降一官，落職，葉翥特降兩官，陳峴特降一官。

臣留正等曰：恭惟壽皇聖帝務農而憂民，雨暘必關念慮，蠶麥致形詔書，水利之興在在而有，其以功績聞者既加之賞矣，否則罰亦必行。是以年穀屢登，田野加闢，雖有水旱，民無菜色，蓋以聖心勤民之切，而有司先備之素也。

申嚴大臣見客禁

甲戌，詔：「大臣日見賓客，有妨治事。累有指揮，如侍從、兩省官、三省、樞密院屬官有職事，於聚堂取禀；私第除侍從外，其餘呼召、取覆等官，每日各止許接見一次。出榜私第，可常切遵守施行。」

十有二月丁亥，詔：「近來赴朝臣僚，於殿門内輒行私禮，朝儀不肅，有違條法，令閤門覺察彈劾。」

肅朝儀

臣留正等曰：周官：掌治朝有職，禁慢朝有法。然後君道尊如上帝，主勢重於萬鈞。聖詔丁寧，聞者加警，會朝之間，其孰敢有不肅者哉？

行太上慶壽禮

甲午，行上皇慶壽禮，以太上皇帝來年聖壽七十，預於立春日詣德壽宮行慶壽禮，大赦。

更定强盜贓法

是月，更定强盜贓法，詔比舊法增一倍定罪。

併左藏南庫封樁庫

併左藏南庫、封樁庫。提領左藏封樁庫顏度言：「今相度欲將南上下庫及封樁上下四庫併爲二庫，以左藏南庫、左藏封樁庫爲名，將兩處錢物，乞從朝廷各行就便對兑，並不用上下二字，不須添置官吏，就用各庫官吏合干人等〔一三〕。」從之。遂以左藏南上庫充左藏封樁庫對兑。時内旨取撥南庫緡錢色目寖廣，

龔茂良講求財用

龔茂良奏：「朝廷所急者財用，數十年來講究措置，靡有遺餘，而有司乃以窘匱不給爲言。臣因取其籍，披尋本末源流，具見積年出入之概。大抵支費日廣，所入不足以當所出之數。至紹興十七年，所積盡絶，每歲告闕不過二百萬緡。至二十四年以後，闕至三百萬緡，而乾道元年、二年闕六百餘萬緡。爾後却有增收鹺錢色目，粗可支吾。有司失職，無以爲計，專指南庫兑貸給遣。臣復講求南庫起置之因，其間經常賦入，蓋亦無幾，而屬者支費浩瀚，約計僅可備二三年之用。若繼自今撙節調度，可無倉卒不給之患。」因條具以聞。上感悟。

李燾上兩朝長編

是歲，江西轉運副使李燾上神、哲兩朝續資治通鑑長編，自治平四年三月盡元符三年正月。

置饒州都大司

以王榗爲都大提點坑冶，其合差官，令榗奏辟。尋移司饒州，歲鑄以十五萬爲額。

淳熙三年春正月戊申朔〔一四〕。

閱兩浙福建土兵

二月辛巳，上御便殿，閱兩浙、福建土兵。上曰：「軍士皆好身手，教閱甫三數月〔一五〕，事藝已精熟，弓弩手自可比殿司之數。」因諭輔臣曰：「向來兀术入寇〔一六〕，陳思恭邀截於平江，官軍乃用長槍，不能及虜〔一七〕，兀术遂以輕舸遁。韓世忠江上之戰亦然。若用弓弩，兀术必成擒矣。今次州郡起發禁軍、土軍極整肅，兹又及時遣歸，更加激犒，他時調發，必易集也。」

日食

三月丙午朔，日有食之，陰雲不見。

進呈上皇日曆

進呈上皇日曆。

不許四川借職田

夏四月戊寅，進呈四川總領所乞再借四路職田租課十年，歲爲錢十二萬貫，充揀汰人請給。上曰：「昨借諸路職田，尋已給還，四川自當一體，豈可再借？」龔茂良、李彦穎奏：「圭田所以養廉，誠不當借。」上曰：「卿等可契勘，别撥錢作揀汰人請給，職田自今歲便與給還。」

公舉監司郡守

龔茂良等奏：「昨已繳進，令侍從、臺諫、兩省官薦舉監司、郡守指揮，未審曾經睿覽否？」上曰：「薦舉本欲得人，又恐干求請託，却長奔競之風。」茂良等奏：「天下事未有無弊，雖三代良法，久亦不免於弊。今陛下既欲精選監司、郡守，非薦舉何由知之？」上曰：「若令雜舉，則須衆論僉允，庶幾近公，况又經中書考察，而後除授，亦足以見朕於人材博采遴選如此，非苟然也。」乃詔侍從、臺諫、兩省官參照資格，不以内外，雜舉監司、郡守歲各五人。中書省置籍，三省更加考察取旨。

禁納苗重收耗

辛巳，進呈兩浙運判吴淵奏，乞將諸路州郡輸納秋苗，加耗不得過三分。御筆將上，龔茂良、李彦穎奏：「近年州縣納苗加耗太重，甚者至兩石以上，方可納一石。」上曰：「如此，則民力安得不困？吴淵既爲漕臣，自當覺察。若有似此去處，可令奏劾，重作行遣。諸路依此施行。」

是月，雨雹。

竄葉衡

葉衡責居郴州。以其昨任宰輔，不能正身竭誠，日惟沈湎于酒，徇私背公也。

初，湯邦彦敢爲大言，虞允文深器之。允文出爲四川宣撫也，辟邦彦以行。允文没，邦彦還朝爲右司諫，奉詔充申議使，使虜求陵寢地〔一八〕。邦彦至燕，虜人拒不納〔一九〕，既旬餘，乃命引見，夾道皆控弦露刃之士，邦彦大怖，不能措一詞而出。上大怒，詔流新州。上諭輔臣：「虜既不受本朝禮物，邦彦乃受虜中所賜，辭受之際，理亦易曉，乃不顧名節，辱命如此！」邦彦既一斥不復，自是河南之議始息，不復遣泛使矣。

大事記曰：恢復之機既失，雖虞允文始相，建議遣使，以陵寢故地爲請，然識者以爲當争之於未講和之初，而不當争於和議已定數年之後。彼雖仁義不足而凶狡有餘〔二〇〕，反以大義責我。故當時端人正士，如張栻、黄中、劉珙、朱熹、吕祖謙最爲持大義者也，而乾道五年，張栻入對，則謂：「欲復中原之地，必先收中原百姓之心；欲得中原百姓之心，必先固吾境内百姓之心。」六年，黄中入對，則謂：「言和者忘不共戴天之讎，固非久安之計；言戰者復爲無顧忌之大言，無必勝之術，内修政理，外觀時變而已。」張栻再入對，亦謂：「虜中之事臣雖不知〔二一〕，而境内之事知之詳矣。比年諸道歲饑民貧，國家兵弱財匱，正使彼實可圖，臣懼我之未足以圖彼也」。七年，劉珙手疏，則謂：「我所以自治者大抵闊略，而乃外招歸正之人，内移禁衛之卒，手足先露，吾恐恢復之功未易可圖，而意外立至之憂，將有不可勝言者。」呂祖謙輪對，則謂：「恢復，大事也。規模當定，方略當審，始終本末當具舉，緩急難易當預謀〔三二〕」。而朱熹戊申封事亦曰：「此事之失，已在隆興之初，不合遽然罷兵講和，遂使宴安鴆毒之害日滋月長，坐薪嘗膽之志日遠月忘。區區東南，事猶有不勝慮者，何恢復之可圖乎？」蓋炎興之虜〔三三〕，奉辭以討之可也；隆興之虜，正名以絶之可也；乾道之虜，積實以圖之可也。惟隆興有恢復之志而無恢復之機，此孝宗之志所以未盡遂也。

上喜得雨

五月丙午，龔茂良、李彥穎奏：「農事正是時，民間以久不得雨爲慮。適連夜霶霈，極可慶。」上喜甚，曰：「朕日夕以此爲憂，早上方宫中焚香，拜謝天地，更乞終惠，成此豐年，以寬焦勞之念。不知江東、淮南何如？可令逐路漕臣具得雨日分及布種次第，申尚書省。」

錢卓犯階級降官

戊申，進呈權知隆興府呂企中奏：「本路鈐轄錢卓初到官，權借印記，愠怒形於公移。」上問：「如何？」龔茂良、李彥穎奏：「祖宗朝分道置帥，以任一面之寄，事權至重，平時分守，嚴則緩急號令得行一路。兵官於帥臣自有階級，豈容如此？」上曰：「祖宗立法有深意，錢卓可降一官。」

臣留正等曰：五代之季，將悍而兵驕，真人作而天下一，上之使下，如臂之運指，下之從上，如手足之捍頭目者，非以分守之明而階級之嚴乎？授之鉞而專征，雖出位犯分之副將，亦可得而誅之，萬世之基，實定於是。詩曰：「不愆不忘，率由舊章。」臣等於此見之。

治中國以服夷狄

乙卯，宗正少卿程叔達輪對，論修政等事，因言夷狄盛衰〔二四〕，不足以爲中國慮，而中國之治否，所宜留意。上曰：「中國既治，自然懷服矣。」

戒飭牧馬官

癸亥，王淮進呈步軍司相度牧馬去處。上曰：「前日牧馬官辭，朕戒以愛護馬當如愛護己身，饑飽勞佚，各隨時調節。若己身所不能堪者，馬亦不能堪之，但馬不能言，告訴不得耳。」龔茂良等奏云：「陛下留神馬政，曲盡物情。聖言及此，其仁蓋不可勝用矣。」

不許張默添差

詔以張默爲國子監書庫官。先一日，中使傳旨：「有張默者，乃秀王夫人親堂侄，欲與一添差監當，於法不礙否？」龔茂良奏：「近制，惟宗室、戚里及歸正人方得添差。在法稱戚里者，謂三后四妃之家。」至是奏審。上曰：「朕正不欲先自廢法，可勿行。」遂同奏，乞除正闕書庫官。詔從之。

柴瑾除臺官

是月，以柴瑾爲殿中侍御史。瑾入對，上曰：「惟卿不求進，所以有此除。」

減四川虛額錢

六月乙酉，四川制置范成大奏：「四川酒課折估虛額錢四十七萬餘緡，乞自淳熙三年爲始減放。」詔以湖廣總領所上供錢内撥還。

削遺表恩澤之濫

丙戌[二五]，進呈敕令所修到寺監長貳雜壓在中散大夫之上，致仕恩澤外，更與遺表蔭補條法。上問：「舊法如何？」龔茂良等奏：「舊法已與致仕蔭補，即無遺表恩澤。」上曰：「名器之濫，皆由如此放開。莫若只依舊法。」

朱熹除秘書不就

甲午，龔茂良奏：「近奉詔旨，欲獎用廉退之士。有朱熹者，操行耿介，屢召不起，宜蒙録用。」上問：「曾爲何官？」李彦穎奏：「聞曾歷州縣官一任，後以密院編修、武學博士召，皆不起。近歲陛下特與改官，見任宫觀。」上曰：「記得其人屢辭官，此亦人所共知，今可與除一官。」於是，詔除秘書郎。

臣留正等曰：東漢之興，人謀咸贊，既不乏人矣。既定之後，建三雍，講六藝，東都諸子皆足以辨之，雖不待於側席幽人可也。光武獨拳拳於羊裘之故人，何哉？西都之俗，事利禄，乏節操，習俗既成，國隨之而不振，光武固有鑑於兹矣。自嚴陵之高尚，百世之下，聞者興起，清問所宣，獨有取於廉退之士，其以是夫。

贈魏掞之官

熹以改官之命，正以嘉其廉退，顧乃冒進擢之寵，是左右望而罔市利，乃力辭。會有言虚名之士不可用者，以故再辭，即命主管沖祐觀。

上謂執政曰：「有魏掞之，今安在？」龔茂良等奏：「已物故。」上曰：「其人直諫，方欲稍加擢用，不謂已死。朝廷不可無直諒之士，近有鄭鑑，議論亦甚切直，觀其所言，似出於肝膽，非矯僞爲之者。因看鄭鑑劄子，頗思魏掞之。」鑑時爲太學正，遂命召試館職。又曰：「掞之雖死，欲少加旌别，可贈宣教郎、直秘閣。」

用法不私宗親

秋七月乙巳，宣諭：「湖、秀兩州積欠最多，趙師夔雖已去官，可併將上取旨。」龔茂良、李彦穎奏：「陛下之於群臣，了無親疏之間。」上曰：「此安可少偏？」茂良等同奏：「聖心如天地之公，本無分别〔二六〕。」

鄭鑑除校書郎

是月，以鄭鑑爲校書郎。上語執政曰：「鄭鑑所試館職策，議論切直，甚可取。」因問：「今合除何官？」龔茂良等對曰：「前此學官召試，往往止除正字。」

上曰：「可除校書郎，賞其盡言。」因曰：「策中所言，或是或非，大率剴切不易。」

詔獎劉珙

詔獎劉珙。珙時知建康府，以江東荒歉，珙賑濟有方也。

論仁義中有功利

八月庚辰，兩浙西路提點刑獄陳舉善進對，論仁義功利之辨。上曰：「仁義既行，功利自在其中。」

臺察以舉職遷官

先是，詔御史臺六察許隨事彈奏。至是，詔：「近日糾察，各揚乃職，臺綱益振，可各特遷兩官。」

擇邊地監司

九月癸亥，侍讀周必大進讀三朝寶訓，真宗皇帝嘗擇廣南轉運使，因謂左右曰：「交廣之民去朝廷遠，當選操心平允，能安遠人者任之。自今凡命遠官，尤須謹擇。」上曰：「於所不聞知處，尤當留意。」

臣留正等曰：論天下之勢者，或譬之一身，欲其氣之流行，無一脉之不通也。或譬之一堂之上，欲其休戚憂喜，無一人不同也。二廣之民遠矣，户口不若近之蕃，民力不如近之厚，恩澤不如近之易洽，號令不如近之易行。儻非監司之得人，則民之疾苦，吏之賢不肖，何自而知之哉？唐自中世以來，仕而不得志者，始吏於南方，牧守之任用爲斥逐之地，時人有遺遠之歎。國朝家法相傳，尤重遠民，都俞論道之際，每及於是，天下之幸也。

是月，參政龔茂良、李彥穎等謝外日宣示中宮褘衣。上云：「珠玉之屬，乃就用禁中舊物，所費不及五萬緡。」茂良等奏云：「若不因宣諭，無由得知支用如此不多。」上云：「朕安肯於此妄有所費？」上因宣諭：「近來風俗如何？莫大段奢侈否？」奏云：「輦轂之下，近似稍侈，皆由貴近之家倣效宮禁，以故流傳民間。彼若知聖意崇樸，亦必觀感而化。」上云：「若要革弊，當自宮禁始。」茂良等奏：「仁宗嘗以南海没入大珠賜温成皇后，后時爲貴妃，以充首飾。戚里靡然效之，京城珠價至數十倍。仁宗禁中内宴，望見貴妃首飾，不復回顧，曰：『滿頭白紛紛，豈無忌諱？』貴妃皇恐易去之，仁宗大喜，命剪牡丹，遍賜妃嬪。不數日間，京城珠價頓減。」上喜云：「此事誠當始於宮禁。」茂良奏：「中宮又以儉德聞，何患不革？」上曰：「然。」

革奢侈自宮禁

論仁宗不重真珠事

中宮以儉德聞

初，錢良臣以太府少卿爲淮東總領，龔茂良秉政，聞户部歲撥淮東錢六百九十萬緡，而本所歲用六百十五萬緡而已，因奏遣户部員外郎馬大同、著作佐郎何萬、軍器少監耿延年分往昇、潤、鄂三總司點磨錢物。會良臣以歲用不足請于朝，茂良奏令所委官一就驅磨，而近習恐賕賂事覺，極力救之，

錢良臣結托近習

近習營救錢良臣

茂良不顧。十二月，萬奏總所侵盜大軍錢糧累數十萬。茂良奏下其事於有司。次日，御批令具析。既又改爲契勘。俄中旨召良臣赴闕，駸駸柄用。其後茂良之貶，良臣與有力焉。延年亦言湖、廣總所有別庫別曆所收，已行改正。故二人並遷官，卒坐茂良黨罷云。大同獨無所舉覺，翱翔朝路累年，然後補外。蓋三總司苞苴賄賂，根株盤結，其來已久，非但一日也。

三總司苞苴之弊

是秋，彭州奏：「奉詔撥上供錢對減本州三縣酒課額，民間作佛老會以報上恩。乞以功德疏隨會慶節表疏同進。」上弗許。令守臣諭以國家裕民之意，并諭執政曰：「前日蠲減蜀中折估錢，人情歡感已如此。若異時兵革偃息，數十年來額外横賦盡蠲除之，民間喜可知也。」龔茂良奏：「陛下躬行節儉，視民如傷，所不獲已者，養兵之費，勢未能去爾。」上曰：「自渡江後，所增税賦比舊如何？」茂良奏：「如茶鹽榷酤，皆數倍元額。其最可念者，折帛、月椿等錢，爲江、浙數路之害。陛下念念不忘，若一旦恢復舊疆，則輕徭薄賦，且有日矣。」上曰：「然。」

彭州佛老會報上恩

台、婺等州水。

冬十月甲戌，初，上以雨過多，恐妨收刈，御筆欲行下諸路，決遣獄囚。

批出決獄得晴

於是擬進指揮。上曰：「朕以久陰，祈求未應，獨未曾決獄。昨日欲批出，方下筆而風急起，雲陰頃刻吹散，至晚已開晴。一念之誠，隨即感應。」龔茂良等奏：「天人之際，其應如響。陛下此心與天通，宜其報應之速如此。」翌日，付下張掄奏劄，乞宣付史館。上曰：「朕初不欲言，偶宣諭及此。如此，則是朕自矜也，可寢其奏。」

中宫天資恭儉

己卯，龔茂良、李彦穎奏：「昨日王淮、趙雄爲臣等言，玉音嘗及中宫辭受合得恩數，并及平居常服澣濯之衣等，宣諭臣等。切謂中宫天資恭儉，誠爲盛德，且有以見陛下齊家之效〔二七〕。」上曰：「家道如此，深以爲喜。本朝文物家法，遠過漢、唐，獨用兵差爲不及。」茂良等奏：「國家自藝祖開基，首以文德化天下。列聖相承，深仁厚澤，有以固結天下之心。蓋治體似成周，雖似失之弱，然國祚綿遠，亦由於此。漢、唐之亂，或以母后專制，或以權臣擅命，或以諸侯强大，藩鎮跋扈。本朝皆無此等，可以見祖宗家法，足以維持萬世。」上曰：「然。大抵治體不可有所偏，正如四時，春生秋殺，乃可以成歲功。若一於肅殺，則物有受其害者。亦猶治天下者，文武並用，則爲長久之術，不可專於一也。」

治體不可偏

禁奢侈嚴於有官者

乙酉，進呈禁止奢侈指揮。上曰：「今日習爲奢侈者，在民間絶少，多是戚里、中官之家。指揮内須添入『有官者違犯取旨，重作施行』。」

臣留正等曰：兼足天下在明分，民之僭差而不知止者，以分守之不明也。以度教節則民知足，民之踰侈而不知足者，以法度之不立也。常人之情，相視傚，莫知紀極，非有以示之，則何自而革哉？聖德躬行於上，而又立法禁以裁之，施誥命以訓之，天下之不化者，鮮矣！

創太史局階官

進呈太史局官制，上曰：「古者日官居卿以底日，如今太史局官制太輕，且如醫官，有大夫數階，太史獨無之。可創大夫階，如醫官保安、和安之類〔二八〕，

醫官不帶遥郡

庶幾稍重其事。醫官昨來多有轉行遥郡者，既名伎術官，却帶遥郡，輕重不倫，自後宜罷之。」

不許淹延民訟

詔：「今後監司被受三省六曹委送民訟事件，並仰躬親依公予決〔二九〕，疾速回報。若事干人衆〔三〇〕，或涉遠路，須合委官定奪〔三一〕，亦仰立限催促。仍令所屬曹部置籍稽考，如有違戾注滯〔三二〕，申尚書省，將所委監司取旨施行。」

臣留正等曰：民訟之淹，其爲民之害，蓋甚于水旱之變〔三三〕。以夫

民之訟而至於有司也，貧者兼旬而屈〔三四〕，富者雖累歲而無傷，王符愛日之言，歎農民之廢業〔三五〕，則盜賊何從而銷，太平何從而作者，蓋爲是也〔三六〕。聖詔丁寧，首及於此，不出户庭而周知天下之情，雖堯、舜之用心，亦何以過於此哉？

補賑濟官罷鬻爵

庚寅〔三七〕，御筆曰：「鬻爵，非古制也。夫理財有道，均節出入足矣，安用輕官爵以益貨財？朕甚不取。自今除歉歲民願入粟賑饑，有裕於衆，聽取旨補官，其餘一切住罷。」

戒州郡節用

丁酉，進呈漕臣吴淵具到秀州十年收支錢數，多寡不同。上曰：「此係累政守臣任内事，不欲深究。可令吕正己今後痛加撙節。大抵州郡用度不節，必至掊斂，惟先能節用，即年例違法妄取之數，可以蠲減，少寬民力。」龔茂良、李彦穎奏：「聖訓及此，天下之幸也。」

臣留正等曰：民之出力於田畝而輸之公上，爲之者常勞而享之者常逸，分當然也。用之無節而取之無藝，豈理也哉？郡有小大則用有多寡，等其力而爲之用，量其入而爲之出，亦焉有不足者？奈何飾厨傳以邀虛譽，厚囊帛以富私室，而民力之竭或不之恤也？至尊壽皇聖帝富有四海而不忘天下之民，形於詔命者，史屢書之，不一書而止也。天下之吏於此，其孰敢不體上之德意而奉承之哉？

出令不可不審

庚子，上曰：「出令不可不審。書云：『屢省乃成，欽哉！』事至於屢省，何患不成？凡天下事，朕與卿等立談之間，豈能周盡事情？須是再三詳熟思慮，方爲盡善。前此正緣不審，故出令多反汗，無以取信于天下，比來甚悟此。」龔茂良、李彥穎奏：「臣等生長閭閻，更歷州縣，見聞不爲不多，然猶思慮有所不及。陛下深居九重，處事無不曲當，非聖智絕人，不能及此。」上曰：「亦賴卿等佐佑，自今當勉之。」

蜀民作道場報上恩

十有一月戊申，權四川制置使范成大奏：「陛下俯念四蜀酒課虛額之弊，乃六月十二日詔書，各與次第蠲減，歲蠲上供緡錢四十七萬，爲蜀民代補贍軍折估之數。令下之日，百萬生靈鼓舞驩呼，如脫溝壑。寰區四路州縣節次申到，自今年七月十五日以後，各於寺觀啓建感恩祝聖道場。」臣謹按：慶曆六年，三司使王拱辰建議榷河北滄、濱兩州鹽，仁宗皇帝曰：『使人頓食貴鹽，豈朕意哉？』下詔弗許，河朔父老相率拜迎於澶州，爲佛老會報上恩。今舉四蜀之廣，民心愛戴，不謀同辭〔三八〕，宜與河朔故事俱傳不朽。伏望宣付史館。」詔從之。

癸丑，郊。

不許改造戰船

是日，進呈建康都統制郭剛奏：「本司車船戰損已補填，依海船様造多槳飛江船。」上曰：「車船，古之艨衝。辛巳用以取勝，豈用改造？可令郭剛具析，并約束沿流諸軍，遇有損壞，隨即修葺，不得擅有更易。其多槳船止許逐軍自行創造，並不得充新管車船數。」

守臣不拘文武

御筆詔三省、樞密院：「諸州軍守臣惟才是用，今後不拘遠近州軍，並聽于文武臣内選差。」

后族裁減恩澤

十有二月乙酉，龔茂良等奏：「昨者恭覩中宮奏劄，檢照皇后親屬恩澤裁減外，尚餘一十八人，欲望聖慈更賜裁減。奉旨更裁減八人。臣等仰惟紹興三年指揮，皇后受册，親屬與恩澤三十名；十三年，與二十五人。近制減作十八人，比舊例幾鐫其半，皇后猶且謙沖退託，力具辭免，陛下遂賜俞允。今以中宮之貴，而猶務節約，則爲臣下者當如何？欲望陛下明詔有

清入仕之源

司，申嚴法禁，凡僥倖冒濫者，必務革去。又詔侍從近臣各思所以清入仕之

賜東宮通鑑紀事
禁監司交遺受餽
旌方甫孝行
減徽州税絹額
賜謚更不命詞
罷鬻官田
再任邊守
安南李天祚死

源。」詔從之。

是月，以袁樞所編通鑑紀事賜東宮，令與陸贄奏議熟讀，曰：「治道盡於此矣！」

禁監司交遺及因行部輒受諸郡折送，計所受，悉以贓論。

是冬，賜蘄州黃梅縣方甫旌表門閭，以三世同居，孝行顯著，本路漕臣以其事來上也。

減徽州税絹額。

是歲，詔：「今後法應得謚及特命謚者，並先經有司議定，申中書、門下省具奏取旨，依舊制更不命詞，止備坐所議給敕，吏部牒本家照會。」

罷鬻官田。

詔知興元府右軍統制兼知階州田世雄、前軍統制兼知鳳州傅鈞各與轉一官，任滿日並與再任，從制置司請也。

安南李天祚死，子龍翰嗣。

增入名儒講義皇宋中興聖政卷之五十四

校勘記

〔一〕是春　「春」原作「月」，據宋刊本、宋史全文卷二六改。

〔二〕五月己丑　「己丑」，宋史卷三四孝宗本紀二繫於「乙巳」。

〔三〕去河北賊易　「賊」原作「兵」，據宋刊本、宋史全文卷二六改。

〔四〕此語一出　「此」原作「出」，據宋刊本、宋史全文卷二六改。

〔五〕案從「之宰相任侍從」至「宜量行支降行」凡四百三十四字原脱，據宋刊本、宋史全文卷二六輯補。

〔六〕蓋自取湟廓　「廓」原作「廊」，據宋史卷一八一食貨下三會子、皇朝編年綱目備要卷二七改。

〔七〕湯邦彦使虜　「虜」原作「敵」，據宋刊本、宋史全文卷二六改。

〔八〕九月辛卯　「辛卯」，宋史卷三四孝宗本紀二繫於「乙卯朔」，案本月實爲「己卯朔」。

〔九〕關外四州最爲極邊之地　「州」原作「川」，據宋刊本改。下同。

〔一〇〕或以卑官而任重　「卑」原作「里」，據宋刊本、宋史全文卷二六改。

〔一一〕定遠縣巡檢耿成令再任　「定遠縣」原作「定縣」，案南宋無定縣，據宋史卷八八地理志四改。

〔一二〕未委當來如何興修　「委」原作「妥」，據宋刊本、宋會要輯稿食貨六一及宋史全文卷二六改。

〔一三〕就用各庫官吏合干人等　「干」原作「千」，據中興兩朝編年綱目卷一六、宋史全文卷二六改。

〔一四〕淳熙三年春正月戊申朔　「三」原作「二」，據宋史全文卷二六改。

〔一五〕教閱甫三數月　「甫」原作「再」，據宋刊本、宋史全文卷二六改。

〔一六〕向來兀术入寇　「寇」原作「攻」，據宋刊本、宋史全文卷二六改。

〔一七〕不能及虜　「虜」原作「敵」，據宋刊本、宋史全文卷二六改。

〔一八〕使虜求陵寢地　「虜」原作「金」，據宋刊本、宋史全文卷二六改。

〔一九〕虜人拒不納　「虜」原作「敵」，據宋刊本、宋史全文卷二六改。下同。

〔二〇〕彼雖仁義不足而凶狡有餘　「狡」原作「暴」，據宋刊本、類編皇朝中興大事記講義卷二二遣使使虜及宋史全文卷二六改。

〔二一〕虜中之事臣雖不知　「虜」原作「敵」，據宋刊本、宋史全文卷二六改。下同。

〔二二〕緩急難易當預謀　「謀」，宋史全文卷二六作「議」。

〔二三〕蓋炎興之虜　「炎」與「興」前原各自有一「□」，據類編皇朝中興大事記講義卷二二遣使使虜、宋史全文卷二六刪。

〔二四〕因言夷狄盛衰　「夷狄」原作「西北」，據宋刊本改。

〔二五〕丙戌　原作「戊戌」，據宋史全文卷二六改。

〔二六〕本無分别　「無」原脱，據宋史全文卷二六補。

〔二七〕且有以見陛下齊家之效　「效」原作「要」，據宋刊本、宋史全文卷二六改。

〔二八〕如醫官保安和安之類　「保」原脱，據宋史全文卷二六補。

〔二九〕並仰躬親依公予決　「予」原作「子」，據宋史全文卷二六改。

〔三〇〕若事干人衆　「干」原作「千」，據宋刊本、宋史全文卷二六改。

〔三一〕須合委官定奪　「奪」原脱，據宋史全文卷二六補。

〔三二〕如有違戾注滯　「戾」原作「籍」，「注」原脱，據宋史全文卷二六改、補。

〔三三〕蓋甚于水旱之變　「蓋甚」原脱，據宋史全文卷二六補。

〔三四〕貧者兼旬而屈　「兼旬」原脱，據宋史全文卷二六補。

〔三五〕歎農民之廢業　「民之」原脱，據宋史全文卷二六補。

〔三六〕蓋爲是也　「爲是」原脱，據宋史全文卷二六補。

〔三七〕庚寅　宋史卷三四孝宗本紀二繫於「庚辰」。

〔三八〕不謀同辭　「謀」原作「侔」，據宋史全文卷二六改。

增入名儒講義皇宋中興聖政卷之五十五

孝宗皇帝十五

違主帥約束降職

淳熙四年春正月庚申，樞密院進呈馬帥吳拱按正將馬彥恭輒役人船，般載馬草，已降充副將。上曰：「吳拱初到，所按劾須與行遣。」王淮等奏：「其事雖輕，然違主帥約束，豈爲無罪？」上曰：「只依所申，降充副將。」

臣留正等曰：取民笠覆官鎧雖公，吕蒙尤以爲犯軍令，以官船載官馬草亦公也，以其違要束而治之，善御軍者，固當如是也。方兹肅師律以厲士氣，其嚴若此。下之人行之，不以爲非，上之人聽之，不以爲過，果何患乎？士之不可用哉！

自撰幸學詔兩語

丙寅，進呈紹興十四年幸學詔。上曰：「今所降詔，大意欲以崇尚風化，勸厲諸生，使知所趨向。朕得詔中兩語『當爲君子之儒，毋慕人爵之得』。」

龔茂良等奏：「當以聖語諭學士，令載之詔書。」上曰：「可。」

是月，行淳熙曆。秘書省申：「昨爲紀元、統元、乾道三曆，交食不密。得旨令太史局別造新曆，已行進呈。今來測驗新曆稍密。」上曰：「自古以來，曆未有不差者。況近世此學不傳，士大夫無習之者，訪求草澤，又難得其人。新曆比舊所謂彼善於此，不須別命名，只以淳熙爲名。」

行淳熙曆

户部侍郎韓彦古言：「今國家大政，如兩稅之入，民間合輸一石不止兩石，納一疋不止兩疋，自正數之外，大率增倍，然則是欺而取之也。謂宜取州縣大都所入，稍倣唐制，分爲三等，視其用度多寡而爲之制。自上供爲始，上供所餘則均之留州，留州所餘則均之送使，送使所餘則派分遞減，悉蠲於民，朝廷不利其贏焉。然則自朝廷至於郡縣，取於民者皆有成數，不可得而容私於其間，然後整齊天下之帳目，外而責在轉運使，内而責在户部，量入以爲出，歲考能否而爲之殿最。州縣不得多取於民，朝廷亦不多取於州縣，上下相恤，有無相通，無廢事，無傷財，貢籍之成，太平之基立矣。」奉御筆：「韓彦古所陳周知民隱，可擇一才力通敏者，先次施行一郡，俟已就緒，當頒降諸路，倣而行之。」尋詔令吏部郎官薛元鼎前去秀州，依此將錢

州縣置財用都曆

絹、米斛等數具帳聞奏。其後元鼎奏：「驅磨本州財賦，惟憑赤曆，難以稽考。望委户部行下本州，將州縣應干倉庫場務，每處止置都曆一道，應有收到錢物，並條具上供、州用實數，各立項目抄轉，仍從户部每歲委轉運司差官，遇半年一次索曆檢照，如有虛支妄用，許本司按劾取旨。其他州郡，亦乞依此施行。」從之。

雨雹。

命學官講中庸

二月辛巳，龔茂良、李彦穎奏：「祖宗朝，幸學皆命儒臣講經〔一〕。」上曰：「詩、書、易累朝皆曾講，如禮記中庸篇，凡爲天下國家有九經一段，最關治道，前來却不曾講。」茂良等奏：「此於治道包括無遺。陛下聖學高明，深得其要。」

癸未，進呈大宗正丞劉溥奏：「近年諸郡違法預催夏税，民間苦之。」龔茂良、李彦穎奏：「往年諫官曾論此事，方施行間，户部長貳執奏不行。至去年春，言者又及此，版曹復申前説，拘回録黄。其説謂遞年四月、五月，合到行在折帛錢共六十一萬貫指擬支遣〔二〕，若不預催，恐至期闕誤。」上曰：「既是違法病民〔三〕，朝廷須别作措置，安可置而不問？」茂良等次日聞奏〔四〕：

措置預催税事

「户部每年八月，于南庫借六十萬緡應副支遣〔五〕，次年正月至三月撥還。今若移此六十萬緡于四月上旬支借，則户部自無闕用〔六〕，可以禁止預催之弊。」上喜曰：「如此措置〔七〕，不過移後就前，却得民力少寬，於公私俱便〔八〕。」於是詔：「令諸路轉運司行下所部州縣，今後須管依條限催理〔九〕，如有違戾去處，仰監司覺察按劾。」

臣留正等曰：自昔細民之困〔一〇〕，二月而賣新絲，五月而糶新穀。夫前期而督之輸，其弊必至於此也。聖恩加惠斯民，以内帑之儲，假版曹之用，不過遲速先後之間，而民得免艱難迫促之苦，與其有積於公而未用之財，曷若以寬其民於不足之時？蓋聞損上以益下，未聞財散而人不聚也。申嚴是法而行之，則民之受賜，夫豈有紀極哉？

論郡守掊克慘毒

甲申，臣僚言：「今日之郡守爲民害者，掊克慘酷是也。賦税有定制，而掊克之吏專意聚斂，下車之初，未問民事，先請屬邑知縣均認財賦，且多爲之數，督責峻急。國家法令之設，所以與天下公共者也。而慘酷之吏非理用刑者，或殘人之肢體，或壞人之手足，或因其微罪而隕其性命，或罹非辜

而破其家業。乞明詔守臣，丁寧戒飭，其取民有定制，毋得掊克，以竭民之

力。犯法者自有常刑，毋得慘酷以殘民之生。」從之。

乙酉，幸太學，釋菜於先聖。命國子祭酒林光朝講經，賜光朝三品服。

幸太武學

幸武學。著作郎傅伯壽尋上言：「武成之廟所從祀者，出於唐開元間一

傅伯壽論武成從祀

時銓次，失於太雜。太祖皇帝嘗見白起之像，惡其詐殺已降，以杖畫而去之。神武不殺之仁，垂訓深矣。太上紹興間，亦以議者之請，黜韓信而陞趙充國，黜李勣而陞李晟，去取之間，皆所以示臣子之大節也。然王翦佐秦騁狙詐之兵，蓋無異白起。而彭越之臣節不終，亦同韓信。至於王僧辯，雖能平侯景，然反連和于齊；吳明徹雖能因北齊之亂以取淮南，然敗于吕梁，爲周所俘，不能死節；韋孝寬拒尉遲之義兵，楊素開隋室之禍敗，慕容恪、長孫嵩、慕容紹宗、宇文憲、王猛、斛律光、于謹，或本生夷狄之裔〔一一〕，或屈節僭僞之邦，縱其有功，豈足多録？若夫尹吉甫之伐玁狁，召虎之平淮夷〔一二〕，皆爲有周中興之名將；陳湯之斬單于〔一三〕，傅介子之刺樓蘭，馮奉世之平莎車，班超之定西域，皆爲有漢之雋功。在晉則謝安宴衎以靖胡寇〔一四〕，祖逖擊楫，誓清中原；在唐則王忠嗣之撫衆守邊，張巡之百戰死敵，忠義謀略，卓然冠於

一時，而垂於後代，闕而不録，似有所遺。臣竊謂宜併詔有司討論歷代諸將，爲之去取。然後與本朝名將繪於殿廡，使天下士皆曉然知朝廷激義勇而尚忠烈。且知夫貶夷狄之類者〔一五〕，所以尊中國；黜不終之節者，所以正君臣；去嗜殺之暴者，所以尚仁義，其爲勸沮者大矣。」起居郎錢良臣亦請收建隆、建炎以來功烈顯著者，參陪廟祀。是年七月己酉施行。

幸秘省賜詩

幸秘書省，賜省官燕，上賦七言律詩，坐者皆屬和。

終歲憂念民事

丁亥，龔茂良等奏：「近日雨暘順序，物情熙熙，米價甚平，可以少寬聖念。」上曰：「朕終歲憂念百姓，自初布種以至收成，其間少有旱澇，未嘗不惕然念之。每歲常到十月以後，農事一切了畢，方始放心。」

建光堯御書閣

己丑，進呈知臨安府趙磻老具到兩學修造圖本，西北隅建閣，安頓太上皇帝御書石經。上云：「碑石可置之閣下，其上奉安墨本，以『光堯御書石經之閣』爲名，朕當親寫。」茂良等同奏：「自古帝王，未有親書諸經及傳至數千萬言者，不惟宸章奎畫照耀萬世，其所以崇儒重道，可謂至矣。」上曰：「太上於字畫蓋出天縱，朕嘗謂鍾繇字最工，猶帶隸體。如太上宸翰，冠絶古今。」茂良等奏：「誠如聖訓。」

刻幸學詔書

喜林光朝講義

進呈國子祭酒林光朝劄子：「今月十五日，恭遇車駕臨幸太學，御崇化堂，賜諸生詔書。宜刻之琬琰，以風動四方。」上可其奏，宣諭云：「前日講義甚好，如訓釋凡爲天下國家有九經，所以行之者一也，乃中庸，此説深得聖人之旨，蓋先儒未及。」

論籍田頃畝

壬辰，太常少卿顔度言：「籍田合得千畝。自紹興十五年給到五百七十餘畝，以備親耕，續因玉津園等處占撥，目即祇二百餘畝。今又踏逐御路，將來或舉行典禮，委是窄狹。」上曰：「御路止是時暫經由，可將見管步畝專充籍田，他司不得侵佔。」其後籍田令趙監言：「御路係在二百一十畝之内，乞依舊令人户管佃租種，拘收花利，應辦歲中祠祭禮料。」從之。

陳俊卿劉珙盡職

癸巳，進呈知福州陳俊卿乞宫觀。上曰：「前宰執治郡，舊來往往不以職事爲念。如俊卿在福州，劉珙在建康，於職事間極留意，治狀著聞，未可換易。可令學士院降詔不允。」

進呈實録玉牒

是月，進呈徽宗實録及仁宗、今上玉牒。

頒度牒下四川備邊

四川總領所乞降度牒二千五百道措置備邊。龔茂良奏：「四川逐料降換亡僧度牒，自乾道四年至淳熙元年，降過一萬一千道，不惟走失丁口爲異時患，官賣不行，必至抑配與折估之害，名異實同。乞不須更降度牒，重失丁口。」

是歲八月，又給二千道。時多以度牒賜〔二六〕諸總所貼助經費，後不盡録。

三月丙午，進呈范成大奏：「關外麥熟，倍於常年，緣去歲朝廷免和糴一年，民力稍紓，得以從事於耕作，故其效如此。」上曰：「免和糴一年，民間便已如此，乃知民力不可以重困也。」王淮奏：「去歲止免關外，今從李蘩之請，盡免蜀中和糴一年，爲惠尤廣。」

免和糴之效

辛酉，進呈楚州捕賊推賞，内隨從捕獲人欲支錢三十貫。上曰：「與五十貫如何？」王淮等奏：「凡支折資錢，每一資折三十貫。今隨從獲未該一資，若支五十貫，恐太多。」上曰：「極是。」淮等奏〔二七〕：「與五十貫亦不足惜，但歡喜者不過被賞數厚〔二八〕，而不平者千萬人也。」上曰：「此論甚善，亦如朝廷與人官爵，盡歸至公，人誰敢怨？若循私輕與，得者固喜，而怨者必多〔二九〕，惟至公可以無怨。朕與卿等交修，當謹守此法。密院事少，三省事多，卿等見三省，宜以此意宣諭。」

爵賞不可妄予

戊辰，進呈户部歲用經常及用度之數，龔茂良奏：「其間有合節省者，欲

諭大臣節浮

倣寶元、慶曆故事，命臺諫司、户部詳定。」上曰：「今日用度，多費於養兵。如禁中大段節省，外庭浮費絶少。朕嘗覽户部所具支費，三二十項内，不過一二項可議裁節，然不過數千緡。若令臺諫論議，又却難處。如果有合節省件目，卿等可自奏陳。」先是，諫官蕭燧論節浮費，詔户部條具，至是進呈。

史浩侍讀

是月，以史浩爲醴泉觀使兼侍讀。

幸玉津園宴射

幸玉津園宴射。

應材言臺諫之職

是春〔二〇〕，閤門舍人應材言：「臺諫之官，在於言天下之大利害，不在於捃摭細故，區區止於言人之短長也。大姦大惡，固不可不爲天下國家誅鋤之。若大有用之才，豈可以細故而輕壞之？苟一陷譏議，遂爲廢人，急緩之際，欲人爲用，無復有矣。程顥爲御史，神宗召對，顥曰：『使臣拾遺補闕，裨贊朝廷則可；使臣掇臣下短長，以沽直名則不能。』神宗歎賞，以爲得御史體。劉安世作臺諫官，嘗言：『祖宗之時，於人才長養成就之甚勤也。』故其在臺諫，未嘗以細故而輕壞人材。乞降睿旨，刻之御史臺、諫院，永爲臺諫官之戒。」上深然之。

夏四月壬午，進呈湖廣總領劉邦翰等審驗到，鄂州水軍統領謝貴雖是

審驗將才

年及，委無殘疾，氣血未衰。若蒙依舊存留在軍，尚堪使令。」王淮等奏：「謝貴出戍長沙，守臣王佐謂有目疾，職事不舉。主帥李川申其人無疾患，得旨委劉邦翰審驗得尚堪使令。」上曰：「謝貴依舊存留在軍，管幹職事。」

臣留正等曰：軍政莫大於進退人材之際，然而陞差者未必皆以藝能，簡黜者未必皆由老疾，於是乎有審察之命。樞臣固嘗患夫四川之地遠也，聖訓則欲畀之道里之費矣，夫以一拱揖之際，雖難盡其勇怯智愚之實，至於老疾獨不可求之於言貌之間乎？非不信夫主帥而爲是察也，抑亦制夫人之私情而同歸於公耳。如郭剛之揀汰傅松，衆論不以爲然，朝廷既令與鎮江右軍兩易其職矣，剛猶且捃摭細故而按之，則夫私情之難克也如是哉！至如吴拱之揀汰統制范旺，而旺則筋力未衰，揀汰統領王進，而進則人才可用，皆以審察而得之。謝貴之事亦復類此。然則搜羅人材，示不退棄，非特士心皆感於奬拔之恩，而天下亦服聖主之明矣。

約束減剋軍糧

五月癸卯，進呈利州提刑、權金州史俣奏金州都統司例私販茶鹽，月科

宣示敬天圖

以無逸爲法

與軍人，每名三斤，高立價直，於請糧處剋除。上曰：「蜀中軍人貧甚，豈宜更有剋剥？可令李思齊契勘起置月日因依，申樞密院。」王淮等奏：「欲併約束諸軍。」上曰：「俟李思齊奏來，却與約束。」

己酉，宗正少卿程叔達進對，言：「臣昨蒙玉音，許賜宣示敬天圖，願得稽首拜觀。」上顧左右取圖，圖至，叔達整衿肅容進觀，上亦相與誦讀，每至前代王者或不能敬畏修省，則曰：「此圖美惡並著，亦欲以之儆戒。」又至無逸篇，則曰：「無逸一篇，言人君所以享國久長，皆由嚴恭畏敬所致〔二〕，尤當以爲法。」叔達因言：「陛下於敬天之事，既知所以爲戒，又知所以爲法，宜乎聖德日新，天之相之，有隆而罔替也。」

臣留正等曰：敬天之有圖，前乎此未有爲之者，自壽皇聖帝始爲之，翼翼之心，寅畏之實可攷也。昔在舜之時，敕天之命，惟時惟幾，形於歌矣。文王之時，不識不知，順帝之則，被之詩矣。推古昔之事，而爲之圖，得失之迹，燦然在目，自帝王以後蓋未有如今日之美也。夫盤盂有銘，几杖有誡，古人所以進德而不已也。聖敬日躋，而猶有取乎此，則夫聖人之德與天而爲一矣。

甲子，進呈盱眙軍報：「淮北岸多有蝗蟲，此間却仍歲豐稔，修德與不德之驗昭著如此。」上曰：「今夏蠶麥甚熟，絲價、米價極賤，此甚可喜。」上又曰：「近世士大夫多恥言農事。農事乃國之根本，士大夫好爲高論而不務實，却恥言之。」王淮等奏：「士大夫好高，豈能過孟子？孟子之論，必曰『五畝之宅，植之以桑』，『百畝之田，勿奪其時』。所見諸侯，未嘗離此數語。」上曰：「今士大夫微有西晉風，作王衍『阿堵』等語，豈知周禮言理財，易言理財，周公、孔子未嘗不以理財爲務。」淮等奏：「曩時虛名之俗，誠是太勝，自陛下行總覈名實之政，身化臣下，頃年以來，士風爲之一變，此聖主責實之效。」上曰：「然。近年亦稍變，然猶未盡。且不獨此耳，士大夫諱言恢復，不知其家有田百畝，内五六十畝爲人所强占，亦投牒理索否？士大夫於家事，則人人甚理會得，至於國事，則諱言之。卿等見士大夫，可與道朕此語。」淮等奏：「敢不揄揚堯言！」

論士夫恥言農事

論士夫諱言理財

責實之效

論士夫諱言恢復

大事記曰：孝宗自受禪以來，不徒以承顏順色爲孝，而以繼志述事爲孝，編光堯慈訓，裒建紹詔旨，凡所以奉承者不可概數。而孝宗不徒述已爲之事，而必欲繼未爲之志，復讎一念，上通于天，置恢復局，覽華夏圖，建國用使，開都督府，江北諸城增陴浚隍，江、淮分戍，鼓聲達于泗、潁。觀其初年對群臣論天下事，則曰：「當如剏業時。」又曰：「當以馬上治。」又曰：「某事當俟恢復後論之。」與王十朋語及陵寢，聖容慘然曰：「四十年矣。」嘗謂輔臣曰：「本朝家法，遠過漢、唐，惟用兵一事未及。朕於虜讎未復〔三〕，日不遑暇，宫中臺殿，皆太上時爲之，朕不敢增。」又曰：「士大夫諱言恢復，不知其家有田百畝，内五十爲人强占，亦投牒理索否？士大夫於家事，則人人理會得，於國事則諱言之。」此其志可知矣。

批付身以革冒濫

丁卯，密院進呈，殿、步司今來分揀汰官兵三百八十餘人，宣命劄子，及舊付身合千餘道，已於昨日令承旨司盡數當官給發。上曰：「舊付身如何？」王淮奏：「昨取舊付身批鑿離軍因依，今仍給還。」上曰：「頃歲逃亡事故，有家屬者將付身批鑿，革弊甚多。前此冒名承代者不勝衆，今用批鑿之法已十年，所革冒濫，不知其幾矣。」

賑福州建劍水

是月，福州、建、劍水，命賑之。

賜謝廓然出身

謝廓然中除臺官

謝廓然賜出身，除殿中侍御史。廓然之命自中出，中書舍人林光朝不

林光朝繳謝廓然

肯書黃。光朝尋改權工部侍郎，力求去，除知婺州。

謝廓然攻罷茂良

龔茂良罷相，出知建康府，以謝廓然論列，而茂良亦自引疾乞罷故也。

立三省密院奏審法

詔自今三省、樞密院進呈文字所得之旨，朝退即具奏審，再承畫降，方可施行。自是，每奏目復用黃紙貼云「得旨」云云，朝退封入，或有改易，遂爲故事。時言者指龔茂良矯傳敕旨，斷遣曾覿之直省官故也。

聖心寅畏得晴

六月辛未，王淮等奏：「比來積雨，陛下恐妨農稼，初二日，禁屠宰，却常膳不御，齋心祈禱，聖德動天，連日開霽，天人相與之理，於此可占。雖然，陛下寅畏奉天，固非一日，一念慮之間，應答如響，夫豈偶然者？」上曰：「所謂丘之禱久矣。」

戒士夫朋比

己卯，殿侍謝廓然言：「陛下臨御以來，動鑑家法，而治效猶未進，豈朋比之習容有未革？望敕臣下合謀輔治，毋黨同以伐異[一三]，毋阿比以害公，使忠良蹇諤之士，盡言而不疑，好險傾巧之徒，知退而有懼。如此，則治效可馴致矣。」從之。

禁銷金甚嚴

修太武學

壬辰，進呈禮部、太常寺看詳到太、武學神像，合依五禮新儀制度，用金裝飾。上曰：「禁銷金指揮甚嚴，令用漆金可也。宜依禮部、太常寺看詳事理施行。」

臣留正等曰：銷金之禁舊矣，而道、釋之宫用之自若也，非有司奉命承教之責乎？祀典之重與兩學之象設，然猶不肯以金而爲之，聖慮深矣。由中及外，小大之吏，皆能體夫德意而行之，使是法之設，不爲虚文，則黄金雖與土同價，不難致也。

東宫添讀唐鑑

是夏，東宫官請：「皇太子近因讀范祖禹唐鑑，見其學問醇正，議論精確，欲遇講日，添讀此書。」從之。

體訪二廣守臣臧否

秋七月庚子，右正言葛邲乞令二廣帥臣、監司，將見任郡守每歲精加考察。守、倅見闕去處，元係堂除或部闕，亦乞早賜差注。或人所不願就，令廣南諸司公共辟差一次，其已差未到者，催促之任。」上曰：「郡守不得其人，則千里被害。可令二廣帥臣、監司，限兩月體訪所部守臣臧否以聞。」

六院不入雜壓

壬寅，詔六院官依舊制，不入雜壓，已降指揮，更不施行。林慮封贈改正。

丙午，進呈：「昨得旨，閤門舍人黄夷行可與郡。臣退而考之，則資歷尚

守閤門得郡資格

淺，在外止數月，到閤門纔二年。陛下用人，雖不當問資歷，然近方立閤門舍人格目。」上曰：「若不用資歷，則他人皆有詞，須得用資歷也。閤門舍人幾年當得郡？」趙雄奏：「近降指揮，須關陞後，更歷二年，補外者與郡，則有出身人六年，無出身人八年方可。今夷行纔歷二年半。」上曰：「夷行又是閤門祗候，非舍人，自難爲行，不若且待。」

定兩學從祀

己酉，詔：「文宣王從祀，去王雱畫像；武成王廟升李晟於堂上，降李勣於李晟位次；仍以曹彬從祀。」

不與潛邸人添差

辛亥，進呈内批：添差浙西準備將王守忠任滿日，特與再任。趙雄奏：「守忠係潛邸祗應，即非隨龍，依指揮不應添差。」上曰：「如此，則難爲。」雄奏：「聖意欲與之，特令依隨龍人例可也。」上曰：「既礙指揮，不若且已。」雄奏：「聖德誠不可及。潛邸舊恩，不肯假以一添差，臣下何敢用私意也？」上曰：「不如此，則法不行。」

將帥體國擇兵官

甲寅，進呈郭剛申權統領陳鏜乞落權字。趙雄奏：「在外諸軍統領，却無密院審察法，須從統領揀選，則統制何憂不得人？」上曰：「如此則尤好。」雄奏：「昨見王友直說，須從訓練官處不輕授，則準備將至統制官，方是一一得人。臣答之云，惟將帥體國者乃肯如此，使人人似殿帥之言，則軍中何患無人？」上曰：「此方是澄其源，然非體國者不能也。」

嚴內侍寄資法

乙卯，進呈吏部申，内侍李裕文合轉歸吏部。上曰：「昨與在京宮觀，元不曾降轉歸吏部指揮。」趙雄奏：「從來内侍寄資官罷内侍差遣，須轉歸吏部。」上然之。

臣留正等曰：舊制，内侍省以百八十人爲額，入内内侍省無定員，自内侍省選入以充。遷轉之法，與夫所兼職掌皆有内外之分，而不可紊。至於寄資，尤嚴其法。聖明兼聽遠覽，一聞大臣之言，欣然從之。蓋以國家立法之美意，要當守而不變也。

以豐年爲真瑞

戊午，進呈畢，趙雄奏：「蜀中五月得雨，遐邇皆足，今歲又有大有年之望。」上曰：「如此則甚好，江、浙間已大熟，昨聞蜀中未得雨，今已報得雨耶？」雄奏：「豐年須溥遍乃佳。今吳、蜀皆稔，此誠可慶。」上曰：「世以鳳凰、芝草、甘露、醴泉爲佳瑞，是皆虚文，不若使年穀屢豐，公私給足，此真瑞也。」

革科舉弊

丙寅，禮部狀，少保史浩奏〔二四〕：「恭覩邸報，臣僚論科場之弊，得旨申嚴行之。臣守福州，嘗爲規畫數十事，宿弊既去，場屋整齊，試者二萬人，無一喧譁。臣當時措置曉示，編類成書，似與今來指揮符合，謹以上進禮部、國子監看詳。乞下臨安府雕板，印造成册，遍給諸州。」詔從之。

治虛申常平罪

尚書省言：「信州常平義倉米，元申帳狀管九萬三千餘石。今以提舉司申有六萬八千餘石，及至盤量，止得一萬二千九百餘石，其餘皆是虛數。提舉官李庚到任已及二年，並不檢察，是致闕米，有誤賑濟。知州趙師嚴、通判李桐係乾道三年在任之人，所申帳狀隱庇虛妄。」詔李庚特降兩官，放罷；趙師嚴、李桐各降兩官，不得與堂除。

閻蒼舒言茶馬弊

是月，吏部郎閻蒼舒言：「馬政之弊，不可悉數。今欲大去其弊，獨有貴茶。蓋夷人不可一日無茶以生〔二五〕。祖宗時，一馱茶易一上駟，陝西諸州歲市馬二萬匹，故於名山歲運二萬馱。今陝西未歸版圖，西和一郡，歲市馬三千匹爾，而併用陝西諸郡二萬馱之茶，其價已十倍，又不足，而以銀絹紬及紙幣附益之。其茶既多，則夷人遂賤茶而貴銀絹紬，而茶司之權遂行於他司。今宕昌四尺四寸下駟一匹，其價率用十馱茶，若其上駟，則非銀絹不可得。祖宗時禁邊地賣茶極嚴，自張松大弛永康茶之禁，因此諸蕃盡食永康細茶〔二六〕，而宕昌之茶賤如泥土〔二七〕。且茶愈賤則得馬愈少，猶未足道，而因此利源，遂令洮、岷、疊、宕之土蕃深至吾腹心内郡，此路一開，其憂無窮。今後欲必支精好茶而漸損其數，又嚴入蕃茶之禁，則馬政漸舉，而邊境亦漸安矣。」詔令朱佺嚴行禁止。

立待補太學法

立待補太學試法，每正解一名，取待補五名。

竄龔茂良

竄龔茂良。先是，茂良退朝，開府曾覿當道不避。茂良奏白上前曰：「臣固不足道，所惜者朝廷大體。」上遣中使諭覿詣政府謝。茂良取其直省官撻之。御筆宣問，施行太遽。會柴瑾論奏不行，得旨補外，或指瑾爲茂良同年。未幾，謝廓然除殿中侍御史，中書舍人林光朝繳還詞頭，忤上旨，改除工部侍郎。光朝乃茂良同里，茂良求去益力。六月，内批除職與郡，令内殿奏事。手疏六事，論恢復之具，曰天意，曰人事，曰財賦，曰將帥，而所以用之者曰謀，曰時。既退，臣僚論茂良擅權植黨。上親灑宸翰，諭以體貌大臣之意。章再上，落職罷。臣僚復論茂良四罪，言：「茂良行丞相事首尾三年，臣僚奏對有及備邊利害，必遭譏罵。陛辭之日，方有所論，凡數百言，此

龔茂良論恢復

可誅一也；陛下孝誠篤至，率群臣同上萬年之觴，與册正中宮、駕幸二學，亦皆斷自聖心，舉行巨典。茂良乃自謂皆出其建明，誕慢如此，可誅二也；以己所言竄爲天語，以陛下聖訓掠爲己恩，其可誅三也；其薦察官〔二八〕，則私以妻黨林慮爲首，擬除後省，則特以鄉人林光朝爲首〔二九〕，其可誅四也。」尋責寧遠節副，英州安置。明年，卒於貶所。

龔茂良忤曾覿竄死

職事官有闕方除

八月辛未，詔：「今後職事、釐務官並見闕，方許差除。其乾道九年十二月五日已降指揮，更不施行。」

臣留正等曰：職事之列於朝，釐務之仕於京，公卿大夫由此其選也。使其未闕而已差，須次而後至，則與銓曹何以異哉？淳熙詔書革而新之，其旨深矣！至今循而守之，誠得古者任人之意也。

命守臣教閱民兵

壬申，進呈前來教閱民兵，兩淮、荆、襄總費爲緡錢三十六萬有奇，米三萬石有奇。上曰：「此謂逐路追集教閱耶？謂逐州教閱耶？」趙雄奏：「兩淮各就漕司逐路教閱，江陵、襄陽、荆門各就逐州。」上曰：「如此，則可與降指揮，候農隙日，令守臣教閱一月。」

詔諸州教閲禁軍

樞密院奏：「已降指揮，令諸州軍有御前屯駐，或分屯軍馬去處，將見教閲禁軍差官部轄，附大軍一就教閲，所有不係駐劄并分屯軍馬州軍，其禁軍自合逐州教閲。切慮因而廢弛，理宜申飭。」詔：「令諸路帥司行下所部州軍守臣，嚴行責委兵官，將見管禁軍，精加教閲，不測差官前去拍試，如有武藝退惰，具當職官姓名，按劾施行。」

執政減年守舊法

癸未，進呈程大昌奏士輵陳乞恩數，乞依執政轉廳減半。上曰：「士輵自少保轉少傅，可依轉廳條格給之。」又宣諭：「舊法遷官，却依初除試爲太濫。大昌所陳，自有見行條法，無可議者。」李彦穎奏：「大昌言宰執轉廳失於審勘，便同除授，全給減年，合行釐正。」上曰：「可令有司遵守見行條法。」

治使臣盗官物罪

甲申，進呈大理寺獄案。上曰：「宋資成盗用過七千餘緡，雖士大夫猶不可恕，況小使臣乎？可依擬定特旨施行。」乃刺配，籍没其家資。

主帥擇將非才降官

進呈鎮江府副都統制岳建壽申，權統制杜俊乞落權字，給降宣命。都堂審察，杜俊筋力精神衰乏，乃詔特與罷從軍，岳建壽具析申。上曰：「身爲主帥，既是統制官非才，自合審驗申明。今乃因循津發，豈得無罪？可降一官。」

九月丁酉朔，日有食之。

己酉，御經筵，侍讀史浩讀三朝寶訓：「真宗謂近臣曰：『諸路提點刑獄官，昨已令察官吏踰違不理，而廉幹之士未令稱舉，四海聞之，謂朝廷惟求人過，又慮不識治體之人因而生事。當降詔，若有能吏，聽其奏薦』。」浩曰：「本朝祖宗忠厚如此。」上曰：「本朝仁厚可比于周。」又讀「秘書丞鄧餘慶坐祠祭不至，私罪當劾所薦之主。上曰：『連坐舉官，誠亦不易。如此公坐，猶尚可矜，其有本不諳知，勉徇請托，及乎敗累，何以逃責？』王旦曰：『薦才誠難，亦有中道改節者。』上曰：『然。拔十得五，縱使徇私，朝廷由此得人亦不少矣。』旦曰：『求人之際，但信其言而用之，有所曠敗，亦以所言而坐之。』」浩曰：「聖人之言遠如天，賢人之言近如地。觀真宗與王旦之言，可以見聖賢之遠近也。王旦爲相，欲坐繆舉者之罪，此賢人之言也。真宗以爲拔十得五，縱使徇私，然朝廷由此得人亦不少矣，此聖人之言也。其言包含廣大，豈不如天之遠耶？」上曰：「孟子之言最爲辯，其視孔子之言，則氣象大不相侔。蓋孔子之言約而盡，且如莊、列之言，自不如老子之約，此乃聖賢

本朝仁厚比於周

拔十得五

論孔孟之言不同

之分也。」

閱蹴毬

是月，閱蹴毬於選德殿。

紹興府水

紹興府水。

不次用將

冬十月戊辰，執政進呈，金州副都統制李思齊申請，軍官擇有才略智勇人不次陞擢，上曰：「專用年限資歷，則才者無以自見。若許躐次陞差，則兵官得人矣。」詔許躐等陞差，發付樞密院審察取旨，給付身。

陰雨決獄

丙子，詔：「陰雨多日，大理寺、臨安府并屬縣及兩浙西路諸州縣見禁罪人，在內委臺官，在外委提刑，即時躬身前去檢察決遣，如路遠去處，分委通判。杖罪已下并干繫等人，日下並行疏放。仍將已斷放過名件，逐一開具聞奏。」

漸革鬻牒弊

己卯，執政進呈江州置駐劄軍因依。趙雄奏：「昨準宣諭，賣度牒非佳事。今湖廣總領所歲有給降度牒定數，不知紹興年間，不曾給降，亦自足用，豈紹興三十年創置以萬人爲額之前，度牒初未行也。」上曰：「待以示三省，朕甚不欲給降度牒，當漸革之。」

臣留正等曰：刺民爲兵，鬻民爲僧，皆非古也。世變之極，兵民分爲二，致兵固已病民矣，又因兵而財用不足，藉度牒以給之。一人爲兵，供之者十人，既未能革養兵之弊，又毆民以棄南畝，遊手日衆，農民日削，可不念哉？ 聖語首及於此，其意深矣！

庚辰，詔：「幸灘上抽摘諸軍人馬按教，宰職、管軍、知閤、御帶、環衛官，自祥曦殿戎服起居從駕，餘免。」

給義士衣甲

十有一月己亥，樞密院進呈金州管内安撫司申，本州管保勝軍二千三百餘人，見闕衣甲千八百餘副。上曰：「衣甲亦不可不理會。舊來主帥見說，盡令義士赤肉當敵，此何理也！」趙雄奏：「陛下興言及此，義士何得不以死報。近利路安撫司乞再置作院，專一打造義士衣甲。今欲行下，逐旋均撥應副，并舊宣撫司亦大有衣甲，已令周嗣武點檢，俟申到定數，亦當分給義士也。」

革軍中冒濫弊

庚子，樞密院進呈内外諸軍申繳逃亡事故付身。上曰：「近來軍中之弊，不知革去多少，只如逃亡事故付身，有家累者批鑿，無家累者焚毁，數年之間，免冒濫者多矣。」趙雄奏：「且如軍中陞差與揀汰離軍之人，令赴密院

審察離軍人

審察，皆有去取，此事亦奇。」上曰：「行之稍久，主帥自不敢用私喜怒有所陞

黜也。」

不許鄭亘古添差

不以魏王所請廢法

甲辰，樞密院進呈，魏王奏武德郎鄭亘古乞改添差明州都監[三〇]。趙雄奏：「亘古無添差恩例，若欲從之，須降特旨。」上曰：「既無添差恩例，自是難行。」雄奏：「如此，則令具正闕奏辟。」上曰：「甚好。」雄奏：「一使臣差遣小不應格，雖魏王奏請，陛下亦不從，群臣誰敢不遵守格法也？」

獎李川杜私謁

丙午，樞密院進呈李川申：「近旨，不許管軍官接見賓客。川自準聖訓，不敢妄見一人，遂斂衆怨，動生謗議。」趙雄奏：「欲申嚴指揮行下。」上曰：「李川能如此遵守，誠不易得。可與再行約束，仍獎諭李川。將帥能如此執守，甚副朕意。宜益堅此意，勿恤衆怨，謗議雖起，不足慮也。」

丁未，乃詔：「江上并四川諸軍遵依已降指揮，如有違戾，重作施行。干求乞貸，若借舟船、人馬之類，並以贓論。」

不廢審察之法

戊申，樞密院進呈郭鈞申，乞將右軍統制田世雄改充中軍統制，緣止係改移，即非創行陞差，乞免赴樞密院審察。上曰：「初除統制時，曾經審察乎？」趙雄奏：「舊來止是宣撫司陞差，未經審察。」上曰：「審察之法，豈可輒廢？若以爲正當防秋，可令至來年中春津發赴樞密院審察，給降付身。」

十二月甲戌，臣僚言：「農田之有務假，始於中春之初，終於季秋之晦，法所明載。州縣不知守法，農夫當耕耘之時，而罹追逮之擾，此其害農一也。公事之追鄰保，止及近鄰足矣。今每遇鄉村一事追呼，干連多至數十人，動經旬月。吏不得其所欲，則未肯釋放，此其害農二也。丁夫工伎，止宜先及游手，古者所謂夫家之征是也。今則凡有科差，州下之縣，縣下之里胥，里胥所能令者，農夫而已。修橋道、造館舍，則驅農爲之工役；達官經由、監司巡歷，則驅農爲之丁夫，此其害農三也。有田者不耕，而耕者無田，農夫之所以甘心焉者，猶曰賦斂不及也。其如富民之無賴者不肯輸納，有司均其數於租户，胥吏喜於舍强就弱，又從而攘肌及骨，此其害農四也。巡尉捕盜，胥吏催科，所至村疃，雞犬爲空，農夫坐視而不敢較，此其害農五也。」詔令州縣長吏常切加意，毋致有妨農務。

論農田五害

乙亥，大閱殿、步兩司諸軍于茅灘，皇帝登臺，殿帥王友直、步帥田世卿奏，人馬成列。舉黄旗，諸軍統制已下呼拜者迺奏發嚴；舉白旗，聲四鼓，變方陣，次變四頭八尾陣爲禦敵之形；次變大方陣，次舉黄旗，聲五鼓，變圓陣；次舉皂旗，聲一鼓，變曲陣；次舉青旗，聲三鼓，變直陣；次舉緋旗，聲二

幸茅灘大閲

鼓，變鋭陣。管軍奏五陣教畢，放教。是日，天氣晴爽無纖雲，器甲精明，光耀原野，士氣鋭，天顏甚悦。上宣諭友直等曰：「器甲鮮明，紀律嚴整，皆卿等留心軍政，深可嘉尚。」犒賜將士有差。[三一]

何俌措置水利

戊寅，前浙東提舉何俌言：「本路措置水利，創建河浦、塘埭斗門二十處，增修開浚淺浹、碶閘、溪浦、河堰、弗潭[三二]、湖埂六十三處，計灌溉民田二十四萬九千二百六十六畝。」詔浙東提舉姚宗之覈實，開具聞奏。

召雍山不至

是歲，知遂寧府杜莘老舉布衣雍山行義，召不至，賜出身，添差本府教授，尋乞致仕。

乾淳重定武階

乾道初，定節度使至正任刺史除上將軍，横行、遥郡除大將軍，正使除將軍，副使除中郎將，使臣以下除左右郎將。正任，謂承宣使至刺史也；遥郡，謂以階官領刺史至承宣使也；正使，謂武翼大夫以上也；副使，謂武翼郎以上也；使臣以下，謂訓武郎以下也。至是年，詔今後環衛官，節度使除左右金吾衛上將軍、左右衛上將軍，承宣使、觀察使爲諸衛上將軍，防禦使至刺史、通侍大夫至右武大夫爲諸衛大將軍，武功大夫至武翼大夫爲諸衛將軍，正侍郎至右武郎、武功郎至武翼郎爲中郎將，宣贊舍人、敦武郎以下爲左右郎將。

點磨四川財用

差度支郎周嗣武點磨四川總所，嗣武尋奏：「蜀爲今日根本之地，自屯兵蜀口五十年間，竭全蜀之力，僅足以供給軍費。目今曆尾，雖管錢引八百萬道，乞存留在蜀，以備非常急闕之需。」從之。

胡元質奏川茶弊

四川制置使胡元質奏云：「爲蜀民之病者，惟茶、鹽、酒三事爲最。酒課之弊，近已損減。蜀茶，祖宗時並許通商，熙寧以後，始從官榷，當時課息，歲不過四十萬。建炎軍興，改法賣引，比之熙寧，已增五倍。紹興十七年，主管茶事官增立重額，逮至二十五年，臺諫論列，始蒙蠲減。當時鄭靄爲都大提舉，奉行不虔，略減都額，而實不與民間，盡蠲前官所增逐户納數。又越二十餘年，其間有産去額存者，有實無茶園，止因賣零茶，官司抑令承額而不得脱者，似此之類不一。逐歲多是預俵茶引於合同官場，逐月督取。張松爲都大提舉日，又計興、洋諸場一歲茶額，直將茶引俵與園户，不問茶園盛衰，不計茶貨有無，止計所俵引數，按月追取息錢，以致茶園百姓愈更窮困。欲行下茶馬司，將無茶之家並行倚閣，茶少額多之家，即與減額。」得旨，令元質與茶馬司及總領司措置。六年九月丙子，奏減虛額。

胡元質奏井鹽弊

元質又云：「鹽之爲害，尤甚於酒。蜀鹽取之於井，山谷之民，相地鑿井，深至六七十丈，幸而果得鹹泉，然後募工，以石甃砌，以牛革爲囊，數十人牽大繩以汲取之，自子至午，則泉脈漸竭，乃縋人於繩，令下以手汲取，投之於囊，然後引繩而上，得水入竈，以柴茅煎煮，乃得成鹽。又有小井謂之卓筒，大不過數寸，深亦數十丈，以竹筒設機抽泉，盡日之力，所得無幾。又有鑿地不得鹹泉，或得泉而水味淡薄，煎數斛之泉，不能得斤兩之鹽。其間或有開鑿既久，井老泉枯，舊額猶在，無由蠲減；或有大井損壞，無力修葺，數十年間，空抱重課；或井筒剥落，土石堙塞，彌旬累月，計不得取；或夏冬漲潦，淡水入井，不可燒煎；或貧乏無力，柴茅不繼，虚失泉利；或假貸資財，以爲鹽本，費多利少，官課未償，私債已重。如此之類，不可勝計。臣欲擇能吏前往，逐州考核鹽井的實盈虧之數，先與推排等第，隨其盈虧多寡而增損之，必使上不至於重虧國計，下實可以少紓民力，方可施行。」

均減井鹽重額

詔令元質與李蘩同共相度措置〔三〕，條具聞奏。元質續奏：「鹽井重額，沈痼百姓，垂五六十年矣，號呼籲天而天不聞。陛下亟出所儲，略無愛嗇，俾不踰時，出窮民於水火之中，誠若有所不及，臣親聞歌頌之聲，目覩和平之象，實千載希闊難逢之嘉會。乞宣付史館。」從之。

元質又言：「簡州最爲鹽額重大，近蒙蠲減折估錢五萬四千餘緡，但官司一時逐井除減，使實惠未及下户。富厚之家動煎數十井，有每歲減七千緡者，下等之家不過一二十井，貨則無人承當，額徒虛欠，官司督責不免。望委制置司再將向來已減之數重行均減，其上户至多者，每歲不得減過二千貫，其餘類推，均及下户。」

增入名儒講義皇宋中興聖政卷之五十五

校勘記

〔一〕幸學皆命儒臣講經 「命」原脱，據宋刊本、宋史全文卷二六補。

〔二〕合到行在折帛錢共六十一萬貫指擬支遣 「貫指」原脱，據宋史全文卷二六補。

〔三〕既是違法病民 「病」原脱，據宋史全文卷二六補。

〔四〕茂良等次日聞奏 「次日」原脱，據宋史全文卷二六補。「聞」，宋史全文卷二六作「同」。

〔五〕于南庫借六十萬緡應副支遺　「支遺」原脱，據宋史全文卷二六補。

〔六〕今若移此六十萬緡于四月上旬支借則户部自無闕用　「于四月上旬支借則」原脱，據宋史全文卷二六及文獻通考卷五田賦考補。

〔七〕可以禁止預催之弊上喜曰如此措置　「之弊上喜曰如」原脱，據宋史全文卷二六補。

〔八〕於公私俱便　「公私俱便」原脱，據宋史全文卷二六補。

〔九〕今後須管依條限催理　「管」原脱，據宋史全文卷二六補。

〔一〇〕自昔細民之困　「細民之困」原脱，據宋史全文卷二六補。

〔一一〕或本生夷狄之裔　「夷狄」原作「西北」，據宋刊本、宋史全文卷二六改。

〔一二〕召虎之平淮夷　「夷」原作「徐」，據宋刊本、宋史全文卷二六及中興兩朝編年綱目卷一七改。

〔一三〕陳湯之斬單于　「斬單于」原脱，據宋刊本、宋史全文卷二六及中興兩朝編年綱目卷一七補。

〔一四〕在晉則謝安宴衎以靖胡寇　「胡」原作「北」，據宋刊本、宋史全文卷二六及中興兩朝編年綱目卷一七改。

〔一五〕且知夫貶夷狄之類者　「夷狄之類」原脱，據宋刊本、宋史全文卷二六及中興兩朝編年綱目卷一七補。

〔一六〕案從「如太上宸翰」至「時多以度牒賜」凡四百二十六字，原脱，據宋史全文卷二六輯補。

〔一七〕極是淮等奏　「是淮」原脱，據宋史全文卷二六補。

〔一八〕但歡喜者不過被賞數厚　「厚」原脱，據宋史全文卷二六補。

〔一九〕而怨者必多　「多」原作「至」，據宋刊本、宋史全文卷二六改。

〔二〇〕是春　原作「是月」，據宋刊本、宋史全文卷二六改。

〔二一〕皆由嚴恭畏敬所致　「敬」原脱，據宋史全文卷二六補。

〔二二〕朕於虜讎未復　「虜」原作「敵」，據宋刊本改。

〔二三〕毋黨同以伐異　「伐」原作「來」，據宋史全文卷二六改。

〔二四〕少保史浩奏　「奏」原作「秦」，據宋刊本、宋史全文卷二六改。

〔二五〕蓋夷人不可一日無茶以生　「夷」原作「北」，據宋刊本、宋史全文卷二六改。下同。

〔二六〕因此諸蕃盡食永康細茶　「蕃」原作「人」，據宋刊本、宋史全文卷二六改。下同。

〔二七〕而宕昌之茶賤如泥土　「宕」原作「巖」，據上文及宋史卷八七地理志三改。下同。

〔二八〕其薦察官　「其」原作「具」，據宋史全文卷二六改。

〔二九〕則特以鄉人林光朝爲首　「首」原作「言」，據宋史全文卷二六改。

〔三〇〕魏王奏武德郎鄭亘古乞改添差明州都監 「改添」原互倒，據宋刊本、宋史全文卷二六乙正。

〔三一〕案從「當耕耘之時」至「犒賜將士有差」凡四百三十八字，原脱，據宋史全文卷二六輯補。

〔三二〕弗潭 「弗」，宋史全文卷二六作「沸」。

〔三三〕詔令元質與李蘩同共相度措置 「蘩」原作「藝」，據宋刊本、宋史全文卷二六改。

增入名儒講義皇宋中興聖政卷之五十六

孝宗皇帝十六

淳熙五年春正月丙申朔。

禁州縣預借

二月戊辰，臣僚言：「郡縣之政，最害民者，莫甚於預借。蓋一年稅賦，支遣不足，而又預借於明年。是名曰借，而終無還期。前官既借，後官必不肯承。望嚴戒州縣，如有違戾，監司常切覺察。」從之。

革丁絹二弊

己巳，臣僚言丁稅二弊：「一丁之稅，人輸絹七尺，此唐租庸調之所自出也。二十歲以上則輸，六十則止，殘疾者以病丁而免，二十以下者以幼丁而免，此祖宗之法也。比年鄉司爲姦，托以三年一推排，方始除附。乃使久年係籍與疾病之丁，無時銷落；前添之丁，隱而不籍，皆私糾而竊取之。致令實納之人無幾，而官司所入者大有侵弊，此除附之弊也。若其輸納，則六丁之税方湊成絹一疋，官司紐於久例，利其重價及頭子、勘合、市例、縻費之屬，必欲單名獨鈔。其已納者，又不即與銷簿，重疊追呼，此輸納之弊也。今欲縣委丞，置丁税一司，遇歲終，許民庶之家長或次丁立罪賞，自陳其家實管丁若干，老病少壯悉開列于狀，將舊簿照年實及六十與病廢者悉除之，壯而及令者重行收附。如隱年者，許人告首。每歲納足，即與銷簿給鈔，許錢絹從便送納。」從之。

是月，雨土。

減蜀中折絹錢

三月辛酉，四川制置胡元質言：「蜀折科之額，視東南爲最重。如夏秋税絹，以田畝所定税錢爲率，凡税錢僅及三百，則科絹一匹；不及三百者，謂之畸零。其所輸納，乃理估錢，則準時直。當承平時，每縑不過二貫，兵興以來，每縑乃至十貫，是一縑而取三倍也。陛下軫念遠民重困，每縑裁定作七貫五百，蜀民驩呼鼓舞。然獨成郡自淳熙五年爲額減放訖，其他州縣，尚有應昨來指揮去處。乞行下約束。」詔四川總領所，同逐路轉運司，取見諸州軍未盡數減放因依，更相度與裁減。若以歲計却有妨闕，仰公共措置，將諸州財賦通融相補，開具以聞。

史浩右相

是月，以史浩爲右丞相。

擢姚穎等

不許用王程説

謝廓然請禁王程學

會子始分界

却羡餘代納折帛錢

親試舉人，賜姚穎以下及第、出身有差。先是，侍御史謝廓然言：「近來掌文衡者，主王氏之説，則專尚穿鑿；主程氏之説，則務爲虛誕。夫虛誕之説行，則日入於險怪；穿鑿之説興，則日趨於破碎。今省闈引試，乞詔有司公心考校，毋得徇私，專尚程、王之末習。」從之。

是春，詔會子以一千萬緡爲一界，尋又詔如川錢引例，兩界相沓行。

夏四月辛未，知紹興府張津奏：「本府支用剩錢四十萬貫，起發應副御前激賞支用。」詔：「令紹興府，將張津所獻錢爲人户代納今年和買、身丁之半，仍令本府印給文榜，遍下諸縣鄉村曉諭通知。如人户今年已多納折帛錢，與理充來年應輸之數〔二〕，即不得因而重疊催擾。如稍有違戾，許人户徑詣尚書省陳訴。」

臣留正等曰：乾道五年，臣僚嘗言諸州所獻羨餘，類皆移東易西以覬恩倖。聖訓有曰：「今日財賦，安得有餘，自今若有此獻，朕當却之。」至是張津猶以羨餘四十萬緡來獻，壽皇聖帝却而不受，復俾爲民代輸，以其所斂之民者還以畀民，豈惟知所取予而示之以好惡，其所以警厲臣工，風動中外者亦宏矣。臣故特著于篇。

置司看詳言事

丁亥，詔：「令今後差給事中一員〔三〕，立一司，專一看詳天下言利病奏狀劄子，及經朝廷陳乞敷奏者，如有利國便民事，雖其言可採，並先參訂祖宗法，委無違戾，方許上籍，一供省覽，一留三省，以備舉行。如涉兵機，即關密院。」

臣留正等曰：詢謀稽衆，雖堯、舜不廢焉，四方之言便宜，顧可忽哉？然其間徇偏見，出新意，與舊章相戾者，若輕信而亟用之，則往往暗壞祖宗成法，是又不可以不審擇也。夫祖宗法度畫一明備，如古良醫處方，其君臣佐使，甘苦温涼，分劑之多寡，修製之異同，莫不各有深意，若使俗醫輒以己意增損於其間，則必失古方之意。今壽皇聖帝既詔專立一司看詳，採其利國便民者，又須先參訂祖宗法，委無違戾，然後籍而行之，有用言之實，而無改制之名。聖慮及此，可謂遠矣。

是月，雨土。

張栻再任廣西

五月甲午朔，詔知静江府張栻除秘撰，令再任。以栻久任閫帥，績效有聞也。

與史浩論朋黨

庚子，右丞相史浩奏：「臣蒙恩俾再輔政，唯盡公道，庶無朋黨之弊。」上曰：「宰相豈當有朋黨？人主亦不當以朋黨名臣下。既已名其爲黨，彼安得不結爲朋黨？朕但取賢者用之，否則去之。且如葉衡既去，人以王正己爲其黨，朕固留之，以王正己雖衡所引，其人自賢，則知朕不以朋黨待臣下也。」浩奏：「陛下此心如止水，如明鏡，賢否皆不得遁，故姦邪不敢名正人以朋黨。漢黨錮、唐白馬之禍，皆人君不明，爲群邪所惑，遂致如此。」

甲辰，進呈庚子宣諭聖語論朋黨事。上曰：「唐文宗有言：『去河北賊易〔三〕，去朋黨難。』朕常嗤其言，何至於此？朋黨本不難去，若人主灼知賢否所在，惟賢是進，不肖是退，弗問其他，則黨論自消。漢、唐末世，朋黨皆數十年不能解，以至禍亂，朕常歎之，其患盡在人君之無學，所以聽納之不明也。若能公是公非，惟理適從，何朋黨之有哉？使胸中有詩、書，有古今，則黨論何從而起？」浩奏：「用人惟論賢否，則自無朋黨。只如唐牛、李之事，後世之論者，謂德裕之黨多君子，宗閔之黨多小人。然德裕之黨，豈無白敏中之傾險？宗閔之黨，豈無周墀之直諒？但於兩黨中用賢者，黜不肖者，則其黨自破。」范成大奏：「陛下學力高妙，鑑自聖心，漢、唐史策所載，無此氣象。當於前日聖語中增入，以詔萬世。」上曰：「漢、唐朋黨之論，大抵皆由主聽不明，而其原始於時君不知學。」浩奏：「説命三篇，專論聖學，如『終始典于學』，如『學于古訓』之類。帝王要道，無先於此。」上曰：「善。」

辛亥，進呈庚子、甲辰兩日聖語，上曰：「前世朋黨之興，盡由人主偏聽，及黨論既成，亦墮其中，混而爲一。朕故推究源流，以立此論。卿等記録詳矣。朕觀漢、唐之末，時君心術不明，又偏聽是非，故姦臣得投其隙，以立黨與，遂成禍亂，甚可憐也。朕每讀前代史書，至可喜處，則欣慕之；至有不忍觀者，則爲之掩卷太息。」上又曰：「君子群而不黨，和而不同。賢者自然以類聚，雖曰群曰和，然自有不黨不同之處，豈可皆指以爲朋黨邪？」浩奏：「堯、舜在位，九官相遜；文、武傳國，十亂同心，謂之朋黨，可乎？」趙雄奏：「人主之聽儻有所偏，即所偏之處，臣下必從而趨附之，則黨與遂成。今陛下謂朋黨盡由偏聽，可謂深切著明。」范成大奏：「陛下聖謨正大，可以頒示臣庶，使皆知天子不以朋黨待天下之士，則孰不精白一心，以承休德？」上曰：「朋黨之論不立，則士大夫可以安心營職，無他顧慮。至於治亂禍福，又有不可盡言者。蓋國之將興，則有所謂天誘其衷，否則有所謂天奪其魄。

天人之際，其可畏也〔四〕。」

臣留正等曰：壽皇聖帝謂漢、唐朋黨之論，皆由主聽不明，而其原始於人君之無學，萬世之下，無以易此論矣。聖謨洋洋，當與六經並傳，故備載之以詔永久。

罷創立場務

是月，詔諸路州縣創立場務者，皆罷之。

革請託之風

六月庚午，新知南劍州曾植言：「近日公正之道微，請托之風盛。省部之理訴、倉庫之出納、刑獄之決讞、州縣之争訟，無一不用關節，欲望百司舉職，難矣。乞戒飭百官：若内外皆行公道，毋循私情。其有不悛，行法自近始，庶幾百官各揚乃職。」從之。

詔舉臺官

甲申，詔：「可令翰林學士、諫議大夫、給事中、中書舍人，各舉堪任監察御史二人，以備擢用，遵用祖宗故事施行。」壬辰，詔侍御史亦令薦舉。

限蜀中錢引銀會

閏六月丁酉，湖廣總領周嗣武奏：「蜀爲今日根本之地，自屯兵蜀口五十年間，竭全蜀之力，僅足以供給軍費。目今曆尾，雖管錢月八百萬道，欲望軫念蜀民之力已疲，乞存留在蜀，以備經常急闕之須，是亦富藏天下，維持根本之義。」上曰：「甚善。」又奏：「蜀中錢引，自天聖間創始，每界初只一百二十五萬餘道。至建炎間，依元符之數，添印至三百七十餘萬道，尚未爲多。目今見行兩界，通共四千五百餘萬道，較之天聖之初，何啻數十倍？今四川總領所又有別造錢銀會子〔五〕，接濟民間貿易，比折成貫錢引，自是六十三萬道。儻歲歲添印，一旦價例減落，則於四川錢引所係非輕。」上曰：「蜀中錢引已多，豈可更有增添？」並從之。

大理獄空

大理卿吳交如等劄子：「本寺公事勘斷盡絶，並無收禁罪人。見今獄空，欲依故事上表稱賀。」詔免上表，令降詔獎諭。

修高郵寶應長堤

丙辰，淮東總領言：「高郵寶應田歲被水澇，昔元祐間，發運張綸興築長堤二百餘里，爲涵管一百八所〔六〕，石堰、斗門三十六座，以時疏洩，下注謝陽湖，流入於海，故年穀屢登。自殘擾之後，盡皆廢壞，湖水漫流。今乞專委官同守令，於農隙之際，官給米募夫，擇湖水衝要去處，建石堰、斗門、涵管，察堤岸之損缺，修築填補，庶幾公私利便。」從之。明年四月三日畢工，詔淮東總領葉翥褒實以聞。

罷階成等州營田

是月，興州都統吳挺言：「今階、成、西和、鳳州并長舉縣營田，以三年計之，所得纔四萬九千餘緡，而所費乃一十七萬緡。乞令州縣召民户請佃，將軍兵抽還教閲。」從之。

旌强霓强震死節

强霓、强震並贈觀察使，仍於西和州立廟，賜額旌忠，以知興州吴挺言，霓守環州，震爲兵官，並死節，不屈於虜也〔七〕。

利路復分東西

利州路復分東、西，以吴挺帥西路兼知興州，知興元府程价充東路安撫。

詔戒重價折錢

秋八月甲午，内降御筆。詔略曰：「比年以來，五穀屢登，蠶絲盈箱，嘉與海内，共享阜康之樂。尚念耕夫蠶婦，終歲勤動，賈賤不足以償其勞，而郡邑或弗加恤，使倍蓰以輸其直，甚亡謂也。其令諸路監司，嚴戒所部，應民間兩税，除折帛、折變自有常制外，當輸本色者，毋以重賈强之折錢，若有故違，按劾以聞，重寘於法。可令臨安府刻石，遍賜諸路監司、帥臣、郡守。」

不以文采取武臣

戊午，國子博士錢聞詩劄子，論今日登用武臣，不過於武臣中選用有文采者，欲以此激厲武勇，恐反怠其習，將見將帥子弟，必有事文墨、弄琴書、趨時好尚，以倖進用者。上曰：「若如此時，朕安得人使？」

臣留正等曰：乾道、淳熙之際，奬用武臣，所以責功實，厲士氣，圖遠略也。若乃褒衣博帶以習嫻雅，哦詩賦曲以誇技能，收書蓄畫以角名勝，則化介士爲腐儒，愈見其無用矣，豈聖意哉？

幸秘書省賜詩

九月壬申，幸秘書省，御製詩一首，賜史浩以下，賜秘書監陳騤、少監鄭丙紫章服。

陳俊卿入對

陳俊卿諫出中批

上從諫疏近習

是月，陳俊卿入對。時曾覿以使相領京祠，王抃知閤門事〔八〕，樞密都承旨甘昪爲入内押班。三人相與盤結，士大夫無恥者争附之，於是鄭鑑爲館職，袁樞爲宗正簿，因轉對，數爲上言之。俊卿判建康，因過闕入對，宣出賜茶，論覿、抃招權納賂，薦進人材，而皆以中批行之，此非宗社之福。且曰：「陛下信任此曹，壞朝廷之綱紀，廢有司之法令，敗天下之風俗，累陛下之聖德。」上感其言，因是稍疏覿，於是覿亦覺爲上所疏，七年，疽發背死。八年，趙汝愚爲吏部侍郎，上章力抵王抃之罪，會抃擅許北使以起立問起居，上悔悟。汝愚因請對論抃，逐之。抃去，獨有昪在。朱熹嘗因過闕奏事，力爲上言之。上曰：「昪乃德壽所薦，謂有材行。」熹曰：「姦人若無材，何以動人主？」其後上察其姦，竟抵昪罪。

大事記曰：曾覿、龍大淵、王抃、甘昪四人，憑恃恩寵，招權納賄。

然四凶之寡，不能以勝元、凱之衆，故曾覿、龍大淵之始用事，雖劉度、張震、胡沂、周必大、金安節諸公争之而未勝，而終以陳應求一言而去。曾覿再至，與王抃、甘昪爲姦，雖劉珙、張栻、龔茂良、鄭鑑、袁樞争之未勝，而曾覿復以俊卿一言而去，王抃以趙汝愚一言而去，甘昪以朱熹一言而去，於此見孝宗之英明，塵翳終不能以滓太清也。於此見乾、淳君子之多，稂莠終不能以害嘉禾也。

陳俊卿諫用白劄

俊卿之在建康也，是時御前多行白劄子，率用左右私人賫送。俊卿因上奏曰：「號令出於人主，行於朝廷，布於中外，古今之所同也。間有軍國幾密文字，或御前批降，則用寶行下，此所以示信防僞也。今乃直以白劄傳旨，處分事宜於數百里之外，其間亦有初非甚密之事，自可付之省部。今白劄既信於天下，則他時緩急，或有支降錢物、調發軍馬、處置邊防，干國家大利害事，其間豈能保其無僞？若嚴重知體之人必須奏審，則往來之間，或失事機。若庸儒無識之人即便施行，則真僞不分，豈不誤事？況祗禀文字，只付差來人，或令回申元承受處，到之與否，不可得知，此於事體，尤爲非便。」上降手劄奬諭愧謝之言。

進呈類譜玉牒

是秋，進呈三祖下第六世仙源類譜、仁宗皇帝玉牒。

淳熙曆後天

冬十月。先是，曆官推九月庚寅晦。既頒曆矣，而北使來賀生辰者，乃以爲己丑晦，蓋小盡也。於是會慶節差一日。接伴檢詳丘崈調護久之，虜人乃肯用正節日上壽〔九〕。蓋曆官荆大聲妄改甲午年十二月爲大盡，故後天一日也。

編光堯慈訓

十一月庚申，右丞相史浩奏：「陛下事親之懿，二典所載，誠有所不能及者。如朔、望駕朝德壽宮，與夫聖節、冬至、正旦上壽，或留侍終日，或恭請宴游，凡所以盡子之道以天下養者，皆極其至，自宜大書於策，以爲萬世父子之法。然自陛下登位以來，至是凡十有七年，其間豈無親聞太上皇帝聖訓與夫陛下問對玉音，外庭不得而知、史官不得而書，誠今日之闕典也。欲望陛下以前所聞，及自今以後所得太上皇帝聖訓，陛下問對玉音，許令輔臣隨時奏請，俾之登載日曆，或宣付史館，別爲一書，則聖子神孫，得以遵承家法，而天下後世，知聖朝慈孝之德之盛。」詔從之。庚午，秘書監鄭丙等奏：「所書太上皇帝聖訓、皇帝問對玉音及尊號詔册、儀注之類，乞先載日曆外，仍別爲一書，自朝廷立爲書名頒降。」尋詔其書以光堯慈訓爲名。

臣留正等曰：恭惟光堯慈訓之書，堯父舜子，慈孝之盛，萬世莫有加焉。至於今日，相授一道，益增厥光，切謂壽皇聖帝聖訓與皇帝問對玉音，亦宜登載史册，以詔永久，他日有司尚當有援兹事以請者，故詳著之。

耕租牛免充家力

丁丑，進呈王希吕缴奏：「浙間州縣推排物力，至於牛畜，亦或不遺。舊法即無將舍屋、耕牛紐充作家業等第之文，送敕令所看詳。人户租賃牛畜，雖係營運取利，緣亦便於貧民。欲依所奏，將應民户耕牛、租牛，依紹興三年五月六日指揮，並與免充家力，行下諸路州縣遵守施行。」上曰：「國以農爲本，農以牛爲命。牛多則耕墾者廣〔一〇〕，豈可指爲家力，因而科擾？可令檢坐紹興指揮，申嚴行下，監司常切覺察，如有違戾，按劾聞奏。」

臣留正等曰：河北自五代末，皆税田鏄，至國朝猶因之，吕夷簡歎曰：「王政本於農，此何名哉？」乃表除之。朝廷推其法於他路，自是農器無征。今兩浙物力筭及耕牛，近於田鏄之類矣。壽皇聖帝謂「國以農爲本，農以牛爲命」，遂亟詔勿筭，此可謂知稼穡之艱難，重王政之原本矣。

令宰執勿畏讒毁

戊寅，上宣諭宰臣曰：「卿等皆朕親擢，凡事盡公，當官而行，勿有所畏。朕既深知卿等，則讒毁之言無自而入。朕觀魏證、王珪之事，唐太宗凡有所言，亦未嘗每事皆從。彼皆終其身事太宗。卿等當以魏證、王珪爲法，不得輕爲去就。」

置成都路雄邊軍

詔成都一路十六州，除成都自有飛山軍及威、茂、黎、雅、嘉州、石泉軍係沿邊去處，兵備不可抽摘外，自餘諸州各選兵官前去，逐州按試勇壯有武藝人抽摘團結，共取一千人作二隊，如李德裕雄邊子弟。以雄邊軍爲名。從知成都胡元質請也。

史浩罷趙雄代之

是月，史浩罷相，授少傅、保寧節度、醴泉觀使兼侍讀。以趙雄爲右丞相，王淮爲樞密使，錢良臣參知政事。

遴選監司郡守

十二月辛卯，進呈監司、郡守除目。上曰：「郡守得人則千里蒙福，監司得人則一路蒙福。卿等遴選其人，不可輕授。」

弛魚池禁

壬辰，進呈趙彦逾劄子，乞將南康軍諸處魚池爲放生池，不許租與民户。上曰：「聞沿江之民以魚爲生，今而禁之，恐妨細民。」

不置城外欄税

乙卯，進呈知臨安府吴淵劄子，乞復置西溪等兩處發引欄税。上曰：「關市譏而不征，去城五十里之外，豈可復置欄税？」

臣留正等曰：趙彦逾請以魚池爲放生池，名則美矣，而實妨細民之利；吴淵請於西溪置欄税，防則密矣，而實重商旅之害。壽皇聖帝勤恤民隱，見於聖訓，明切如此，固非二臣之所及也。

關防奏辟之弊

臣僚言：「昔大觀中，嘗患内外官司奏辟員闕差遣，多是權要子弟，及易舉親戚，陞養資任，非任能責成之意。嘗下詔，凡奏辟官，於奏狀前，用貼黄具所辟官在朝親屬職位、姓名以聞。欲望檢舉大觀已行之詔，應自今有合奏辟官屬，必於貼黄前説不係權要子弟、親戚，庶幾公道稍伸，私情盡革，以仰副清朝綜核名實之意。」詔從之。

守廣西官賣鹽法

是歲，前知雷州李茆奏：「廣西鹽法，見於已行者，曰鈔商興販也；曰官自搬賣也。然二者利害不可不究。且官自搬賣，舊係本路轉運司主其事，行之既便，歲課自充，諸州亦無闕乏之患。爰自紹興八年，改行鈔法，轉運司所得僅二分，不能給諸州歲計，至於高折秋苗，民被其害，逐年賣鈔，所虧之數甚多。陛下灼見其弊，仍舊撥還轉運司，均與諸州，官搬官賣，盡罷折米、招糴之爲民害者，止令轉運司歲認息錢三十一萬貫，其爲計甚善，自當確守此法，必爲永久之利。臣恭聞光堯太上皇帝在御之日，嘗詔諸路提舉鹽事司，不得妄有申請，變更鹽法。乞申嚴行下，勿使朝廷良法爲妄議者紛更，實一路幸甚。」詔令户部將廣西官搬官賣鹽法申嚴行下，常切遵守。

劉珙遺表言近習

劉珙以屬疾請奉祠，未報，請致仕。上以珙病亟，遣中使挾侍醫以來。珙知疾不可爲，亟上遺表，首引恭、顯、伾、文，以爲近習用事之戒。且言：「今以腹心耳目寄此曹，故士夫倚之以媒其身，將帥倚之以饑其軍，牧守倚之以賊其民。朝綱以紊，士氣以索，民心以離，咎皆在是。願亟加擯退，以幸天下。」後謚忠肅。珙，軨之孫、子羽之子也。

竄余永錫

知廬州舒城縣余永錫坐贓，特貸命，編管封州，仍籍没家財。

增入名儒講義皇宋中興聖政卷之五十六

校勘記

〔一〕與理充來年應輸之數　「之」原脱，據宋史全文卷二六補。
〔二〕令今後差給事中一員　「令」原脱，據宋史全文卷二六補。
〔三〕去河北賊易　「賊」原作「患」，據宋刊本、宋史全文卷二六改。
〔四〕其可畏也　「其」，據宋史全文卷二六作「甚」。
〔五〕今四川總領所又有别造錢銀會子　「銀」原作「糧」，據宋刊本、宋史全文卷二六改。
〔六〕爲涵管一百八所　「涵」原作「函」，據宋史全文卷二六改。下同。
〔七〕不屈於虜也　「虜」原作「北」，據宋刊本、宋史全文卷二六改。
〔八〕王抃知閤門事　「抃」原作「朴」，據宋刊本及下文改。
〔九〕虜人乃肯用正節日上壽　「虜」原作「敵」，據宋刊本、宋史全文卷二六改。
〔一〇〕牛多則耕墾者廣　「墾」原作「鑿」，據宋刊本、宋史全文卷二六改。

增入名儒講義皇宋中興聖政卷之五十七

孝宗皇帝十七

復合同憑由法

淳熙六年春正月庚午，進呈門下後省看詳司狀，太社令葉太廉劄子，奏：「乞詔内侍省，遇有取索庫務物，依舊法給合同憑由二本，一本付傳宣使臣取索，一本令本省畫時寔封，差人置曆，付所取庫務官勘驗支供。仍將合同繳奏，降下户部除破。如南庫、封樁庫各下提領所，其他倉庫理合一同。所貴杜絶姦弊。本司看詳，欲依所陳，自合遵依祖宗舊制，應在内官司，遇有宣索之物，並先次經由合同憑由司。」上曰：「此良法也，可依。」

不買北物

癸未，趙雄等奏：「光州復置中渡榷場官，御前恐有曾經在榷場幹事之人，可以差充監官，庶可檢察禁物，不令過界。」上曰：「御前自來不曾差人在淮上買物，如淮白、北果之屬，毫髪不曾買，宫中並無，唯遇太上皇帝賜來，則有之。向來劉度守盱眙，嘗獻淮白，却而不受。近蒙太上皇帝賜得數尾，

不喜珠玉圖畫

每進膳，即食一小段，可食半月。記得元居實知盱眙軍，初之任日，朕慮其在任輒獻北物，再三戒敕，令供責文狀，不得買物以獻。其狀留尚書省，卿等可取以觀之。」雄等奏：「陛下豈獨奉養儉素，只如珠玉、圖畫之珍，皆不得其門而入。」上曰：「太上皇帝留得圖畫一百餘軸，皆名筆也，亦未嘗掛。蓋天性不好。」雄等奏：「此暗消磨多少事，人主一有所好，則衆弊生焉。陛下一意於天下事，無他嗜好，真堯、舜主也。」

臣留正等曰：人主惟有一心，而人人皆欲伺其所好以投之。所好一形於外，則來者紛然，皆得以乘間而入矣。武王，聖人也。受一獒之獻，而召公有憂之，作書累數百言，其防微之意深矣。漢文帝即位之初，有以千里馬試帝意者，帝曰：「吉行日五十里，師行日三十里，朕乘千里馬，獨先安之？」自是守恭儉清静之治者二十餘年，實由此其基也。切惟壽皇聖帝於北物無所取，於滋味無所嗜，於圖畫無所好，豈特天性恬淡，不爲外慕，亦由聖見高明，誠足以知其爲有損而無益耳。移其玩物之志於萬幾兢業之間，此所以勤政務學，獨出於百王之上，而小人終無所投其隙也歟！

不許張聞禮添差

甲申，内批：「登仕郎張聞禮係太上皇后侄女夫，特添差浙東安撫司幹辦公事。」趙雄等奏：「在法，雖戚里，文臣未經銓試，武臣未經呈試，並不許陳乞添差。」上曰：「豈可以戚里而廢公法？卿等理會得是。可留下文字，今後有似此等事，切須執奏。」

不以戚里廢公法

免夔路科買金銀

四川制置胡元質、夔路運判韓晙奏：「夔路之民爲最窮，而諸州科買上供金銀絹三色，民力重困，所有大寧監鹽課委有增羨。臣今與總領所及本路轉運司公共措置，已將鹽課趲剌之錢買金銀，發納總領所及茶馬司，盡蠲免九州民間歲買之弊外，有餘剩錢若干，可以盡免今年夔路諸州一年合科民間買絹之數，餘錢又可與民間每歲貼助其費〔一〕，民力可以少蘇。」上曰：「監司、郡守興利除害，實惠及民，要當如此。」並從之。趙雄奏：「夔路之民最貧。韓晙爲漕臣，措置此錢，以免科擾，宣力甚多。」上曰：「不可不旌賞。」尋加晙直秘閣。

雨雹。

幸佑聖觀

二月己丑朔，幸佑聖觀，即上儲宫也。皇太子從，召史浩、曾覿入侍。上御講宫，顧瞻棟宇，初無改造，儼然如新，喜而念舊。興至明遠樓下，上顧

命太子讀經史

謂皇太子曰：「近日資治通鑑已熟，别讀何書？」對曰：「經史並讀。」上曰：「先以經爲主，史亦不可廢。」

錢良臣失舉自劾

庚寅，參政錢良臣以失舉茹驤改官自劾。詔：「良臣所奏，乃欲以身行法。國有常憲，朕不敢私。可鐫三官〔二〕。」癸巳，詔户部侍郎陳峴、待制張宗元、新知秀州徐本中、饒州居住趙磻老各降三官，以保舉茹驤，坐失舉也。

竄茹驤

先是，驤知湖州長興縣，侵盜官錢入己。事發，免真決，台州編管，籍没家財。故有是命。

詔前宰執侍從言事

甲午，太學博士高文虎論前宰執、侍從帶觀文殿大學士至待制在外者，皆有論思獻納之責。上曰：「卿此奏尤爲得體，朕亦有聽納之益，且知州郡間民情。」丙申，詔：「前宰執、侍從帶觀文殿大學士至待制，及太中大夫以上守郡、奉祠之人，今後如有已見利便，聽非時聞達，即不得輒陳乞恩澤、自述勞績之類。其責降官不在此限。」

禁兵官褻慢

丁酉，殿副都指揮使郭棣奏：「每遇宣押打毬或蒙賜酒，其諸軍正額、額外統制官内，有於馬上率爾奏事者。及賜酒之際，無指揮宣唤，輒詣榻前，紊煩奏事，甚失臣子事君之禮。乞自今後，遇有宣押，從本司約束。」詔從之。

臣留正等曰：朝不失禮，燕不失恭，然後法度正而堂陛之分嚴。若燕私之際，武夫兵將輒恃恩昵，干求奏請，輕瀆王威，則亦幾於褻矣。壽皇聖帝所以亟從郭棣之請，蓋肅威嚴，謹名分，防狎慢之意於是乎在，此萬世子孫所當遵守也。

編淳熙條法事類

癸卯，進呈淳熙海行新法。上曰：「朕欲將見行條法，令敕令所分門編類，如律與刑統、敕令格式及續降指揮，每事皆聚載於一處，開卷則盡見之，庶使胥吏不得舞文。」趙雄等奏：「士大夫少有精於法者，臨時檢閱，多爲吏輩所欺。今若分門編類，則遇事悉見，吏不能欺。陛下智周萬物，俯念及此，創爲一書，所補非小。」乃詔敕令所將見行敕令格式、申明，體倣吏部七司條法總類，隨事分門修纂，別爲一書。若數事共條，即隨門釐入，仍冠以淳熙條法事類爲名。

司馬伋浚河修閘

三月庚午，進呈知鎮江司馬伋言：「用石修砌湖閘門，浚海鮮河，使舟船有艤泊之所。」上曰：「司馬伋浚河修閘，惠利甚廣，可除寶文閣待制。」

丁丑，宰執奏事，上曰：「諸路漕臣職當計度，欲其計一道盈虛而經度之也。今則不然，於所部州郡，有餘者取之，不足者聽之。逮其乏事，從而劾之，吾民已被其擾矣。朕今以手詔戒諭之，俾深思古誼，視所部爲一家，周知其經費而通融其有無，廉察其能否而裁抑其耗蠹，庶乎郡邑寬而民力裕也。」

詔漕臣通融財計

趙雄等奏：「責任漕臣，盡於此矣。陛下厲精圖治，加惠元元，軫念及此，天下之幸也。」於是出御筆手詔，以戒諸道轉運。詔略曰：「分道置臺，寄耳目于爾漕臣，職在計度，欲其計一道盈虛而經度之也。職在按察，欲其蚤正素治，毋使至於病民。厥或異此，朕何賴焉？汝等得不視所部爲一家，周知其經費而通融其有無，廉察其能否而裁抑其耗蠹？」令兩浙轉運司刻石，徧賜諸路漕臣。

聽大臣避親嫌

乙酉，進呈除目，李嶧欲除太府寺丞，去年七月三日注籍。上曰：「可。」錢良臣奏：「李嶧乃李如岡之子，臣李如岡之婿。今臣備數政路，恐外人疑臣私於親戚，欲乞與外補。」上曰：「李嶧以論薦陞擢，不因卿進。然卿既以親嫌爲辭，可與近見闕知軍州差遣。」

賑淮東鼠災

是月，高郵軍、通、泰等州，去年以田鼠爲災，田穀絶收，命賑之。

雨雹。

不以卿監私近屬

夏四月丙申，上曰：「伯昌近自太府寺丞，除提舉淮東常平茶鹽，其家却懇請德壽宮，欲改除少監。朕思朝廷卿監，又非閤門、御帶之比，尤不可輕授。」趙雄等奏：「陛下至公無私，愛惜名器，雖宗室近屬、戚里近親，除授之際，一毫不以妄與，此可爲萬世之法。」

裁添差員數

丁酉，上曰：「州郡間近日添差員數頗多，今後宗室、戚里、歸正官等添差通判職官等，每州各不得過一員，帥司參議官、諸司屬官準此。」

封樁庫貫朽

五月甲子，進呈提領封樁庫閻蒼舒狀：「封樁庫共管見錢五百三十萬餘貫，年深有斷爛之數。乞拘收西庫綱運見錢對兑支遣，其斷爛錢貫給工索之費。」上曰：「錢積之久，必致貫朽。」趙雄等奏：「陛下儉德冠古帝王，未嘗一毫妄取於民，而府庫充足。」上曰：「朕不敢毫髮妄用，所以有此，以待緩急之用，實前此所無。」

臣留正等曰：我太祖皇帝削平僭僞諸國，取其府藏而别儲之，名曰封樁庫。歲終，凡國用之餘，亦皆入焉。嘗諭輔臣，俟滿三五百萬，當賂契丹以贖幽、燕之民。否則，散滯財，募戰士，以圖攻取，其規模宏遠矣。列聖相承，不替前烈，神廟所謂『爰設内府，期以募士，曾孫保之，敢忘厥志』是也。壽皇聖帝躬行節儉，惜財賦，中都封樁之錢，至於貫朽。建康、京口、江上諸處寄樁，亦皆不下數百萬緡，夫豈徒以聚財爲富而已，蓋國耻未雪，版圖未復，他日北向大舉，用以贍軍賦，賞戰功，此其聖志之所在乎。臣伏讀聖訓曰：「朕毫髮不敢妄費，所以有此，以待緩急之用。」嗚呼！此真藝祖之志也。臣故明著其事，以諗守藏者俾勿忘。

不差官奏祥瑞

戊辰，進呈秘書省狀，以太史局申明堂大禮，合差禮畢奏祥瑞官一員。上曰：「朕以豐年爲上瑞，不必差官奏祥瑞也。」

平郴寇出廟算

丙戌，上曰：「王佐以帥臣親入賊峒擒捕誅剿，與向來捕賊不同。書生亦不易得。」趙雄等奏乞旌賞，因曰：「今日成功，皆出宸筭。蓋王佐初時奏事，已云束手無策，止日夜俟荆、鄂大軍三千人至。陛下亟降宸翰，令將本路將兵禁軍、義丁、土豪無慮四五千人，自足破賊。」宸翰又云：「諸路養兵，皆出民力，小寇不用，畜兵何爲？卿爲帥臣，焉不知此？」王佐得此訓戒，方知驚懼，遂專用本路鄉兵等，不復指準大軍。今日擒陳峒等，皆鄉丁，非大軍也。宸翰所料明矣。非陛下明見萬里，則王佐成功必不如此之速。陛下必欲旌賞之，宜俟王佐保明立功之人來，先自下推賞，然後及王佐也。」

驅磨截留上供數

是月，臣僚言：「諸路州郡截用上供錢物，初令度支點對驅磨，既而復令關帳司驅磨。然而關防滲漏之弊，終不能革者，緣其間窠目不一，失於參照。且有以某事許截經總制折帛錢，又有不以有無拘礙，盡許拘截者。緣所截窠名不一，州郡得以容姦，重疊申部，而逐部只是照應大案合催名色，徑行銷豁，各部各案既不關會，何以稽考？今欲令度支每歲專置截使簿一面，如遇承降指揮截使名色錢物之數，即時抄其所隸部分，候諸州申到帳狀，即關會度支回報，方許關帳司驅磨銷豁。」從之。

保全李顯忠家

六月戊戌，進呈臨安府勘到李顯忠諸子師説等無禮於繼母王氏，令其子師古行財，傾陷異母兄弟等事。上曰：「師説兄弟呼母爲侍婢，可謂悖禮。其母多出貨財以傾之，豈爲母之道耶？母子皆當抵重罪。朕念顯忠昔日歸朝，頗著勞效，今殁未久，不忍見其家門零落。朕欲來日批出，悉赦其罪，聽其自新，庶幾仍有母子之情。自今專務協和，如或不悛，即寘典憲未晚。」趙雄等奏：「陛下聖慮及此，不唯有補風教，抑可以感激諸將忠義之心。」己亥，詔：「有司一無所問，仰臨安府追集師説等，奉宣恩旨，副朕保全顯忠門户之意。」既而王氏母子感泣謝恩，旁人見者亦以手加額。上曰：「如此施行，非獨可以保顯忠門户，亦有補於風教。」

求四川遺書

是月，求四川遺書，以其不經兵火，所藏官書最多也。

措置唐鄧積蓄

秋七月癸亥，進呈荆鄂副都統郭杲奏：「唐、鄧諸處，自來積穀不多，襄陽自漢江以北，四向美田，民間多有蓄積。欲密行措置，於秋收之際收儲，以備緩急。」上曰：「令周嗣武同劉邦翰詳所奏事理〔三〕，於秋成之際，廣行收糴，其合用倉敖及收貯去處，仰公共相度措置申。」

却獻方物

不喜時新

甲子，趙雄等謝昨日蒙恩賜新荔子、流香酒。上曰：「朕却獻方物，所以四方珍味嘉果俱不曾有。昨日新荔子，蒙太上皇帝賜到，所以分賜卿等。朕昨日食素，亦未曾嘗。朕聞舊日京師謂之獻時新，遠方新珍之物奔走爭先，勞人動衆，害物甚多。朕欲痛革此事，最不喜時新之物。蓋世俗既競時新，則不待物性成就而爭先採摘，甚可惜也。」

臣留正等曰：宣、政以來，群檢用事〔四〕，凡四方花果竹石之類，皆假應奉爲名，水馳陸走，騷動州縣，殄毒百姓，其爲禍也廣矣。觀宣、政之覆轍，則壽皇聖帝盛德，豈不爲萬世無窮之法乎？

重營繕

癸酉，進呈知臨安府吳淵狀，修造後殿畢工。上曰：「朕本不欲修，群臣皆言此殿朽損，不得已修之。」趙雄等奏（五）：「此殿乃昕朝聽政之所，及將來大禮，陛下於此宿齋，而朽蠹不葺，臣子之心安乎？此臣等所以再三懇請，必欲修葺，然制度亦不至壯麗，殊無勞費也。」

詔詰給舍

中書舍人鄭丙言：「近來卿監丞簿悉除史官、館職，學官、書局員數頗多，監司、郡守差至三政，參議、通判添差相踵，歸正使臣、養老將校填滿諸郡。東宮徹章，秘書省進書，講官宮僚及預修官吏賞之可也，下至雜流廝役、監門邏卒，亦皆霑賞，曰就龍日久，曰應奉有勞。開一河道，修一閘堰，橫被醲賞。欲行裁抑。」詔曰：「賞功遷職，不以濫予，丙之言是也。而掌行書讀，每有除授，可否不即以聞，積累既多，徒有所論，不能濟於未然之前，豈所望於忠益耶？可劄付給、舍。」給事中王希呂、兼權中書舍人李木等皆以失職待罪。上曰：「謂之無罪可待則不可，謂之放罪，則丙等不自安，只令依舊供職。」

甲申，臣僚奏：「切見舊制，章奏凡內外官登對者，許用劄子，其餘則前宰執、大兩省官以上許用劄子，以下並用奏狀。近年因臣僚奏請，凡沿邊守

稽考章奏式

臣與帥、漕臣并主兵官許用劄子，自後他司、内郡應用奏狀者，或以劄子上塵乙覽。并其間往往抵訐前政〔六〕，陳説己能，不知大體，紊煩天聽。欲望申嚴有司，應帥、漕、郡守、主兵官如事涉兵機，許用劄子，其餘若不如式，則令所屬退還。并乞令朝廷稽考臣僚章奏，如於公事之外，輒以私事上瀆天聽者，略賜施行，則人知警畏，各安其分。」詔從之。

進呈今上會要

是月，進呈今上會要一百五十卷。

王日休九丘總要

沿海制置司參議官王日休進九丘總要三百四十卷，送秘書省看詳，言其間郡邑之廢置、地理之遠近、人物所聚、古迹所在、物産所宜，莫不該載詳備，實有可采〔七〕。詔特遷一官。

御筆删修敕令

删驢駞等收税令

八月戊子，進呈敕令所重修淳熙法册，御筆圈記户令内驢、駞、馬、舟船契書收税，上曰：「凡有此條，並令删去，恐後世有筭及舟車之言。」

以屢豐年爲喜

壬辰，上宣諭：「近建康行宫主管匙鑰内侍將到江東諸州稻禾色樣，皆十分結實，今歲遠近皆豐熟，可謂屢豐年也，朕殊以爲喜。」趙雄等奏：「陛下聖德日新，故天報以屢豐年之祥。」上曰：「易曰：『自天祐之，吉，無不利。』朕當益務修德，仰承天祐。」

臣留正等曰：「唐太宗即位之初，一年飢，二年蝗，三年大水，至四年米斗三錢，行旅不賫糧，輒震而矜之，自以爲行仁義既效，驕心一生，去王道遠矣。己亥、庚子之間，連歲告稔，壽皇聖帝每對大臣，不曰當更作好事，仰答天貺，則曰當益修德政，以承天祐。夤畏如此，夫豈有一毫驕心哉？昔嘗覩睿訓，有俯同正觀之意，以此觀之，太宗蓋不及也。」

上宣諭宰執：「批答辛棄疾文字，可劄下諸路監司、帥臣遵守施行。」先是，湖南漕臣辛棄疾奏：「官吏貪求，民去爲盜，乞先申飭，續具按奏。」御筆付辛棄疾：「卿所言在已病之後，而不能防於未然之前，其原蓋有三焉：官吏貪求而帥臣、監司不能按察，一也；方盜賊竊發，其初甚微，而帥臣、監司漫不知之，坐待猖獗，二也；當無事時，武備不修，務爲因循，將兵不練，例皆占破，纔聞嘯聚，而帥臣、監司倉黄失措，三也。夫國家張官置吏，當如是乎？且官吏貪求，自有常憲，無賢不肖，皆共知之，亦豈待喋喋申諭之耶？今已除卿帥湖南，宜體此意，行其所知，無憚豪强之吏，當具以聞。朕言不再，第有誅賞而已。」上又曰：「亦欲少警諸路監司、郡守也。」

儆諸路監司帥臣

辛丑，進呈户令内有户絶之家繼絶者，以其家財物許給三千貫，如及二

删去繼絶户奏裁令

萬貫，奏裁。上曰：「國家財賦取於民有制，今若立法於繼絶之家，其財産及二萬貫者奏裁，則是有心利其財物也。」趙雄等奏：「有似此，欲悉删去。」上曰：「可悉令删去。」

罷樊仁遠謬舉

壬寅，詔：「浙東提舉樊仁遠於盜賊將發之際，輒薦雷濠自代，外托遜能，内實避事。又所薦雷濠顯屬繆舉，可罷新任。」

豐年是真祥瑞

九月戊午，趙雄奏：「前日已降指揮，免奏祥瑞。」上曰：「朕自有真祥瑞，豐年是也。百姓家給人足，瑞莫大焉。」

因奏對盡知其人

庚申，進呈徐存劄子陳乞宫觀。上曰：「徐存胸中狹隘，不耐官職。向因輪對，嘗識其人，可與宫觀。」趙雄等奏曰：「陛下知人之明過於堯、舜，臣下凡一經奏對者，輒知其爲人，以一字褒貶，無不曲盡。」上曰：「立功業，耐官職，須有才德福厚者能之。荀卿曰：『相形不如論心，論心不如擇術。』朕每於臣下，觀其形以知其命，聽其言以察其心，相形論心，蓋兼用之。」

删縱盜罰錢令

丙寅，進呈捕亡令：「諸捕盜公人不獲盜，應決而願罰錢者聽。」上曰：「公人捕盜不獲，許令罰錢而不加之罪，是使之縱盜受財也。此等條令可令删去。」

刪無額錢賞格

丁卯，進呈賞格，内有監司及知、通納無額上供錢賞格，上曰：「祖宗時取於民止二税而已。今有和買及經總制等錢，又有無額上供錢，既無名額，則是白取於民也。又立賞以誘之，使之多取於民，朕誠不忍也。可悉删去。」上又曰：「朕不忘恢復者，欲混一四海，效唐太宗爲府兵之制。國用既省，則科斂民間諸色錢物，可悉蠲免，止收二税，以寬民力耳。」雄等奏：「陛下聖念及此，天地鬼神實臨之，必有陰相以濟大業。」

不忘恢復

臣留正等曰：壽皇聖帝萬機之暇，無他嗜好，敕局所修條令皆勤乙覽，去取之間，輒經御筆竄定，其勤於政理，蓋前代所未有也。臣嘗觀筭及舟車之訓，而知聖人之遠慮；觀縱盜受財之訓，而知聖人之淵識；觀有心利其財物之訓，而知聖人之大義；觀設賞誘之多取之訓，而知聖人之至仁。故褒而載之，以著明聖志焉。

龜鑑曰：乾道新書之上，淳熙制書之呈，聖天子究心律令，法爲之條，事爲之類，又親加之筆削焉，如騾馬、舟船之税則删之，曰不可利其財物；捕獲不效之罪删之，曰不可縱盜受財也；一事之傷於民，一法之累於物，莫不悉舉而去之，聖心之不輕如此，又何弊政舛令之有哉？

復合祭天地

録明堂典禮

復太祖太宗並配

辛未，大饗明堂，復合祭，奉太祖、太宗配。自乾道以後，議者以德壽宮爲嫌，止行郊禮。至是，用李燾等議，復行明堂之祭，遂合祭並侑焉。從祀百神，並依南郊禮例。先是，禮部奏：「前禮部侍郎李燾奏，乞行明堂并録連典故。一、神宗聖語。熙寧五年，神宗問王安石曰：『宗祀明堂如何？』安石曰：『以古言之，太宗當宗祀。今太祖、太宗共一世，若迭配明堂，亦於事體爲當。』神宗曰：『今明堂乃配英宗，如何？』安石曰：『此乃誤引嚴父之道故也。若言宗祀，則自前代已有此禮。』神宗曰：『周公宗祀，乃在成王之世。成王以文王爲祖，則明堂非以考配明矣。』一、治平元年，知制誥錢公輔、知諫院司馬光、吕誨之議曰：『孝經曰：嚴父，莫大于配天，則周公其人也。孔子以周公有聖人之德，成太平之業，制禮作樂，而文王適其父也，故引以證聖人之德莫大於孝，答曾子之問而已，非謂夫凡爲天子，皆當以其父配天，然後爲孝也。近世祀明堂者，皆以其父配五帝，此乃誤認孝經之意，而違先王之禮，不可爲法也。』一、天章閣待制兼侍讀李受、天章閣侍講傅卞言：『臣等竊以爲，嚴父者，非專謂考也，故孝經曰：嚴父莫大于配天，則周公其人也。下乃曰：郊祀后稷以配天，宗祀文王於明堂以配上帝。夫所謂天者，謂郊祀配天也。夫所謂帝者，謂五帝之神也。故上云嚴父配天，下乃云郊祀后稷以配天，則父者，專謂后稷也。且先儒謂祖爲王父，則知父天者，不專謂乎考也。』一、乾道六年，李燾爲秘書少監兼權侍立官，奏：『昊天四祭，在春曰祈穀，在夏曰大雩，在秋曰明堂，在冬曰圜丘，名雖不同，其實一也。太祖當行大雩之禮於開寶，太宗再行祈穀之禮於淳化、至道，其禮並如圜丘。獨明堂之禮，皇祐二年，仁宗始創行之，嘉祐、熙寧、元豐、元祐、紹聖、大觀、政和又繼行之。太上皇帝建炎二年既祀圜丘，紹興元年，即祀明堂，以太祖、太宗並配天地，神祇饗答，福祚綿永。陛下臨御之三年，既親祈穀，七年，又祀圜丘。竊謂明堂之禮合宜復行，遠稽祖宗故事，近遵太上皇帝慈訓，實爲當務之急。』淳熙三年三月，燾因轉對，又申前請。」是歲，遂詔令禮官、太常寺詳議而舉行之。

檢放川茶虚額

丙子，四川安撫制置使、知成都府胡元質奏：「川蜀産茶，自熙寧以後，一從官榷。軍興以來，聚斂之臣增立重額，産日益去，額日益增，民日益困。於是條其狀以聞。乞同茶馬司公共措置。旋被隆旨，俾之措畫，臣遂與提舉茶馬官置局委官，推核增虧之數，所合減放虚額凡一百四萬三百斤有畸，其引息及土産税錢共計十五萬二千九百九十四貫有畸，係每歲合納之數。遂具以聞，奉旨除放，遠民交慶。欲望聖慈宣付史館，以傳無窮。」詔從之。

安南李龍幹加封

冬十月，安南李龍幹加食邑，封功臣號。初封制詞，失録不載。

乞宣示用人論

十一月乙卯朔，宰臣趙雄等乞宣示御製用人論。上曰：「此論欲戒飭臣下趨事赴功而已，豈爲卿等設邪？邇來年穀屢豐，雨暘時若，中外晏然，皆卿等贊襄之力。」

催諸路糴常平

癸卯〔八〕，上曰：「義倉米專備水旱以濟民，今連歲豐稔，常平米正當趁時收糴。可嚴行以先降旨揮，催諸路以常平錢盡數糴米。」時諸路未有申到處故也〔九〕。

創新堂不施丹雘

癸酉，上宣諭曰：「近蒙太上皇帝賜到倭松，真如象齒，已於選德殿側蓋成一堂。」趙雄等奏：「陛下不因太上皇帝賜到良材，亦未必建此堂也。」上曰：「朕豈能辨此木植？乃太上之賜。近嘗謝太上皇帝，因奏來春和暖，欲邀請過此堂，奉萬年之觴。太上皇帝已許臨幸。」雄等奏：「陛下平時一椽一瓦未嘗興作，可謂儉德矣。及蒙太上皇帝賜到木植，即建此堂，可謂孝德矣。孝、儉之德，堯、舜事也。」上曰：「此堂並無所費，不施丹雘，數日間當與卿等

賞罰出於無心

矯枉不可過直

用中於民

觀之。」

戊寅，進呈右正言黃洽劄子，奏賞罰必欲當。上曰：「賞罰自是欲當，然朕有一言，昨亦嘗宣諭黃洽，夫矯枉而過直，則復歸於枉矣，故矯枉至於直可也，過於直不可也。猛，本所以濟寬，然過於猛則尤不可，蓋過於猛則人無所措手足。濟寬而過於猛，猶矯枉而過其直也。惟立表亦然，所立正則其影直，所立過中則影亦隨之。朕守此甚久，一賞一罰，決不使之至於過。」趙雄等奏：「執其兩端，用其中於民，此舜事也。」上曰：「中者，朕朝夕所常行。至官使人才，譬之置器，須置得適當，乃合於中，若置之失宜，則非中矣。朕之於臣下，初無喜怒好惡。嘗於禁中宣諭左右曰：『朕本自無賞罰，當隨事而應，不得不賞罰耳，初無毫髮之私也。』又常守兩語：『愛而知其惡，憎而知其善。』故雖平日所甚親信，苟有過失，必面戒之，而疏遠小臣，或有小善寸長，則稱獎不一。」雄等奏：「大哉王言！此之謂無心。孔子論古帝王，獨以堯爲大者，以其無心故也，故曰：『惟天爲大，惟堯則之。』夫雨露之所生成，雪霜之所肅殺，天豈有心於其間哉？今陛下如天之無心，得堯之大，得舜之中，所以聖德日新，治效日著，蓋本諸此。」

是月，雨土。

柴瑾以欺誕落職

十二月戊子，進呈柴瑾具析到薦舉王璞因依。上曰：「今歲免發海船，而瑾乃以發海船薦舉王璞，可謂欺誕矣。特落職，以爲薦舉者之戒。」

嚴異姓恩澤法

甲午，進呈士暢乞將異姓恩澤與侄女夫張元質。趙雄等奏：「在法，異姓恩澤合奏有服親。太常寺供到侄女夫無服。」上曰：「既於法有礙，今一放行，遂爲無窮之例，攀援不已，斷不可開。」

罷二廣攝官

己亥，刑部尚書謝廓然奏：「切見二廣緣去朝廷既遠，舊多煙瘴去處。又有攝官定差之文，縣或有闕，監司、守臣輒差校副尉攝，參軍、助教權攝。」上曰：「遠方用此曹權縣，細民何負？可令二廣帥、漕、憲司，將似此名色並日下解罷。今後州郡違戾，仰按劾施行。如諸司違戾，許互察以聞。」

暇時只好讀書

羞叔世之君所爲

辛亥，進呈知舒州趙子濛奏，本州支使鄒如愚、司理趙善劭荒廢職事。上曰：「官無高卑，皆當勤於職事。」又曰：「朕於機務之外，猶有暇時，只好讀書。唯讀書則開發智慮，物來能名，事至不惑。觀前古之興衰，考當時之得失，善者從之，不善者以爲戒。每見叔世之君，所爲不善，使人汗下，幾代其羞。且如唐季諸君，以破朋黨、去宦官爲難。以朕思之，殊不難也。凡事只

守恭儉兩句

舉偏補弊，防微杜漸，銷患於冥冥。若必待顯著而後治之，則費力矣。朕又每守兩句：『恭者不侮人，儉者不奪人。』朕每於臣下，未嘗有一毫輕侮之心，皆待以禮。至於玩好之物，有來獻者，未嘗受之，即諭以『此物是卿所玩好者』，一切不留。此皆讀書有得。」雄等奏：「恭儉豈可以聲音笑貌爲哉？陛下躬行如此，聖學高矣！」

臣留正等曰：帝王之學與經生學士不同，必也見諸踐履，措諸事業，然後爲務學之實。夫豈徒摘章句，誦文義而已！壽皇聖帝躬行恭儉，本於讀書有得。又考前代興衰，以其善者爲法，不善者爲戒，此真帝王之學也。堯、舜、禹、湯、文、武之所以汲汲者，其在兹乎？

龜鑑曰：朕在宫中，只看經史，機務之外，只好讀書，講泰之九二而明君子小人之辨，講萃之上六而知盛衰治亂之由，讀禹貢因大禹之勤儉而戒人主之貪心，讀中庸爲天下國家九經一段而知治道之最切，進正觀諫録、覽宣公奏議，聖訓嘗曰：「讀書不能行，如陳、隋之君，何補？」而暇日取通鑑讀曰：「帝之所以爲帝，王之所以爲王，法其所興，戒其所亡，口誦心惟，未嘗去手。」是則孝宗之講學，又豈徒誦説云乎哉？

論會計録

是月，臣僚請會計財用之數爲會計録。上曰：「向者欲爲此録，緣户部取於州縣爲經總制錢者色目太多，取民太重，若遽蠲則妨經費，須他日恢復之後，使民間只輸二税，其餘名色乃可盡除之。」

召馬倩不至

潼川府路言馬倩行義文學。召不至，賜出身，補本府教授。

旌表楊榆家

旌表潼川府中江縣孝廉里進士楊榆家門閭，以本府上其嫡母賈氏，夫死不嫁，事舅姑以孝聞，舅姑皆年九十餘，無疾而終，賈氏追悼，喪葬盡禮，至有芝草生於墓側。楊榆事其母復能盡孝道，時賈氏年八十四而康健不衰，皆由楊榆孝感所致也。

增入名儒講義皇宋中興聖政卷之五十七

校勘記

〔一〕餘錢又可與民間每歲貼助其費　「其」，宋史全文卷二六作「之」。

〔二〕可鐫三官　案此事，宋史卷三五孝宗本紀三繫於本月「壬辰」。

〔三〕令周嗣武同劉邦翰詳所奏事理　「令」原作「今」，據宋刊本、宋史全文卷二六改。

〔四〕群檢用事　「檢」當作「憸」。

〔五〕趙雄等奏　「雄」原脱，據上下文補。

〔六〕并其間往往抵訐前政　「其間」原脱，據宋史全文卷二六補。

〔七〕實有可采　「實」原作「安」，據宋史全文卷二六改。

〔八〕癸卯　案本月乙卯朔，無癸卯日，據上下文，疑爲「癸亥」之誤。

〔九〕時諸路未有申到處故也　「處」字原無，據宋刊本、宋史全文卷二六補。

增入名儒講義皇宋中興聖政卷之五十八

孝宗皇帝十八

放免臨安征稅

淳熙七年春正月甲寅朔，進呈臨安府城内外及諸縣放免收稅一年，爲緡錢百二十萬有奇，及用内帑等錢對補之數。上曰：「朕於内帑無毫髮妄用，苟利百姓，則不惜也。」趙雄等奏：「昨黄榜既揭，都城歡呼，蓋古今絶無而僅有。」又奏：「太史局申，前月二十八日，日有戴氣，言人君德至於天，爲萬民所愛戴，則有是瑞。」上曰：「二十八日，恰是議放税時。朕之本心，只欲連歲豐稔，物價低平，百姓家給人足，兹爲上瑞。」

日有戴氣

臣留正等曰：漢文帝詔天下三十而税一，又詔免田租之半，又詔天下田租盡除之，此蓋史册未有之事，而文帝何獨能行之？揆厥所繇，蓋恭儉之積也〔二〕。壽皇聖帝愛惜財賦，不肯一毫妄費，而蠲减之令，史不絶書。至是，乃放免臨安府城内外及諸縣一年之征，又盡出内帑以補之。捐利予民，雖出聖神之本心，然儉德之效，實見於此。孔子曰：「節用而愛人。」自古及今，未有用之不節而能愛人者也。臣于文帝之事有感焉，故併取以爲儉德之證云。

鎮江府開河道

二月癸未朔，知鎮江府曾逮言：「本府開闊海鮮河及新河等，以便舟船。」上曰：「揚子江天下至險，不可艤舟。」趙雄等奏：「鎮江舟船輻湊，前此綱運客船漂溺不少。」上曰：「若多開河道，以便舟船，甚好。」

皇二子魏王薨

壬辰，趙雄等奏：「魏王薨背，乞寬慈抱。」上抆淚曰：「朕䢖來躐次建儲者，正見此子福氣頗薄耳，然亦不料其如此之夭也。」趙雄等奏：「昔建儲之初，天下猶未能盡識聖意，乃今方是曉然。」上曰：「朕以宗廟社稷之重，斷然行之。」

上論建儲事

陳巖肖聖德頌

己酉〔二〕，進呈提舉江州太平興國宮陳巖肖上表，進淳熙中興聖德頌，上曰：「可令宣付史館。」因曰：「陳巖肖筆力不衰，嘗爲侍從，惜其老矣，欲與進職，又別無名，不欲因進頌也。」

不以進頌進職名

臣留正等曰：明主一嚬一笑，足以化天下，移風俗。壽皇聖帝雖念侍從舊人，終不欲因獻頌與之加職，風旨如此，四方聞之，其敢復有以諂諛進者乎？

察官察事之效

丙午，上曰：「朕令察官察事甚好，邇來所察，甚有補於事。」趙雄奏：「事之大者言者論之，小者察官察之，則吏治畢舉，官邪悉去矣。」

進仁宗哲宗玉牒

是月，進仁宗玉牒慶曆三年至皇祐三年凡十年，及哲宗玉牒。

頒釋奠儀

頒釋奠儀。

張栻廣西之政

張栻卒。初，栻在朝未期歲，而召對六七。栻所言大抵皆修身、務學、畏天、恤民、抑僥倖、屏讒諛，故不悦者衆，坐是而出。居三年，上復念栻，除知静江府，增秩再任，凡五年。廣西諸州運鹽，漕司取其八分之息，公私兩病，栻奏以鹽息什三予諸郡。又因兼攝漕事，出其所積緡錢四十萬而中分之，一爲諸倉煮鹽之本，一爲諸州運鹽之費。所統州二十有五，荒殘多盗，栻乃簡閲州兵，汰冗補闕，籍諸州黥卒伉健者爲效用，斥漕司鹽本羨錢，以佐諸州兵食之不足者。申嚴保伍之令，而信其賞罰。知流人沙世堅才勇，喻以討賊自效，所捕斬前後以千百數。傳令溪洞酋豪，喻以弭怨睦鄰，毋相殺掠，示之恩信，謹其禁防，由是内寧外服。革横山買馬之宿弊，諸蠻悦感，

張栻湖北之政

争以其善馬至。改知江陵府，湖北尤多盗，栻入境，首劾罷大吏之縱賊者，捕斬姦民之舍賊者，群盜遁去，又益爲教條，喻其黨與，得相捕告以除罪。郡瀕邊，屯軍主將每與帥守不相下，栻既以禮遇諸將，得其歡心，又加恤士伍，每按親兵，必使與大軍雜試均犒，以相激厲。修義勇法，使從縣道階級農隙講武，大閱於府。有言於朝，請盡籍客户爲義勇者，栻慮其擾，亟閱民籍，家三人者，乃籍其一爲義勇副軍，别置總首，人給一弩，俾家習之，三歲一遣官就按。辰、沅諸州，自政和間，奪民田以募游惰，號萬弩手，栻爲奏去其病民罔上者數條，並淮民出塞爲盜者〔三〕，法皆抵死，異時置而弗治。至是，捕到數人，仍有胡奴在黨中〔四〕。栻曰：「朝廷未能正名討賊〔五〕，疆埸之事，毋曲在我。」命斬之以徇於境，而縛其亡奴歸之。北人歎其理直，且曰：「南朝有人！」信陽守劉大辨怙勢希賞，廣招流民，而奪見户熟田以與之，請於朝，以熟爲荒，乞授流民。事下本道施行如章。栻劾大辨詐諼兇虐，所招不滿百數而虚奏十倍，請論其罪，不報。章累上，大辨易他郡，蓋宰相忌栻者沮之云。

張栻卒遺表不得達

栻自以不得其職，數求去，尋以病請祠。病且死，自作遺表來上，略曰：「再世蒙恩，一心報國。大命至此，厥路無由。猶有微誠，不能自已。伏願陛下親君子，遠小人，信任防一己之偏，好惡公天下之理，永清四海，克鞏丕圖。」邸吏以庶僚不得上遺表，却之，上迄不見也。栻初以父任右承奉郎，平生未嘗乞磨勘，上知之。其在靜江，特進一秩，爲承事郎。栻之言曰：「學莫先於義利之辨。義者，本心之所當爲也，非有爲而爲也。有爲而爲，則皆人欲，非天理。」此栻講學所得之要也。栻嘗從胡宏講學，宏告以孔門論仁之旨，栻默然若有得者。宏稱之曰：「聖門有人矣！」

武舉取將帥才

三月丙辰，兵部措置武官舉補官差注格法。上曰：「武舉本欲取將帥之才，今前名皆令從軍，以七年爲限，則久在軍中，諳練軍政，將來因軍功擢爲將帥，庶幾得人。」

詔舉賢良

壬戌，詔舉賢良。内降制，略曰：「永惟通儒，明於古今王事之體，朕所嘉尚。乃即位以來，詔書三歲一下，而應是選者，未能盡當朕意，豈詢求之路未廣，而考擇之法或嚴耶？將朕誠意未孚，而真賢實能莫爲時出也？中外侍臣若部使者、郡守，其各悉心搜選俊異，以名來上。名儒茂才，有能稱吾詔者，當崇顯焉。今歲科場，其令尚書、侍郎、兩省、諫議大夫以上、御史中丞、學士、待制各舉賢良方正能直言極諫一人，守臣、監司亦許解送。」

庚午，車駕詣德壽宮起居，恭請太上皇帝、壽聖皇后至大內，開宴于凌虛閣下。上巾裹赭袍赴太上、壽聖榻前，各再拜，起捧觴上千萬歲壽，酒三行，太上、壽聖聯步輦以行，上亦步輦從。至翠寒堂，棟宇顯敞，不加丹雘。上曰：「凡此鉅材，一椽已上，皆太上皇帝所賜，且瑩潔無節目，所以更不采飾。」酒復數行，至堂中路石橋少憩〔六〕。上捧觴勸太上，次勸壽聖，皆釂飲，上亦滿引，更相勸酬者再三。上奏太上曰：「苑囿池沼，久已成趣，皆太上皇帝積累之勤，臣蒙成坐享，何德以堪之？」太上皇帝曰：「吾兒聖孝，感通神明，海內無事，垂二十年，安得爲無功？」於是曾覿退而紀實以進，詔宣付史館。

臣留正等曰：漢高祖置酒前殿，奉玉巵爲太上皇壽，有「臣業所就，孰與仲多」之語。唐太宗從上皇置酒未央宮，上皇謂：「胡越一家〔七〕，自古未有。」而太宗有「皆陛下教誨，非臣智力所及」之語〔八〕。此皆一時宮中燕樂之言，而史筆大書，以爲漢、唐盛事。然自後世視之，却行之恭，內禪之議，亦不容無譏焉。今觀壽皇聖帝所以悅其親者，二十八年之間，父慈子孝，始終無間，夫豈漢、唐所可幾及？覿之所紀，特其一事耳。嗚呼盛哉！

龜鑑曰：孝宗之嗣承大寶也，史臣以「孝」謚之，信非溢美。冒雨扶駕，其禮勤也；入宮降輦，其情真也；五日一朝，其見數也。或留侍終日，或恭請燕遊，其所以盡子職之道，又極其至也。見天顏悦好而喜不自勝，步履壽康而喜不可言。淳熙三年，行七秩禮，議所御之服，曰：「此古人斑衣意也，非常之慶，與天下共之。」而聖孝達乎天下矣。淳熙之十三年，行八秩禮，御所賜之服，曰：「此正昔人斑衣也。」罕有之典，虜使起服，而聖孝達乎夷狄矣〔九〕。冷泉之遊，杯酒相屬，太上欣然曰：「挹山光而聽泉流，濯喧埃而發清興，其至和真樂，可勝既哉？」翠寒之游，步輦以從，天子悚然曰：「一椽以上，皆太上所賜。」又曰：「苑囿成趣，皆太上積累之功。」其克念厥紹，又何如哉？

給交子換四川銅錢

癸酉，臣僚言：「今京西路均、房州水陸入川商旅、軍兵附帶銅錢入金州、利州甚多。金州爲川口，與商州接境，舊止用交子、鐵錢，今乃兼用銅錢，深恐泄入他界，及四川毁錢爲器之弊。乞下四川總所，委利路漕臣置場于金州，給以交子，兑換官私銅錢，發赴湖廣總所樁管。」從之。

己卯，上曰：「進讀三朝寶訓幾時終篇？」史浩、周必大等奏：「陛下日御前後殿，大率日旰方罷朝。隻日又御講筵〔一○〕，過是恐勞聖躬。」上曰：「朕樂聞祖宗謨訓，日盡一卷，亦未爲多。雖雙日及休假，亦當特坐。」自是每講讀，上必注目傾耳，或隨事咨詢，率漏下十刻而無倦。

講讀寶訓不倦

夏四月癸卯，知南康軍朱熹上疏言：「天下之大務，莫大於恤民，恤民之本，又在人君正心術以立紀綱。今民貧賦重，若不討理軍實，去其浮冗，則民力決不可寬。惟有選將吏，覈兵籍，可以節軍費；開廣屯田，可以實軍儲；練習民兵，可以益邊備。今日將率之選，率皆膏粱子弟、廝役凡流，所得差遣，爲費已是不貲，到軍之日，惟望裒斂刻剥，以償債負。總饋餉之任者，亦皆倚負幽陰，交通貨賂，其所驅催東南數十州之脂膏骨髓，名爲供軍，而輦載以輸權倖之門者，不可以數計。然則欲討軍實以紓民力，必盡反前之所爲，然後可革也。軍籍既覈，屯田既成，民兵既練，州縣事力既紓，然後可以禁其苛斂，責其寬恤，庶幾窮困之民得保生業，無復流移漂蕩之患矣。所謂其本在於正心術以立紀綱者，蓋天下之紀綱不能以自立，必人主之心術公平正大，無偏黨反側之私，然後紀綱有所係而立。君心不能以自正，必親賢

朱熹言去冗兵寬民力

朱熹言正心術

朱熹言近習害政

臣，遠小人，講明義理之歸，閉塞私邪之路，然後乃可得而正。今宰相、臺省、師傅、賓友、諫諍之臣，皆失其職，而陛下所與親密謀議者，不過一二近習之臣，此一二小臣者，上則蠱惑陛下之心志，使陛下不信先王之大道，而説於功利之卑説；不樂莊士之讜言，而安於私褻之鄙態。下則招集天下士大夫之嗜利無恥者，文武彙分，各入其門。所喜則陰爲引援，擢置清顯〔二〕；所惡則密行訾毁，公肆擠排。交通貨賂，則所盗者皆陛下之財；命卿置將，則所竊者皆陛下之柄。陛下所謂宰相、師傅、賓友、諫諍之臣，或反出入其門牆，承望其風旨。其幸能自立者，亦不過齗齗自守，而未嘗敢一言以斥之；其甚畏公議者，乃略能驚逐其徒黨之一二，既不能深有所傷，而終亦不敢明言，以擣其囊橐窟穴之所在。勢成威立，中外靡然向之，使陛下之號令黜陟，不復出於朝廷，而出於此一二人之門，名爲陛下之獨斷，而實此一二人者陰執其柄。蓋其所壞，非獨壞陛下之紀綱，乃併與陛下所以立紀綱者而壞之，則民又安可得而恤？財又安可得而理？軍政何自而復？宗廟之讎又何時而可雪邪？」

定小使臣三年制

己酉，進呈芮輝奏：「竊見吏部選法，小使臣遭喪不解官，給式假百日。

欲除緣邊職任及見從軍與歸正、歸朝、揀汰、指使等官，并軍功補授、雜流出身人，依舊以百日爲限。此外小使臣如蔭補子弟，宜守家法，取應宗室、武舉出身之類，皆自科舉中來，自合悉遵三年之制。」上曰：「小使臣多是從軍或雜流出身及沿邊職任，所以不以禮法責之。其蔭補子弟、取應宗室、武舉人，豈可不遵三年之制？可依奏。」

觀堂錫宴

五月壬子朔，趙雄等奏謝：「昨日觀堂奏事，蒙恩錫燕，又蒙頒賜宸翰，且終日獲聞道德仁義之言，古今治亂之要，躬行恭儉之懿，可謂醉酒飽德。」上曰：「昨日少款，終日論道，絶與聽絲竹不同。又不設果桌[三]，不具珍饌，而醉飽自有餘。居常燕設，亦不過如此。醉飽之外，雖八珍羅列，亦何用？徒暴殄妄費耳。」雄等奏：「陛下儉德，中外所共知，無不欽仰贊歎。」

儉德中外共知

上曰：「近頗乏雨，昨晚方欲祈禱，半夜遂得雨，可喜。」趙雄等奏：「陛下修德修政，格于皇天，故欲雨即雨。」上曰：「霶霈如此，皆是黍稷稻粱，過如雨珠玉矣，真大祥瑞也。」上又曰：「連歲豐稔，米雖至賤。雨既愆期，朕不敢忽。」是時雨正霶霈，上觀雨，笑曰：「此雨從何處來？」雄等奏：「從陛下方寸中來，人主一念克誠，天實臨之。陛下誠心愛民，宜其感格如此。」

雨自方寸中來

臣留正等曰：人主一議蠲放之令，而日有戴氣；一萌祈禱之念，而雨已霶霈。誠心所形，其答如響，天人感通之理，焉可誣哉？ 夫惟知天之爲可格，然後知天之爲可畏矣。臣故著其事，以詔萬世。

龜鑑曰：敬天有圖，答天有戒，淫雨爲災，却膳不御國矣，而猶勤以禱雨爲心；蝗蟲煽害，避殿以禳足矣，而且有不可不至誠之訓。聞分遣祈禱之請，則曰：「應天當以實。」聞恐懼修省之奏，則曰：「朕聽卿言。」時和歲豐，若可賀矣，而曰：「君臣交修，以答天貺。」雨澤沾洽，若可喜矣，而曰：「益當修政以答天意。」喜雨有奏，則曰：「此雨從方寸中來。」答天語臣，則曰：「非但有變而後警。」嚴恭寅畏，是其敬天之實者然也。

進讀寶訓終篇

乙卯，史浩等奏：「進讀三朝寶訓終篇，臣等竊惟學于古訓，監于成憲，傅説所以告高宗也；『日就月將，學有緝熙于光明』，群臣所以戒成王也。二君當即位之初，故其臣以是入告。今陛下久臨大寶，歷年方永，不待進言，益勤典學。湯之盤銘曰：『苟日新，日日新。』陛下其得之矣。欲望宣付史館。」詔從之。

聽言務詳審

進呈廣南路經略、轉運、提刑司狀：「準指揮，以本路奏請，乞將湖南宜章、臨武兩縣割屬廣東連州，再委官詢訪審究，二縣委不可割。」上曰：「不若仍舊，豈可輕更易？朕向來見有陳獻利害，聽其一時之言，似乎可行，輕欲更改。邇年以來，惟務詳審，未嘗輕變一法。蓋天下之言，來之欲廣，而聽之在審。」

修省惟恐不逮

甲子，上曰：「昨日日間雖小雨，至夜霶霈。朕每日修省，惟恐不逮，孳孳爲民，未嘗敢忽，庶幾天心昭格，雨暘以時。」趙雄奏：「聖德之修，固有素矣，非若周宣王因懼而修也。」上曰：「成湯禱旱之辭，每疑好事者增益之。且湯之不邇聲色，自無女謁，何至於盛？今日女謁盛邪，則是嘗果有此事矣。」

人臣功業係於君

己卯，進呈畢，上宣諭曰：「歷觀自古人臣功業之成否，全係其當時人君如何耳。且如裴度遇憲宗，則能成功，其後在敬宗、文宗時，則無聞。」趙雄等奏：「有堯、舜之君，然後有皋、夔之臣；有湯、武之君，然後有伊、吕之臣〔一三〕。

論裴度功業

皋、夔、伊、吕若遇敬宗、文宗，亦無能爲，而況裴度乎？史臣贊裴度〔一四〕，以爲『非前智後愚，用不用勢當然』，蓋知言也〔一五〕。」上曰：「然。」

頒淳熙新書

是月，頒淳熙新書。

論南北文弊

六月丙戌，上問周必大曰〔二六〕：「頃以虜中叢桂集示卿〔二七〕，曾細看否？」必大奏〔二八〕：「已曾細看，語多麤率。」上曰：「北方之文豪放，其弊也麤〔二九〕；南方之文縝密，其弊也弱。」

詔監司郡守公按刺

甲午，詔：「監司、郡守所屬官〔三〇〕，或身有顯過而政害於民者，即依公按刺；或才不勝任而民受其弊者，亦詳其不能之狀，俾改祠祿。不得務從姑息，致有民訟，方行按刺。若廉察素明，而的知其興訟不當者，則當爲別白其是否，以明正其妄訴之罪，不得一例文具舉覺。」從太府丞錢象祖請也。

論大臣扶持公道

乙未，趙雄等奏：「近日雨頗霑足，皆聖德所致。」上曰：「朕何德？惟賴二三大臣扶持公道，上承天心。蓋皇天無親，惟德是輔。彼小民暑雨祁寒，皆未免於怨咨，上之人苟能思其艱，圖其易，斯盡善矣。」雄等奏：「居常以盡公相告戒，若曲循親舊之情，不過得其面譽，安能勝衆人之毀也？」上曰：「曲意徇人，所悅者寡，不悅者衆。及招人言，親舊誰能致力？不惟無益於國，亦殊不利於身，豈若一意奉公，保無後患，較其利害，孰得孰失耶？」

臣留正等曰：壽皇聖帝所以曉臣下者，其利害可謂明矣！凡萬世臣子皆當佩服斯訓，以爲書紳之戒，豈惟當時二三執政而已哉？

法科兼用經義

壬寅，進呈秘書郎李巘奏：「竊觀國朝太平興國元年，詔學究兼習律令而廢明法科。至雍熙二年，復設明法科，以三小經附。則知祖宗之意，未嘗不使經生明法，亦未嘗不使法吏通經也。謂宜略倣祖宗舊制，使試大法者兼習一經，及小經義共三道爲一場。」上曰：「古之儒者以經術決疑獄，若以俗吏，必流於深刻。宜如所奏。然刑與禮實相爲用，且事涉科舉，可專令禮部條具來上。」既而禮部條具，欲從臣僚所請，第四場經義，大經一、小經二。詔從之。

上供赴豐儲倉

因豐稔增修德政

丁未，三省奏：「去歲豐稔，今歲米賤，所在和糴告辦，倉廩盈溢。其江東路諸郡上供米，初令就近赴金陵、鎮江倉，今兩處守臣皆云無可盛貯。乞依舊發赴行在豐儲西倉。」上曰：「朕常思何以堪上穹之佑，惟當增修德政耳。」

趙彥中請禁僞學

是月，秘書郎趙彥中疏略云：「士風之盛衰，風俗之樞機繫焉。且以科舉之文言之，儒宗文師，成式具在。今乃祖性理之說，以浮言游詞相高。士之信道自守，以六經聖賢爲師可矣，今乃別爲洛學，飾怪驚愚，外假誠敬之名，內濟虛僞之實，士風日弊，人材日偷。望詔執事，使明知聖朝好惡所在，以變士風。」從之。

罷總漕司營運

秋七月甲戌，進呈杜民表劄子，乞住罷總領、漕司營運。上曰：「朕欲罷此久矣，內外諸軍添給累重之人，每歲共不過三十餘萬緡，別作措置支給。」於是降詔：「兩淮、湖、廣、四川總領所、兩浙、四川轉運司營運，並日下住罷。仰逐司將截日終見管本息錢物實數，逐一開具，申尚書省。」

臣留正等曰：總司職董軍饟，運司專主漕計，而迺以營運規息，立邸店，走舟車，明奪商賈之利，暗虧國家之課，長姦弊，損事體，莫此爲甚焉。然其所以得肆爲者辭曰：增給諸軍而已。壽皇聖帝命以他財給其費，而悉罷兩司營運。名正言順，罷行之間，其所存者大矣！易之所謂理財正辭，是之謂歟！

不許門客理選限

乙亥，進呈伯圭劄子，將門客不理選限登仕郎恩澤再奏，乞理選限。上曰：「於法如何？」趙雄等奏：「在法不許。」上曰：「朕每自守法，不敢放開。若違常法，以開倖門，則援例干請不已，將何以阻之？」

優恤諸軍

丁丑，進呈檢會六年詔，應諸軍有家累，因差出身故請過券食錢米，並特與除破；其無家累并在寨身故人〔二一〕，即未該載，理合一體。上曰：「合與銷破。近來優恤諸軍事件無不悉備，平居無事，須精加訓練，不可使之太驕，太驕則臨敵遇戰誰肯效命？」

惡梁季珩結內侍

八月乙酉，進呈梁季珩乞宮觀〔二二〕。上曰：「此人不正，近嘗貽書內侍，啗之以利。內侍以其書繳進。」趙雄等奏：「陛下化行中外，雖暬御之臣，皆知精白，不敢私，真盛德事也。」

禁販解鹽入界

己丑，臣僚言：「沿邊人盜販解鹽，私入川界，侵射鹽利。」詔興州、興元府都統司開具已措置禁止事件以聞。既而吳挺言：「本司已立賞錢五百貫，出榜行下沿邊屯戍統兵官，廣布耳目，嚴行緝捕。」從之。

執政臺諫子與祠

辛卯，臣僚奏：「執政、臺諫之臣，身居要地，而子孫從宦遠方，監司、郡守趨承，從風而靡，於四方觀瞻，所損甚大。欲乞今後見任執政、臺諫子孫，並與祠廟差遣，特許理爲考任。」詔從之。

恐陸運勞民

己亥，上謂輔臣曰：「漕河猶未通舟，聞平江府月供闕米，皆雇夫陸運。當此秋旱，深恐勞民。可權於百官米內支供，雖糙無害，它時水生，却令併輸。」

免台州欠内庫錢

辛丑，進呈台州自淳熙元年至三年，欠内庫錢萬餘緡，本州引赦乞除放，内庫執以無例。上曰：「赦書所放，内外一體。其除之。」

臣留正等曰：昔唐太宗初即位，詔逋負官物，悉令蠲免，有司以爲負秦府國司者非官物，追督如故。蓋有司執吝之弊，其所由來久矣。壽皇謂赦書所放，内外一體，此所謂大哉王言，一哉王心者歟！

置湖南飛虎軍

是月，置湖南飛虎軍，帥臣辛棄疾所創也。尋詔撥隸步軍司，遇盜賊竊發，專聽帥司節制，仍以一千五百人爲額。

旱。

常朝大臣免宣名

九月癸亥，上宣諭曰：「每日常朝可同後殿之儀，不必稱丞相名。」趙雄奏：「君前臣名，禮也。臣豈敢當此？」上曰：「記得蘇洵亦嘗論此，謂名呼而進退之，非體貌大臣，丞相不須多辭。」於是詔今後垂拱殿日參，宰臣特免宣名。續又詔：「除朝賀，六參并人使在庭依儀〔三〕，其餘並免宣名；内樞密使日參，如遇押班，亦免宣名。」

印會子代納月樁

詔印會子百萬緡，均給江、浙，代納旱傷州縣月樁錢。

愛惜會子

是歲，二浙、江東、西、湖北、淮西傷旱，檢放并賑濟計之合二百萬緡斛。先是，上諭宰執曰：「近來會子與見錢等？」趙雄等奏：「曩時會子輕矣，聖慮深遠，不復增印，民間艱得之，自然貴重。又緣金銀有税錢，費擔擎，民間尤以會子爲便，却重於見錢也。」上曰：「朕若不愛惜，會子散出過多，豈能如今日之重邪？」

儲蓄以備凶荒

冬十月丙戌，姚述堯進對，因論今歲旱傷賑恤之政，當務寬大。上曰：「國家儲蓄，本備凶歲，捐以予民，朕所不惜。」

朝廷與臺諫不同

是日，進呈降授明州觀察使張説遺表，擬贈承宣使，與恩澤。上曰：「前日給事陳峴駁其致仕轉官，今得毋再致人言乎？」趙雄奏：「朝廷行事，與臺諫不同，朝廷須稍從寬，臺諫當截然守法，不可放過，乃爲稱職。」上以爲然。

却黎蠻進獻

乙未，趙雄等奏：「胡元質申，黎州五部落蠻納降，昨降旨，諭以彼如未屈伏，毋汲汲市馬，使權常在我，自無能爲。所謂明見萬里。」上曰：「蠻人欲進馬三百匹，并獻珊瑚等乞盟，朕已令密院發金字牌，却其獻，止許其互市。」趙雄等皆贊美聖德。

臣留正等曰：不汲汲於市馬，而坐制其降者，聖人操縱之微權也；

却其所獻之物，而許其互市者，朝廷取予之大體也。柔遠之道如此，可爲萬世法矣。

以賑濟比較賞罰

十一月己未，知隆興府張子顔言〔二四〕：「曩乾道之旱，江西安撫龔茂良有請，欲明諭州縣，於賑濟畢日，按籍比較，稽其登耗，而爲守、令賞罰，以此流移者少。今歲旱傷，欲乞許臣依茂良所請〔二五〕，以議守、令賞罰。」從之。

賑南康旱災

薄於自奉

壬申，進呈知南康軍朱熹乞將今年苗米除檢放外，有合納苗米九千九百石，乞撥充軍糧。上曰：「南康旱傷，已支撥米與賑糶賑濟矣，可更依所乞。」雄等奏：「陛下聖德簡儉，苟不當用，一錢不與；儻利百姓，則雖百萬不惜。」上曰：「朕於内帑，未嘗毫髮妄用，上以奉二親，下則犒軍而已。至於奉養口體，每戒後苑毋妄殺，如鵪鶉，並不令供。」又曰：「御馬院所養胡羊〔二六〕，每遇斷屠，則以一口奉太上，一口奉壽聖，朕未嘗殺。」雄等奏：「史稱唐太宗天姿仁恕，陛下蓋無愧矣！」

黎蠻寇邊

十二月，黎州五部蠻寇邊。

進四朝史志

是冬，進呈四朝國史志。

不許置總計司

户部郎趙師睪言：「紹興以來，賦入綱目寖多，中間雖將頭子等窠名五十二項并入經總制起發，造帳供申，其後復添坊場寬剩、增添淨利等窠名錢一十三項，又皆隨事分隸户部五司。其爲財賦則一，而所隸者五，莫相參照。乞於本部置總計司，以五司所隸錢物併歸一處。」趙雄等尋奏：「户部見有催轄司。」上曰：「五司分治而長貳總之，既有催轄司，若更立總計之名，徒重複無益也。」

不賣度牒充回易

是歲，廣西帥奏：「乞降度牒，充回易本錢。」上曰：「度牒不可賣，令漕司撥錢一萬付之〔二七〕。」

增入名儒講義皇宋中興聖政卷之五十八

校勘記

〔一〕蓋恭儉之積也 「積」原作「類」，據宋刊本、宋史全文卷二六改。

〔二〕己酉 案據干支順序「己酉」條應在「丙午」條後。

〔三〕並淮民出塞爲盜者 「並淮民」，晦庵先生朱文公文集卷八九右文殿修撰張公（栻）神道碑、宋史卷四二九張栻傳作「並淮奸民」，誠齋集卷一一六張浚傳作「並準奸民」。

〔四〕仍有胡奴在黨中　「胡奴」原作「北人」，據宋刊本、中興兩朝編年綱目卷一七及宋史全文卷二六改。

〔五〕朝廷未能正名討賊　「賊」原作「敵」，據宋刊本、中興兩朝編年綱目卷一七及宋史全文卷二六改。

〔六〕至堂中路石橋少憩　「路石」原倒，據宋刊本、宋史全文卷二六乙正。

〔七〕胡越一家　「胡」原作「吴」，據宋刊本、宋史全文卷二六改。

〔八〕非臣智力所及之語　「力」原無，據宋刊本、宋史全文卷二六補。

〔九〕虜使起服而聖孝達乎夷狄矣　「虜」原作「北」，「夷狄」原作「四海」，據宋刊本、宋史全文卷二六改。

〔一〇〕隻日又御講筵　「隻」原脱，據宋刊本、宋史全文卷二六補。

〔一一〕擢置清顯　「顯」原作「要」，據宋刊本、宋史全文卷二六改。

〔一二〕又不設果桌　「桌」原作「草」，據宋史全文卷二六改。

〔一三〕然後有伊吕之臣　「之臣」原脱，據宋史全文卷二六補。

〔一四〕而況裴度乎史臣贊裴度　「乎史」原脱，據宋史全文卷二六補。

〔一五〕蓋知言也　「知言」原脱，據宋史全文卷二六補。

〔一六〕上問周必大曰　「上」原脱，據宋史全文卷二六補。

〔一七〕頃以虜中叢桂集示卿　「虜」原作「敵」，據宋刊本、宋史全文卷二六改。

〔一八〕必大奏　「必大」原脱，據宋史全文卷二六補。

〔一九〕其弊也羸　「其弊」原脱，據宋史全文卷二六補。

〔二〇〕監司郡守所屬官　「守」原脱，據宋史全文卷二六補。

〔二一〕其無家累并在寨身故人　「寨」，宋史全文卷二六作「本」。

〔二二〕進呈梁季珂乞宫觀　「季」原作「李」，據宋史全文卷二六及本書卷首分類事目改。

〔二三〕六參并人使在庭依儀　「人」，宋史全文卷二六作「大」。

〔二四〕知隆興府張子顔言　「子」原作「予」，據宋刊本、宋史全文卷二六改。

〔二五〕欲乞許臣依茂良所請　「依」原脱，據宋刊本、宋史全文卷二六補。

〔二六〕御馬院所養胡羊　「胡」原作「之」，據宋刊本、宋史全文卷二六改。

〔二七〕令漕司撥錢一萬付之　「令」原作「今」，據宋刊本改。

增入名儒講義皇宋中興聖政卷之五十九

孝宗皇帝十九

不許内侍預軍事

淳熙八年春正月癸丑，權給事中趙汝愚奏：「中書門下省録黄，陳源轉官差遣。臣竊惟陳源係内待，而得參預一路軍政，事體重大，漸不可長。臣嘗讀建炎三年詔書：『自崇寧以來，内待用事，循習至今，理宜痛革。自今内待不許與主管兵官交通，假貸饋遺，借役禁兵。』當是時，内待與兵官交通、借役禁兵，且猶不可，今乃假以一路總戎之任，臣恐非太上所以防微杜漸之意也。」甲寅，上宣諭曰：「陳源舊帶添差浙西副總管，近奉太上皇帝聖旨，爲應奉有勞，特轉兩官。」趙汝愚因論内待不可干預軍事，其言極當，甚不易得。」丙辰，又宣諭曰：「陳源可與在内宫觀，免奉朝請。密院更具應内侍見帶兵官者，可並降指揮，與在内宫觀。永爲定制。」

臣留正等曰：齊寺人貂漏師于多魚，左氏謹而志之。夙沙衛殿齊師，殖綽、郭最曰：「子殿國師，齊之辱也。」宦者干預軍政，自古忌之矣。敗國喪師，莫不由此。蓋至唐世宦掖之變，本朝夷狄之釁〔一〕，則又其權之尤熾而禍之尤甚者也。壽皇嘉賞趙汝愚之奏，至於再三，即罷陳源軍職。又詔内侍見帶兵官者並與在内宫觀，永爲定制。其防微杜漸，所以爲後世慮者遠矣。此繫國家安危治亂之大者，臣故詳而著之。

犒設射藝精熟

戊辰，宰執進呈諸軍犒設錢數，上曰：「此内外諸軍射藝精熟人數也〔二〕。鄉來諸軍只習右手射，近又教習左手射，頗精，各支犒設，以示激勸。」

義倉還以予民

庚午，知台州唐仲友言：「鰥寡孤獨老幼疾病之人，乞依乾道九年例，取撥常平義倉賑給。」上曰：「常平米令低價出糶，若義倉米，則本是民間寄納在官，以備水旱，既遇荒歲，自合還以與民。況台州自有義倉米，可令賑濟。」

東宮見識學問

乙亥，起居郎兼太子左諭德木待問奏事，上曰：「春前一雪可喜。」待問奏：「近宫僚對皇太子賀雪語及此〔三〕，皇太子曰：『大率芝草珍異之物，皆不足爲瑞，惟年穀豐，民間安業，乃國之上瑞。』」上曰：「東宫見識高遠。」待問奏：「近者因講周禮太府一節，論國家用度當與百姓同其豐歉。皇太子曰：『人君但當以節儉爲本。』此乃言外之意，非人思慮所及者。又嘗對宫僚稱

禮遇故相

王佐天府之政云：『惟不畏强禦，則可以立事；不侮鰥寡，則可以愛民。爲政要不出此兩事耳。』」上曰：「學問過人如此，誠社稷之福。」待問奏：「皆此自陛下家學中來。」上曰：「東宫亦自儉約，宫中受用，凡百極簡，無他嗜好，又謙和慈祥。朕常語之曰：『德性已自温粹，須是廣讀書，濟之以英氣，則爲盡善。』」上又曰：「恭者不侮人，儉者不奪人，恭儉者修身之本。朕亦常以此爲東宫言。」待問奏：「臣亦切聞陛下踐履此兩句。」上曰：「朕平日用之。古人謂不以其所能者病人，不以人之所不能者愧人。皆當踐履。」

二月庚辰，進呈知福州梁克家乞宫祠。上曰：「與復觀文殿學士。」趙雄等奏欲令再任，上曰：「難云再任，可降指揮，依舊知福州。」

臣留正等曰：壽皇聖帝每降一指揮，必經聖慮如此，不云再任，而云依舊者，待大臣之體也。推此類言之，則萬幾之間，豈容有苟簡而不審者乎？

壬午，宰執進呈，未及展讀，上喜見顔色，宣諭云：「内侍賜北使宴，自淮上回，言麥正闕雨，先得一雨，後得三尺雪。」雄等奏：「陛下無一念不在斯

支義倉米賑濟

民，去年雖旱，先事措置，米價不增，民無流殍。」上曰：「亦賴卿等處置精審。」雄等奏：「今雖米賤，猶慮其無錢可糴，欲行下去年旱傷州縣，於義倉米内支給，至三月終。」上曰：「正合朕意。」於是詔：「去年江、浙、湖北、淮西路郡縣間有旱傷去處，已令多出樁積等米，廣行賑糶。今雖聞諸處米價低平，其間鰥寡孤獨貧乏不能自存之人，無錢收糴，深所矜憫。可令州縣鎮寨鄉村抄籍姓名，將義倉米賑濟，務要實惠及民。如州縣奉行不虔，仰本路漕臣及提舉常平官覺察以聞，重寘典憲。」

不欲宗室近屬作郡

己亥，進呈太府卿蘇峴擬除閩漕。上曰：「師揆來乞此闕，乃是師垂爲淮東提舉，壞官錢二十餘萬緡，兼聞其下尚有三弟，他日皆作郡，則近地州府都占了。莫若以高爵厚禄使之就閑，卿等更議之。」既而雄等奏：「陛下方務廣恩，即難批出，臣等日侍左右，若作勘會，亦涉商量。須因人言，乃可議此。」上曰：「如此，則且令師揆依舊淮西運判，却別以一缺與師垂，使避其兄，庶幾事體順。」乃除師垂閩漕。

趙雄等不任怨

臣留正等曰：此壽皇聖帝本意也，優之以爵禄，而不責以事權，親親之義，恩莫厚焉。而雄等乃以廣恩爲辭，何哉？君唱而臣不和，二三執政於是乎有罪矣！

殿策問圜土

三月己巳，上御集英殿策進士，有曰：「司寇圜土，古之刑也。近世殺越人于貨，徒流而已，覆出爲盜，將何以懲？圜土之制，今可議乎？」是日，宰執先赴奏事，宣宗御賜題〔四〕，聖諭云：「成周圜土之法，乃以處姦惡。今配隸盜賊甚多，欲舉行其法，故以此發問，觀其對如何。」

臣留正等曰：臣伏讀聖語至此，然後知壽皇聖帝所以策士之意，不爲虛文矣。故特著之。

擢黃由等

是月，賜黃由等及第、出身有差。

減公私僦房

詔：「應臨安府及諸路官私房僦，不限貫百，十分減三。」

詔臧否列郡守

閏三月辛巳，詔：「諸路監司、帥臣，歲終各以所部郡守分三等：治效顯著者爲臧，貪刻庸繆者爲否，無功無過者爲平。詳加考察，具名來上。內臧、否各著事實。如考察不公，令御史臺彈劾。」

訪問蠶繭絲薄

夏四月癸丑，宰執奏事畢，上宣諭曰：「昨日臨安取到諸縣繭亦薄，已令宮中繰絲看矣。」既而樞密院從容論事，因及今歲雨暘。上曰：「今歲雨暘以時，而繭蠶反薄，大麥亦穗短，宫中所養蠶亦如此，殊不可曉。適來已諭三省〔五〕，令王佐體訪，求所以未至上。」王淮等奏：「陛下愛民，軫念及此，天下之幸。」庚申，奏事畢，上曰：「雨恐妨麥，已降香祈禱矣。」又曰：「曾問王佐，蠶繭今年如何薄？」趙雄等奏：「佐方取繭繰看，亦徧詢諸縣，續具奏聞。」上曰：「聞今年民間養蠶太多，葉既艱得，又食濕葉〔六〕，所以繭薄。孟子謂：『五畝之宅，植之以桑，勿失其時，則可以衣帛矣。』誠哉！是言也。」

臣留正等曰：麥穗之長短，蠶繭之厚薄，彼城闕膏粱之家，蓋有問之而不知者矣。而萬乘之尊，迺能取麥於野外，繰絲於宫中，以較其長短厚薄，聖問諄復，至於再三，何其憂民之切耶？商三宗、周文王蓋無逸所謂知稼穡之艱難者，誠不至若是勤也。嗚呼！豈不謂盛德哉。

讀真宗正説

甲戌，史浩等奏：「昨經筵讀三朝寶訓徹章，臣等奏請繼讀何書。翌日，詔真宗皇帝正説宜以進讀。自是間日退朝，必御崇政，非休暇，未嘗暫止。臣浩嘗讀正心篇，論黄帝無爲，天下治。上曰：『所謂無爲者，豈宴安無所事之謂乎？』臣浩又讀剛斷篇，讀漢武帝知郭解能使將軍爲言其家不貧。上曰：『武帝如此，可謂洞照事情。』臣浩又讀大中篇，論爲政之道，本乎大中。上曰：『勿渾渾而濁，勿察察而明，即此理也。』臣等切窺聖意，罔不推見淵微，固將耳受躬行，追咸平、景德之盛。自昔人主臨御日久，非内惑聲色，則外事畋遊，其蔽則至於溺浮圖，求神仙。今陛下天縱聰明，日躋睿智，歲時甫浹，篇帙再周，帝王之汲汲，孔子之皇皇，不是過也。伏乞宣付史館。」詔從之。

詔書所謂聖語

是月，詔經筵記注官侍立，並以所聞退書其實。

戒京尹禁金翠等

五月丙子，上曰：「近日都下銷金鋪翠復行於市，不必降指揮，只諭王佐嚴加禁戢。若有敗露，京尹安能逃責耶？朕以宰耕牛、禁銅器及金翠等事刻之記事板，每京尹初上，輒示之。」

論集議之弊

己卯，進呈芮煇轉對言〔七〕：「集議唯强有力者是從，不若令各爲議狀。如論科舉，則禮部、秘書省、國子監官皆預之類。」上曰：「如此則廢集議矣。」趙雄等奏：「煇所論乃漢所謂雜議也，恐亦可從。」上曰：「今後遇事，旋降指揮。」

宴講官于秘省

是月，以讀真宗正説終篇，賜宰執、侍讀、侍講、説書、修注官宴于秘書省。

諸路旱傷蠲放

六月戊午，户部言：「去歲兩浙、江東西、湖北、淮西旱傷，共檢放上供米一百三十七萬九千餘石，隨苗經總、頭子、勘合等錢計二十六萬六千餘貫。」詔並與蠲放。

撥無收錢還户部

庚申，户部言：「乞撥還去年旱傷無收經總等錢二十六萬餘貫。」上曰：「可盡與之。」趙雄等奏曰：「初謂錢數太多，欲令户部均認。豈謂聖慈略無難色，悉以予民，臣等不勝歎仰。」

戒郭剛賣布剋剥

丙寅，樞密院進呈：「昨得旨，令密問淮西總領葉宏聞郭剛軍中刻剥軍人虛實。據葉宏回報，郭剛别無刻剥，止是舊有軍須庫俵賣布搭息一事。」上曰：「卿等可諭都承旨，傳旨宣諭郭剛，令日下住罷，並本息蠲放，免行追索。仍令責問本人，號曰老將，如何猶有此等事？卿等可更切責葉宏，既職事是報發御前軍馬文字，此等事如何不早以聞，必待詢問，然後方報？此後應諸軍凡有刻剥等事，須即以實奏知。」

是月，紹興府、徽、嚴州水，命賑之。

知處州李士龍納租多取加耗，詔降一官。元數止一萬四千有奇，斛面出剩二萬三千餘，罰受納官趙汝楫，追兩官勒停。

秋七月乙亥朔。

定上雨水限

是月，定上雨水限：諸縣五日一申州，州十日一申，帥臣、監司類聚。候有指揮，即便聞奏。

録范質後

録范質後。

呂祖謙卒

呂祖謙卒。祖謙自五年冬，以著作郎兼權禮部郎官，以疾奉祠，至是，終於家。祖謙稟資特異，聞道甚早。其學本於累世家庭之所傳，博諸四方師友之所講，參貫融液，無所偏滯。與張栻、朱熹更唱迭和，其道復大彰明，天下之士翕然歸之。祖謙六世祖夷簡，五世祖公著，皆以勳德著聞，四世祖希哲〔八〕首從程頤遊，復以儒學名世，淵源所漸，尤爲深遠。上嘗令祖謙編次文鑑一書，稱其用意，有輔治道。平生著書至多，皆以繼絶表微，扶正息邪。晚年所輯大事記，雖未及就，其經世之意亦可概見。其他所著經説，海内往往家傳人誦，與伊洛之書並行于世云。

因旱寬恤

八月丙午，宣諭云：「朕緣久旱不雨，曉夕思所以寬恤，無事不在念。今且將諸路節次泛抛招軍並與蠲免。」

命侍從論思獻納

壬子，召侍從官王希吕以下，頒示御劄曰：「朕謂侍從之臣，當以論思獻納爲任。今後事有過舉，政有闕失，卿等即宜盡忠極言，或求對，或入奏，務在於當理而後已。各思體此，稱朕意焉。」

安集歸正人

壬戌，樞密院進呈淮西運判趙彦逾奏：「本路歸正人約有二千餘人，强壯者欲委官總轄教閲，以譏察其動息[九]。」上曰：「其人歸正日久，皆能耕鑿，居止已安，自成生業。若遽然差官前去總轄，乃所以搔擾，使之不安。劄子不須行。」

趙雄罷相

是月，趙雄罷相，出知瀘州。時有言雄多私里黨者，於是，命大臣進擬，皆於姓名下注本貫封入。遂爲故事。

王淮右相

以王淮爲右丞相。

守改官作縣法

九月甲午，進呈提領贍軍府燕世良申，前官吴淵薦本所幹官楊絳與陞擢差遣，今復措置開清有勞，乞申前命。緣其人今合赴部改官，未審如何，或只與堂除知縣？上曰：「朕方與卿等共守此法，姑候一任回，却與陞擢。」

臣留正等曰：初改京官，必令作縣，所以試其臨人之材也。壽皇聖帝執此之政，堅如金石，雖有當陞擢者，猶待其任回日，然後與之，操斷如此，其不肯徇私意以隳成憲也，必矣。

是月，以江、浙、湖北旱，出爵募民賑濟。

江浙湖北旱出爵募民賑濟

冬十月癸亥，中書、門下省言：「乾道八年七月内已降指揮，御史臺合覺察彈劾事件，並分隸六察，如有違戾去處，令監察御史隨所隸事，許令訪聞，覺察聞奏。」詔劄下御史臺六察遵守施行。

遵守分隸六察法

甲子，宣諭付出，知臨安府王佐按新寧國府監押王康成，爲人使到赤岸，欲上岸赴宴間，康成乘馬經過，不下馬。上曰：「可罷新任差遣。」又曰：「所以王佐奏狀，不欲徑批出施行。尋常文字，須是經由三省施行，方合事體。記得向來參政周必大曾有此請，故朕遇事不忘。」

命令經由三省

臣留正等曰：國家置三省〔一〇〕，謂之朝廷，政令必自朝廷出，所以正體統，示公道，防過差也。故不經鳳閣、鸞臺不名爲敕，而御筆、特旨往往爲斜封墨敕之漸，其源豈可啓哉？仁宗皇帝嘗謂天下事每與大臣僉議，方爲詔敕，或有内降，皆許大臣執奏，臺諫論正。今觀壽皇聖帝於王佐之奏，不欲批出，且謂文字當經由三省，其真得仁宗皇帝之意歟！

頌忠義傳

頌忠義傳，國子監簿俞良能所進也。起於戰國王蠋，終於五代孫晟，上下一千一百年，所取者一百九十人，凡二十卷。乞頒之武學，授之將帥。上曰：「忠臣義士不顧一身，誠可表勵風俗。」

以荒歉罷雪宴

罷雪宴。先是，年例賀雪即賜宴，以連歲荒歉艱食，詔權罷。

歉歲舉行養子法

十一月甲戌，臣僚言：「在法，諸因饑貧，以同居緦麻以上親與人，若遺棄而爲人收養者，仍從其姓，各不在取認之限。聽養子之家申官附籍，依親子孫法。今之災荒亦非一處，向去寒冷，棄子或多，若令災荒州縣坐上件法鏤板曉諭，使人人通知之，則人無復識認之慮，而皆獲收養矣。舉行荒政，此其一助。」詔從之。

薦舉職事官

辛卯，進呈吏部侍郎趙汝愚奏：「廣招徠之路，絶朋比之嫌，莫若用故事，令待從、兩省、臺諫各舉所知若干人，須才用兼備而未經擢用者，陛下以其姓名悉付中書籍記，候職事官有闕，則選諸所表，以次用之。其有不如所舉，則坐以謬舉之罪。」上曰：「此説極是，可從之。」王淮奏：「御筆抹若干人字，今乞作二三人。」上曰：「可。」

詔諸路賑饑

朱熹入對

朱熹言近習干政

是月，詔諸路賑饑。

新除浙東提舉朱熹入對，奏言：「陛下臨御二十年間，水旱盜賊，略無寧歲，意者德之崇未至於天與？業之廣未及於地與？政之大者有未舉，而小者無所繫與？刑之遠者或不當，而近者或幸免與？君子有未用，而小人有未去與？大臣失其職，而賤者竊其柄與？直諒之言罕聞，而諂諛者衆與？德義之風未著，而贓汙者騁與？貨賂或上流，而恩澤不下究與？責人或已詳，而反躬有未至與？夫必有是數者，然後有以召災而致異。」又言：「陛下即政之初，蓋嘗選建英豪，任以政事，不幸其間不能盡得其人，是以不復廣求賢哲，而姑取軟熟易制之人，以充其位。於是左右私褻使令之賤，始得以奉燕閑，備驅使，而宰相之權日輕。又慮其勢有所偏而因以壅己也，則或聽外廷之論，將以陰察此輩之負犯而操切之。陛下既未能循天理，公聖心，以正朝廷之大體，則固已失其本矣。而又欲兼聽士大夫之公言，以爲駕馭之術，則士大夫之進見有時，而近習之從容無間。士大夫之禮貌既莊而難親，其議論又苦而難入。近習便嬖側媚之態，既足以蠱心志，其胥史狡猾之術，又足以眩聰明，此其生熟甘苦既有所分，恐陛下未及施其駕馭之術，而先墮其數中矣。是以雖欲微抑此輩，而此輩之勢日重；雖欲兼采公論，而士夫之勢日輕。重者既挾其重以竊陛下之權，輕者又借力於所重以爲竊位固寵之計，中外相應，更濟其私，日往月來，浸淫耗蝕，使陛下之德業日隳，紀綱日壞，邪佞充塞，貨賂公行，兵愁民怨，盜賊間作，災異數見，饑饉荐臻。群小相挺，人人皆得滿其所欲，惟有陛下了無所得，而國家顧乃獨受其弊。」因論浙東救荒事。上曰：「連年饑歉，朕甚以爲憂。州縣檢放，多是不實。」時熹乞勸諭推賞，上曰：「至此却愛惜名器不得。」又乞撥賜米斛，上曰：「朕於此並無所惜。」又乞預放來年身丁錢，上曰：「朕方欲如此措置寬恤數事。」熹又奏星變事，上曰：「朕恐懼，未嘗一日忘。」上又曰：「朕未嘗一日不三省吾身。」熹續又奏：「自今水旱約及三分已上，即乞并第四等户依此施行。」又奏：「乞推行建寧府崇安縣社倉法於諸路州軍。」熹又上宰相書云：「朝廷愛民之心不如惜費之甚，是以不肯爲極力救民之事。明公愛國之念不如愛身之切，是以但務爲阿諛順旨之計。然民之與財，孰輕孰重？身之與國，孰大孰小〔二〕？財散猶可復聚，民心一失，則不可復收；身危猶可復安，國勢一傾，則不可復振。至於民散國危而措身無所，則其所聚有不爲大

朱熹論災異

盜積者耶？」

復白鹿洞書院

朱熹論浙東救荒

復白鹿書院，從朱熹之奏也。洞本唐朝李渤舊居，有臺榭，環以流水，雜植花木〔一三〕，爲一時之勝。南唐昇元中，因建學館，買田以給諸生，學者大集，乃以國子監九經李善道爲洞主，掌其教授。本朝太平興國二年，賜以印本九經，七年，又官其洞主明起。是年，始置南康軍，遂屬郡境。至祥符初，直史館孫冕請以爲歸老之地，及卒，葬焉。其子比部郎中環復置學館以教子弟，四方之士願就學者，亦給其食。後經兵亂，屋宇不存，至是復之。

宮中種麥

十二月甲子，進呈范成大具到上元縣所種二麥。王淮等奏：「得成大書，謂春麥惟郭剛能言之，蓋北人謂之劫麥。」上曰：「此間人亦不知，已令宮中種看。」淮等奏：「仁宗皇祐元年五月，召近臣以下於後苑寶岐殿觀刈麥，仍諭以新創此殿，不欲植花卉，每觀種麥於此。今又見其成，庶知民事之不易。陛下可謂同符仁宗矣。」

舉行荒政二事

葛邲言：「荒政二事，一乞特降指揮，諸經總制錢如遇州縣災傷年分，本處知、通權免比較賞罰，其課利場務並令遵見行條法，依所放災傷分數免比，不得令本州抑勒縣道陪備。一乞降旨，應荒歉州縣且專以救荒爲務，宴會之類，理合節損。所有諸處迎新送舊兵卒、公吏借請及供帳從物之屬，所費不貲，亦合裁減。兵卒亦宜存留，以防緩急。」詔並從之。

修淮東捍海堤

是冬，淮東提舉趙伯昌奏：「通、泰、楚州沿海去處，舊有捍海堰一道，東距大海，北接鹽城，計二萬五千六百餘丈。始自唐黜陟使李承實所建，遮護民田，屏蔽鹽竈，歷時既久，頹圮不存。至本朝天聖改元，范仲淹爲泰州西溪鹽官，方有請于朝，凡調夫四萬八千，用糧三萬六千有畸，而于錢不與焉，一月而畢，規模宏遠，高出前古，遂使海潮沮洳舄鹵之地，化爲良田。自後寖失修治，宣和、紹興以來，屢被其患，每一修築，必至申明朝廷，大興功役，然後可辦。望專委淮東鹽司，今後捍海如遇坍損去處，不以功役大小，即便委官相視計料〔三〕，隨壞隨葺，勿令寖淫，以至大有衝決。務要堅固，可以永久。」從之。

重定舒蘄鑄額

是歲，詔舒州、蘄州鑄鐵錢，並以十五萬貫爲額。

川官差遣

詔久任四川監司、郡守之人，令更迭與東南差遣，其在任未久者，既有任滿前來奏事指揮，候到闕，始得別與除授。從臣僚之請也。」

雨雹。□□□

淳熙九年春正月壬申朔。

是月，賑兩浙饑。

賑兩浙饑

初，池州汪青坐盜發遞角誅，後他卒事覺，知非青罪。詔失入官吏趙粹中落職，餘責罰有差，青家支給五年。王淮奏：「陛下念一夫之冤，存恤其家，恩及幽明矣。」

嚴失入罪

内出正月所種春麥，並秀實堅好，與八九月所種無異。詔降付兩浙、淮南、江東、西漕臣勸民布種。

詔勸農種春麥

三月戊子，臣僚言：「監司、帥臣臧否所部，深得考功課吏之意。然郡守更易，則人有幸不幸，監司、帥臣好惡不一，則言有當不當。有已去而不及臧否者，有近到而已遇臧否者，此人有幸有不幸也。或取其辦事而不言其害民，或喜其彌縫而不言其疏繆，或畏其彊有力而不議，或以其疏遠無援而見斥，此言有當不當也。且就一路而言之，則其數寬；就數人而言之，則其數窄。計一歲而論之，則其能否爲已見；計數月而論之，則其能否未可知而遽臧否焉，此人所以幸不幸、言所以當不當也。乞詔諸路監司、帥臣，自今臧否所部，必須總計一歲人數，不問已去見在，就其中區別之。或臧者朝廷

論監司臧否得失

已加擢用，亦須用臧之次者；或否者朝廷已行罷黜，亦須具否之次者。其或臧否不當，必令具析以聞。」詔除初到任人外，餘從之。

楊甲獻萬言書

是春，召對楊甲，尋除太學録。甲獻書萬言，大略謂：「人主之職，不過聽言、用人，分別邪正。而近歲以來，權倖用事，其門如市，内批一出，疑謗紛然，謂陛下以左右近習爲腹心，而不專任大臣；以巡邏伺察爲耳目，而不明用臺諫。今中外文武，半爲權門私人、親交、死黨，分布要近，良臣吞聲，義士喪氣。願陛下哀之、救之。至於民兵之害，兩淮百姓，如被兵火，舒、蘄鼓鑄，民不堪命。西南諸夷乘間出没，而馬政日急，高直厚幣，以驕戎心〔一四〕。臣恐陛下今日所少者，非特馬而已。又有司理財，一切用衰陋褊隘之策。至於賣樓店、括學田、鬻官地，而所在争獻羨餘，此風日熾，恐陛下赤子無寧歲矣。」其末言：「今日之事，欲正其本，則在陛下講學。」

詔宰臣擇監司郡守

夏五月丙子，内出御筆手詔，宣示宰臣王淮等曰：「朕惟監司、郡守，民之休戚繫焉。察其人而任之，宰相之職也。苟選授之際，惟計履歷之淺深，不問人才之賢否，則政治之闕，孰甚於斯？今後二三大臣，宜體國愛民，精加考擇，既按以資格，又考其才行，合是二者，始可進擬，夫然後事得其宜，用無不當。故傳曰：『爲政在人。』卿等其謹之毋忽。」

禁浙路圍田

六月辛酉，詔：「浙漕行下所部州縣，常切禁止官民户，毋得將草蕩圍裹成田，如失覺察，其漕臣取旨施行。」

詔舉監司

詔：「侍從、臺諫舉官堪充監司者各一二名。」

賑饒州饑

是夏，饒州饑，命賑之。

減任子數

秋八月庚子，侍從、臺諫集議聞奏：「自宰相、執政、侍從、卿監、正郎員郎分爲五等，除致仕、遺表已行集議裁減外，將逐郊蔭補恩澤，每等降殺，以兩酌中定爲止數，武臣比類施行。宰相十人，開府以上同；執政八人，太尉同；侍從六人，觀察使至節度、侍御史同；中散大夫至中大夫四人，右武大夫至通侍大夫同；帶職朝奉郎至朝議大夫三人，職事宫寺長貳、監長至左右司諫、開封少尹釐務及一年，須官至朝奉郎，并朝奉郎元帶職人因除在京職事官而寄職者同，武翼大夫至武功大夫同。非侍從官無遺表外，見行條格致仕、遺表通減三分之一，餘分不減。」紹興初，中書舍人趙思誠上任子限員之議〔二五〕，詔從官集議。至是，始用廷臣集議行之。

淮東蝗

淮東蝗。

大享明堂　九月辛巳，大享明堂。先是，詔少師史浩、少保陳俊卿赴闕陪祀，並辭不至。

詔舊宰執侍祠

譏德宗加尊號　癸巳，御講筵，侍讀鄭丙進陸贄論奉天上尊號狀，上曰：「德宗不達理如此。禍難未平，乃欲加上尊號！」

臣留正等曰：周襄王遭亂出居于鄭，告於諸侯曰：「不穀不德，鄙在鄭地汜。」春秋禮之，以其能降名也。漢光武詔令上書者不得言聖。史册稱之，以其能損己也。然則人主之重輕，初豈在於名稱之增損哉？況德宗當播遷之際，此正人心向背，天意去就之决也，痛自貶損，猶懼不足以仰承天意，俯結人心，而乃近從末議，重益美名。且謂陸贄曰：「卿宜爲朕思量，應亦無妨者。」其不達理甚矣。壽皇之言，真德宗之砭劑歟！

修真州陳公塘　甲午，淮南運判錢沖之言：「真州之東二十里，有陳公塘，周回百里。本司近已興修塘岸，建置斗門、石䃮各一所於東西湫口二處。乞於揚子縣知縣、縣尉銜内帶入兼主管陳公塘六字，庶責有所歸。」從之。

梁克家復相

主聽聰則無朋黨

是月，以王淮、梁克家爲左右丞相。

冬十一月癸酉，宗正丞樓鑰轉對，論士大夫風俗事〔二六〕。上曰：「唐文宗説『去河北賊易〔二七〕，去朝廷朋黨難』。朕常笑之，有何難事？只是主聽不聰。」

臣留正等曰：朋黨者，君子、小人所不能免也。特在夫人君有以辨其邪正而已，邪正一辨，而小人始不能以勝君子矣。不然，則根聯固結，其禍豈可勝既哉。慶曆中，仁祖鋭意求治，始用韓琦、富弼、范仲淹以爲執政從官，又擢尹洙、歐陽脩、余靖、蔡襄之徒，列於臺閣。小人不勝其憤，遂以朋黨之議陷之，所賴仁祖聰哲，洞見其事，琦、弼、仲淹等雖暫罷黜，旋復擢用。今所謂元老大臣，使人想望其風采而不可見者，皆當時所謂黨人也。向使仁祖聽之不聰，辨之不審，則小人誣罔之計，將至於滋蔓而不可解，而此數君子者死於黨人而後已。尚何足以致慶曆之盛哉？壽皇以去朋黨之難歸於主聽之不聰，真可謂知言之要者也。

論德宗猜忌

甲戌，吏部尚書鄭丙讀陸贄奏議奉天論蕭復狀，至「但垂睿詰，孰敢面謾。蕭復若相囑求，則從一等何容爲隱？從一等儻自回互，則蕭復不當受疑。」上顧丙曰：「德宗猜忌，可謂不明。」丙奏曰：「德宗見理不明，故每事猜忌。當患難時，陸贄之言多聽納，及事定後，贄言雖懇切〔一八〕，亦不免見疑矣。」上曰：「此皆不學之故。」

臣留正等曰：人主所貴乎學者，以其能明是非，辨邪正，而天下之物交不足以蔽之而已。甚矣！唐德宗之蔽也。奉天之守，實蕭復、姜公輔等是賴，德宗雖以爲相，不旋踵而疏斥之。盧杞、裴延齡之徒謀國乖戾，幾亡社稷，至死而猶以爲賢。夫是非邪正，聽其所言，觀其所行，亦足以知之矣。而德宗乃顛倒錯亂如此，豈其心惡治而欲亂耶？是皆不學之蔽也。壽皇聖帝之言若見其肺肝哉！

名器豈可假人

庚辰，鄭丙讀陸贄奏議駕幸梁州論進獻瓜果人擬官第二狀畢，丙奏曰：「官爵，天下公器。人主所當吝惜。」上曰：「此人君厲世磨鈍之具。」又曰：「名器豈可假人？」

夔路饑

許文臣燕射

臣留正等曰：爵禄者，天下之公器而國之大柄也。君以爲貴則人貴之，君以爲賤則人賤之矣。天寶之際，嬖倖傾國，爵以私受，綱紀蕩然，流弊至於肅宗，大將軍告身一通纔易一醉，名器抑可謂濫矣！德宗且欲授官於捧瓜挈果之微，豈非家法之壞，至是極耶？播遷之禍，幾至亡國，無足怪者。壽皇因讀陸贄奏議，乃有「名器不可以假人」之言，二十八年之治，所以官不及私昵，爵罔及惡德者，蓋能深戒前代之失，永貽萬世之訓也。

是月，夔州路饑。

十二月戊午，辛執進呈乞令太學生習射事，上曰：「向來玉津園燕射，惟武臣射，恐祖宗典故，文臣亦當射。」

增入名儒講義皇宋中興聖政卷之五十九

校勘記

〔一〕本朝夷狄之釁　「夷狄」原作「西北」，據宋刊本、宋史全文卷二一七改。

〔二〕此内外諸軍射藝精熟人數也　「數」，宋會要輯稿兵二一〇同此；宋史全文卷二一七作「事」。

〔三〕近宫僚對皇太子賀雪語及此　「宫」，原作「官」，據下文改。

〔四〕宣宗御賜題　「宗」當爲「示」之誤。「賜」，宋史全文作「試」。

〔五〕適來已諭三省　「適」原作「道」，據宋史全文卷二一七改。

〔六〕又食濕葉　「濕」，宋史全文卷二一七作「温」。

〔七〕進呈芮煇轉對言　「轉」原脱，據宋史全文卷二一七補。

〔八〕案從「户部言」至「四世祖希哲」凡四百三十二字，原脱，據宋史全文卷二一七輯補。

〔九〕以譏察其動息　「譏」原作「機」，據宋史全文卷二一七改。

〔一〇〕國家置三省　「三」原作「二」，據上下文意改。

〔一一〕孰大孰小　「小」原作「少」，據宋刊本、宋史全文卷二一七改。

〔一二〕雜植花木　「花」原作「樹」，據宋刊本、宋史全文卷二一七改。

〔一三〕即便委官相視計料　「即」原作「則」，據宋刊本、宋史全文卷二一七改。

〔一四〕以驕戎心　「戎」原作「其」，據宋刊本、宋史全文卷二七改。

〔一五〕中書舍人趙思誠上任子限員之議　「子」原作「予」，據宋刊本、宋史全文卷二七改。

〔一六〕論士大夫風俗事　「論」原作「諭」，據宋史全文卷二七改。

〔一七〕去河北賊易　「賊」原作「患」，據宋刊本、宋史全文卷二七改。

〔一八〕贊言雖懇切　「雖」，宋史全文卷二七作「多」。

增入名儒講義皇宋中興聖政卷之六十

孝宗皇帝二十

詔廣鹽復鈔法

淳熙十年春正月戊子〔一〕，詔廣鹽復行鈔法，略曰：「鹽者，民資以食。向也，官利其贏而自鬻，久爲民病。朕既遣使詢之，得其利害以歸；復謀諸在廷，僉言惟允。始爲之更令，許通商販，而杜官鬻，民固以爲利矣。然利於民者，官不便焉。何者？鹽之息厚〔二〕，凡官與吏之所爲妄費以濟其私者，異時一出於此，一旦絶之，無所牟取，必胥動以浮言，將毁我裕民之政。且朕知恤民而已，浮言奚恤？剏置監司、守令，皆以爲民。朕有美意，弗推而廣之，顧撓而壞之，可乎？七月一日爲始，罷官般官賣，通行客鈔法。」

展離軍限

庚寅，密院言揀汰事。上曰：「兵不選練則不精，但州郡未裕，若養老人數過多，艱於贍養。其六年、八年、九年分揀汰官兵，可再展半年。」

不欲多印會子

辛卯，進呈鎮江總領所乞降新會兑换。上見前具新印會子數目，乃曰：

「新印會子比舊又增多。大凡行用會子，少則重，多則輕。」

免三年招軍

壬辰，密院進呈鎮江軍兵三年加減之數。上曰：「養兵費財，國用十分，幾八分養兵。」周必大奏：「尚不啻八分。」上曰：「今民間未裕，江東、浙西寄招鎮江諸軍及武鋒軍歲額人數[三]，可並權免三年，所有諸州日前未足之數，特與蠲免。」

復除中丞

是月，以黃洽爲御史中丞。自乾道五年之後，不除中執法者十四年。洽嘗奏云：「因言固可以知人，輕聽亦至於失人。是故聽言不厭其廣，廣則庶幾其無壅；擇言不厭其審，審則庶幾其無誤。」上深然之。

竄陳源及其黨

二月癸卯，用御史中丞黃洽奏，詔罷內侍陳源宮觀，建寧府居住。先是，陳源罷德壽宮提舉，有旨與落階官。臣僚言其過惡，乞寢罷成命，與一在外宮觀，從之。至是，洽又言其罪狀灼然，乞賜竄責，故有是命。既而臺察又疏其黨與皆一時之巨蠹，於是武略大夫徐彥達除名勒停，送道州編管，家財産業並籍没，進納德壽宮；其子徐必聞等三人並追官勒停；甄士昌追進武校尉，李庚追官勒停，仍送筠州編管。士昌，源之厮役，以違法遷轉；李庚本臨安府都吏，與源交通補官；彥達嘗充德壽宮閤子庫書寫，專一爲源管家務，官至正使，職至路鈐，皆源之力也。

放揀汰兵逐便

三月丙寅朔，建康都統制郭剛言：「去歲合揀汰效用軍義兵一百八十五人，自言願得逐便，欲乞揀汰。」上曰：「正恐離軍失所，所以尚留。如此，與放逐便。」

喜趙汝愚執法

己丑，福州奏：「都巡檢姜特立捉海賊九十四名，根勘二十八人招伏，餘六十六名被虜在船，不曾行劫，並給據釋放。」上曰：「趙汝愚如此處置，甚善。古者制刑，王者言宥而有司執法。若有司但務姑息，何以示懲？」

是月，詔舉制科。

蠲臨安丁錢

夏四月丙申，詔：「臨安府係駐蹕之地，本府屬縣民户身丁錢，可自淳熙十一年爲始，更與蠲放三年，仍給降黄榜曉諭。」

以守臣臧否行賞罰

進呈監司、帥臣奏到臧否。先數日，上曰：「監司、帥臣奏到守臣臧否，而不行黜陟，何以勸懲？可與後省，將兩歲臧否其尤者以聞。」是日將上，臧者多已用，否者多已黜，有未陞黜者數人，前知普州范仲圭、前知瓊州韓璧、前知復州王去惡皆在臧之目，新萬安軍湯鷟在否目〔四〕。上曰：「王去惡有平黎之功，而又通曉郡事，可召赴行在。范仲圭、韓璧任滿，與監司差遣。

湯鷟罷新任。」

中禁圍田

癸卯，大理寺丞張抑言：「浙西諸州豪宗大姓於瀕湖陂蕩，各占爲田，名曰塘田，於是舊爲田者，始隔絶水出入之地。淳熙八年，雖因臣僚劄子，有旨令兩浙運司根括，而八年之後，圍裹益甚。乞自今責之知縣，不得給據；責之縣尉，常切巡捕；責之監司，常切覺察，仍許人告。令下之後，尚復圍裹者，論如法。」從之。

王正己言廣西鹽事

是月，廣西運判王正己奏云：「陛下加惠遠方，恐官賣科擾，民無所告，復行客鈔，以救其弊，德至渥也。陛下本以寬裕遠民，而今來兩路通行，却成發洩東鈔〔五〕。借使兩路分畫界分，西路漕計不虧，諸郡可以支吾，亭户不致貧乏，豈非陛下之本意？顧聞闕乏之端〔六〕，有如二十餘州上下煎熬，倘有申請，朝廷豈能坐視？必須應副，則東路雖有贏餘，亦是朝三暮四，恐徒紛擾。」又云：「頃年章潭爲廣東提舉鹽事，力主兩路通行之議。及就移西路運判，客鈔不敷，漕計大窘，寢食幾廢。又得東路二十八萬緡，遂以少寬，即同帥臣范成大乞行官賣，此則易地而不可行者。歲月未久，可以覆按。」又云：「紹興間，通行客鈔能三十餘年者，以西路有折科、招糴之類。後既住罷，漕計遂窘，因有官賣之法。其後更易不定，大概以東鈔通行、西鈔不登爲患。萬一必須通行，則西路漕計或缺，亦須預作指畫，不可臨期闕誤，然不若分路爲允也。」

五月甲子朔。

用人不分清濁

是月，臣僚言：「祖宗用人，初無清濁之列。韓琦第二人進士及第，未免監左藏庫，後爲度支判官，皆號稱職。乞明詔大臣，如行在左藏庫之類，稍重其選，與免待闕，遇館學有闕，却於此取之，以廣得人之路。」從之。

郭杲興襄陽屯田

鄂州都統郭杲言〔七〕：「襄陽屯田二十餘年，雖微有所獲，然未能大益邊計，非田不良，蓋人力有所未至，且無專任責者。或謂戰士屯田，恐妨閱習，而不知分番耕作，乃所以去其驕；或謂耕作勞苦，恐其不樂，而不知分給穀米，人自樂從。以樂從之人爲實邊之計，可謂兩便。本司見有荒熟田共七百五十畝，乞降錢三萬緡收買耕牛、農具，便可施工，餘力亦可刷荒田開墾。」從之。

酷暑念閭閻

六月丙申，王淮等奏：「兩日酷暑，聖躬得無煩鬱？」上曰：「朕自有道以處之，但懷閭閻之民不易度耳。往在潛邸，嘗有詩云：『閭閻多勃鬱，方愧此身閑。』」淮奏〔八〕：「陛下隆寒盛暑，每以百姓爲念，真三五帝王之用心。」梁克家奏：「昔唐文宗詩云：『人皆苦炎熱，我愛夏日長。』柳公權屬以『薰風自南來，殿閣生餘涼〔九〕』。君臣賡歌，略無一言及於百姓，而大書殿壁，自以爲詞情皆足。蘇軾嘗效其詩以譏之云：『一爲居所移，苦樂永相忘。願言均此施，清涼分四方〔一〇〕。』今陛下不以隆暑爲畏，而長懷閭閻之苦，唐之君臣真有愧云。」

儲才制置四川

己酉，進呈太府寺丞勾昌泰奏：「蜀中制置使一員，任六十州之安危，或有疾病遷動，自朝廷除授，動經年歲，方始到任。願於從臣中常儲一二人於蜀中，令作安撫使，一旦有制置使闕，便可就除，其於思患豫圖，最係國家大事。」上諭宰執曰：「此正在卿等留意。今後欲除蜀帥，須是選擇可備制置使之用者，庶幾臨時不至缺事。」

臣留正等曰：壽皇聖帝即位之四月，嘗詔蜀去行都萬里，人材豫當儲蓄，以備緩急。乃令集侍從、臺諫各舉所知忠慤明敏之士、周知蜀中利害者，爲都運使。聖意所屬，亦可見矣。至是納廷臣之言，又諭宰執令除蜀帥，須擇可備制置使之用者，其慮遠儲材之規模，此皆今日所宜講明者也。

詔經理屯田

詔經理屯田。建康府御前諸軍都統制司奏：「近準御筆措置屯田，契勘淮西荒閑田土，如昨來和州興置屯田五百餘所，廬州管下亦有三十六圍，皆瀕江臨湖，號稱沃壤。自後廢罷，撥還逐州，召人請佃，尋許承買，今多爲良田。自餘荒地，亦有豪强之户冒耕包占。」詔令淮西帥、漕司同共取見係官田畝實數聞奏。都統郭剛尋奏：「相視得和州歷陽縣荒圩五百餘頃，可以開耕，每田一頃，三人分耕，合用官兵一千五百人。」建康留守錢良臣亦奏：「上元縣荒圩并寨地五百餘頃，不礙民間泄水，可以修築開耕。」

詔戒貪吏

辛酉，詔曰：「朕履四海之籍，托王公之上，深惟民之未贍，惻怛在心。惟吏或不良，無以宣德明恩。若乃貪饕無饜，與貨爲市，漁奪百姓，侵牟下民，有一於斯，足秕邦政。天下之大，郡邑之衆，假勢放利，寔繁有徒。若此，朕雖有愛民勤政之誠焦勞於上，仁恩利澤何由而下究哉？朕嗣服之初，蓋嘗考法祖宗嚴贓吏之禁，其持心不移，覆出爲惡者，既已逮治一二，厲在位矣。歲月既久，法以延緩〔二〕，贓過之吏，忸習寬政，日甚歲劇。今列官處職，奸法不忌，是與盜無異也。國有憲法，朕不敢廢。可自今後，命官犯自盜枉法贓罪抵死者，籍没家財，取旨決配，並依隆興二年九月已降詔書施行，必無容貸。」

是月，兩浙水，命賑之。　賑兩浙水

監察御史陳賈奏，略曰：「臣竊謂天下之士，所學於聖人之道者，未始不同。既同矣，而謂己之學獨異於人，是必假其名以濟其僞者也〔一二〕。邪正之辨，誠與僞而已。表裏相副，是之謂誠；言行相違，是之謂僞。臣伏見近世士夫有所謂道學者，其説以謹獨爲能〔一三〕，以踐履爲高，以正心誠意、克己復禮爲事，若此之類，皆學者所共學也，而其徒乃謂己獨能之。夷考其所爲，則又大不然，不幾於假其名以濟其僞者耶？臣願陛下明詔中外，痛革此習，每於聽納除授之間，考察其人，擯棄勿用，以示好惡之所在，庶幾多士靡然向風，言行表裏，一出於正，無或肆爲詭異，以干治體。」從之。　陳賈請禁僞學

廣西運司申，昭州金坑五處，逓年所入不多，若行廢罷，以裕民間，甚便。本部欲行契勘。上曰：「不必契勘，便行廢罷。」　廢昭州金坑

詔：「監司、帥臣每歲於部内舉廉吏一二人，具實迹來上〔一四〕，中書籍記，以備選擇，如無，聽闕。」　詔舉廉吏

秋七月乙丑，詔：「知廣州鞏湘以任帥閫，備著效勞，可除龍圖閣，令再任。」

鞏湘再任廣州

庚午，禮部、太常寺言：「開寶通禮：州縣水旱，則祈社稷，典禮具存。政和五禮新儀雖不該載，見今朝廷或遇水旱，亦行祈禱。今欲從臣僚所陳，遇有水旱，令州縣先祈社稷，委合典禮。乞朝廷指揮，從禮部、太常寺修定儀注行下。」詔從之。先是，臣僚言：「州縣遭水旱，神祠佛宮無不遍走，而社稷壇壝闃然莫或顧省。彼五土、五穀之神，百代是尊是奉，豈應祈報，獨不得與群祀同享精純？」於是下禮寺看詳，而有是命。

水旱先祈社稷

甲戌，詔曰：「朕涉道日寡，秉事不明，政化失中，以干陰陽之和。迺季夏涉秋，旱暵爲虐，大田失望，民靡錯躬，夕惕以思，反己自咎。可自今月十三日避殿減膳，令侍從、臺諫、兩省、卿監、郎官、館職各條具朝政闕失，毋有所隱，朕將親覽，考求其當，以輔政理。咨爾在位，副朕志焉。」

因旱求言

乙亥，詔：「曾任知州而爲郎官、卿監，曾任卿監、郎官而復出爲監司之人，陳乞關陞者，依兩任無人薦舉處條例，特與免用舉主，理爲資序。」從臣僚之請也。

立免舉主法

癸未，宰相王淮、梁克家、知院周必大、簽書兼權參政施師點以旱乞避

位，詔不允。上宣諭曰：「朕心未嘗放下，一日之間，天下定行一兩遭。」又曰：「數日群臣應詔言事，並無及朕過失，多言刑獄事。刑獄自有成法。」王淮對曰：「陛下憂勤如此，更有何過失可指？」

朕心未嘗放下　論群臣不言過失

臣留正等曰：昔揚雄論神心經緯萬方，又曰人心其神矣乎，潛天而天，潛地而地。夫人皆有是心也，然方寸之間，不能運用，則其神者不神矣，又安知有經緯萬方之功，潛天潛地之妙哉？惟古之聖人不出戶而知天下，俛仰之間，而撫乎四海之外者，以能運其神故也。天道以日運，故能成造化，聖心以日運，故能起治功。壽皇聖帝所謂一日之間，天下定行一兩遭，蓋得此道矣。

帥臣不可輕授

己丑，臣僚乞詔大臣，自今維揚、合肥、荊、襄四路帥當於嘗任近臣中簡記除授。上曰：「均是帥臣，豈可輕授？此在卿等簡擇。」

論用人材

八月甲辰，進呈次，因論人才。上曰：「若是平穩無才略人不難得，須是有才而不刻，慈善而不謬。」王淮等奏：「陛下二語，可謂盡用人之要。大抵

有才者多失之刻，慈善者多失之謬。」

論撙節財用

乙巳，進呈楊安誠劄子，乞遵依仁宗皇帝之制，采用司馬光之言，覈實浮費，量加撙節。上曰：「近日臣僚言多用司馬光撙節之説，蓋仁宗時亦自乏用，故司馬光有是言。朕嘗見一老内臣云：哲宗皇帝極愛惜錢物，不肯多賞賜臣下。」王淮等奏：「節用，裕民之本。陛下常以祖宗爲法，天下之福也。」

舉武臣充副使

戊申，詔侍從、兩省、管軍、知閤、御帶及在内觀察使以上，於武官中各舉有威儀善應對、堪充奉使接送伴者一名聞奏，其已被差人，不許薦舉。

臣留正等曰：古者，有使有介，皆專對之任也。王驩爲輔行，孟子恥之，而不與言行事。韓宣子聘楚，叔向爲介，楚王欲敖之，以其所不知而不能，乃厚爲之禮，然則使固不可不擇，而介亦豈可忽哉？近歲副使之命，選授寖濫，恐非所以取重於夷狄者〔一五〕，謂宜舉行壽皇詔旨，以儲材用，此亦隆國體之一端也。

辛亥，進呈湖北總司乞糴米事，因言：「得湖北報，七月十八日，大雨霶霆，秋成可望。」上曰：「是日朕食素，就宮中設醮，但見陰雲四合，不知得雨如此之廣。」王淮等奏曰：「經所謂『惟德動天，無遠弗屆。』」上曰：「人主於天尤親，感召之速，終是異於臣庶。」

人主感天之速

庚申，詔左藏南庫撥隸户部提領所事務，限五日結局。先是，户部具南庫收支項目，上謂輔臣曰：「見在錢三十五萬餘貫，盡撥付户部，其餘金銀等物，令陳居仁點檢，具數以聞。」上又曰：「欲併南庫歸左藏，令版曹自理會，朕亦省事。卿等可子細令具南庫五年間出入帳，親自點檢。」故有是詔。南庫者，本御前樁管激賞庫也。休兵後，秦檜取户部窠名之可必者盡入此庫，户部闕乏則予之。檜死，屬之御前，由是金帛山積。上即位之始年，納右正言袁孚之請，遂改爲左藏南庫，專一樁管，應副軍期。然南庫移用，皆自朝廷，非若左帑直隸於版曹而爲經費也。至是，始併歸户部。既而尚書王佐奏言：「南庫歸版曹，無益而有損。乞就撥歸封樁庫。其朝廷年例合還户部錢，却于封樁庫支。」不從。

撥南庫隸户部

南庫創置之始

大事記曰：置局委户部以節浮費，置度支都籍以量用度，封樁庫非奉親、軍需不支。而又併左藏南庫悉歸户部，恭儉撙節，無一妄費。而論節用，則以爲當始自一身儉於用財也。

王佐論經總制錢

户部尚書王佐言：「經總制錢歲額一千五百萬貫，年來寖生姦弊，或偶無收，則便於帳内豁除，而創生窠名，更不入帳，分隸遞年積壓，直待赦放，切恐暗失經費。」詔户部將淳熙八年終以前拖欠及未起錢數，並特除放。自今收趁虧額，其知、通并提刑司官屬，委本部覺察，從條施行。

封樁庫創置之始

是月，宰執奏，封樁庫見管錢物已及三千餘萬緡。上曰：「朕創此庫，以備緩急之用，未嘗敢私也。」封樁庫者，亦上所創也。其法非奉親、非軍需不支。先是，六年夏四月，提領本庫言，共管見錢五百三十萬貫，其後往往以犒軍或造軍器爲名，撥入内庫，或睿思殿，或御前庫，或修内司，有司不敢執。

内外積錢之富

尋又奏内外樁積緡錢四千七百餘萬。上曰：「何以聚人曰財。周以冢宰制國用，周禮一書，理財居其半。後世儒者尚清談，以理財爲俗務，可謂不知本矣。祖宗勤儉，方全盛時，財賦亦自不足，至變更鹽法，侵及富商。朕二稅之外，未嘗一毫妄取，亦無一毫妄費，所以帑藏不至空虛，緩急不取之民，非小補也。」

比較諸路上供錢

先是，上以諸路財賦浩繁，令兩侍郎分路管認。是年，王佐爲尚書，又請於次年四月，將諸路監司、守倅所起上供錢比較，以定賞罰，自是罕有逋欠。

蠲拖欠内藏錢物

九月壬午，詔：「諸路州軍拖欠内藏庫諸色窠名錢物，自淳熙九年終以前實欠，並特與除放，以後常切催納，如有違慢，仰本庫開具所欠州軍當職官吏，取旨施行。」翌日，王淮等奏：「聖恩溥博，不知所欠數若干？」上曰：「六十萬貫。」

申禁解鹽入界

癸未，興元府都統制吳挺言：「本司同安撫司增置賞錢，募人告捉盜販解鹽入界，見係出戍官兵把截去處嚴行搜捕外，有不係官兵出戍地分，乞行下沿邊州郡，督責捕盜官司搜捕。」詔：「利路安撫、提舉各申嚴行下階、成、西和、鳳州禁止，毋得透漏，如未覺察，守令並取旨，重作施行。」

戒皇孫女執婦道

冬十月甲午，詔主管魏惠憲王府鄧從義可傳旨羅忠信并母白氏：「今來皇孫女安康郡主，凡百宜執婦道，不可慣縱，所有晨昏安省之禮，候得旨揮方免。若旦望節序，並從常禮，務成肅雍之德。倘或違此，别有誡訓。」

臣留正等曰：周之王姬能執婦道，詩人歌之。王珪受公主謁見，前史以爲美談。今觀安康下嫁，聖訓申誡，諄切如此，其所以經夫婦、美教化之意，視古有光矣。

蔣繼周言義役之弊

乙未，右正言蔣繼周言：「國家役法，自祖宗以來，前後講論詳矣。行之其或不能無弊者，非法弊也，人弊之爾。苟得一賢令尹，則人樂爲之争先，是知其弊誠在人而不在法。自范成大唱爲義役之説，在人耳目，而處州六邑之民，擾擾者十有六年于此矣。夫狹鄉民貧，私相借助，以供公上之役，是特鄉里常情爾。成大張大其事，標以義名，且欲改賜縣名，行之諸路。朝廷固已察其情狀，不可其請矣。成大不已，再有所陳，囑其代者，使遂其説。至陳孺知處州，親受其弊，任滿奏事，乃始備言其實。陛下即可其奏，於是處州之民始獲息肩。於義役之罷三兩年來，舊説復作，一布衣之上書，未必公言，朝廷令守臣季翔看詳〔一六〕，蓋欲其詳酌可否，曾不能參照案牘，博詢民言，辨范成大、陳孺所奏虚實，有請于朝而罷之，乃從而附會其説，斷以己見，官民僧道出田一等，他日貧富置之不問，人以爲重擾，條畫利害，訟于烏臺。臣嘗問鄉閭：『出田助役，然則何用〔一七〕？』曰：『將以賂吏胥，有常數也。』吏胥之誅求於執役者，官立法以禁之，猶懼其不懲，使上之人通知之，其何以訓？夫立賞以誘之，而舉行者不加勸，立罰以威之，而沮敗者不加畏，給官田以助役，亦終於不可行，則出私田者，民情之不樂，從可見矣。欲望特降睿旨，將處州及兩浙有見行助役去處〔一八〕，聽民從便，令官司不得干預。其間民自難久行，或不能息争訟，仰州縣遵依見行條法，照應物力資次，依公差募，仍乞將季翔罷黜，以謝處州、兩浙十五六年間義役之擾。」從之。

治内侍子代筆罪

丁未，進呈大理寺奏，内侍之子賈俊民等代筆案，俊民當降一官，勒停。上初欲貸其勒停而更降一官，又思餘人亦當視此以降罪，乃曰：「人有一點私心，法便不可行。並如奏。」次日，王淮等奏：「陛下用法如此，可謂至公。」

有私心法便不行

上曰：「不怕念起，惟恐覺遲。然人之所以未免一念之起者，正以修行未到。」淮等奏：「陛下每言唐太宗未嘗無過，只是覺得早。陛下可謂覺得早矣。」上曰：「凡事順其自然，無容私其間，豈不心逸日休？」

臣留正等曰：洪範之書曰：「無偏無黨，王道蕩蕩。無黨無偏，王道平平。無反無側，王道正直。」然則有偏黨焉，則必不能蕩蕩矣；有黨偏焉，則必不能平平矣；有反側焉，則必不能正直矣。壽皇聖帝因賈俊民之案，惕然自念，謂有私心，則法不可行。故自然心逸日休，非皇極之主，安得有斯言哉？

韓璧言廣鹽鈔法

先是，詔廣鹽復行鈔法，罷官般官賣。是月〔一九〕，廣東提舉常平茶鹽韓璧奏，略云：「臣叨恩備數東路提鹽，同措置西路鹽事，所以東路事體，尚須到官悉心推究。至如西路，臣三任九年之間，粗知其略。廣西民力至貧，歲入至薄。官兵備邊之費，盡取辦於般賣，猶懼弗給，今一旦住賣，束手無策，全仰給於漕司。往年改行鈔法時，自有漕司應副，逐州取撥窠名數目，可舉而行。又朝廷頒降祠部及會子錢計四十萬，下西路漕司，通融爲十年支遣，及諸州各有漕司寄樁錢，以此隨其多寡，應副諸州闕乏之數，使足以供公上，贍官吏，養兵備邊，則可以堅客鈔之行，上副陛下改法裕民之意。」尋詔於支降四十萬數内，權支二萬貫付靜江府，五萬貫分給諸州軍，充淳熙十一年歲計支遣一次。續又從諸司申請，撥廣東增賣鹽鈔剩錢五萬貫，及令封樁庫支會五萬貫，充廣西十二年分歲計。

十有一月壬戌朔，日有食之。

按閲出内庫犒賞士卒

癸酉，進呈舊按閲犒賞例。上曰：「處分已定，不須舊例，盡是内庫支一色見錢。此錢樁留，朕初無他用。」王淮等奏：「陛下平日未嘗妄費，今以激厲士卒，人百其勇。」上因言：「士氣要須激厲，每戒主將云：『卒伍遇戰，未可便用大陣，且以小陣試之，每一捷即加賞賚，將見人人自奮。』」

用人不厭詳細

是日，進呈欲召爲郎者六人，上熟視曰：「陳達善得，沈崇一亦可。此文字且留中。」王淮等奏：「用人不厭詳細，須是參較方可。」

幸龍山大閱

甲戌，上幸龍山教場大閱，大犒兵師，爲錢三十六萬。

用人更出迭入

丁丑，進呈畢，上出癸酉留中文字及録示王尚之等六人曰：「朕兩日於班簿中檢得此數人，可並召赴行在。餘亦難得。」又諭：「却於寺監丞中揀人爲提舉，如此更迭出入，則所用之人源源不絶。」

賑京西饑

是月，命賑京西饑。

降會子收兩淮銅錢

言者謂：「自乾道五年，降會子付兩淮收換銅錢，又節次支舒、蘄鐵錢換易，凡十六次指揮，至今十五年，私渡銅錢，常自若也。乞多給會子，立限盡換。」詔：「兩淮各支降會子一十萬貫，限兩月收換，其換到銅錢，淮東赴鎮江，淮西赴建康，送納樁管。」

訪問外事

閏十一月乙未，上曰：「諸軍近日教閱，聞得錢甚喜，多有買柴作歲計。」王淮等奏：「緣此街上見錢甚多。」上曰：「聞外間米麪甚平，見老兵云：『三十文買麪一椀，可飽終日。』街上多有醉人。朕得百姓歡樂，雖自病亦不妨，所謂吾雖瘠，天下肥矣。」

却安南貢象

壬寅，進呈廣西經略安撫司奏，安南國牒，已排辦章表，投進方物。上曰：「象乃無用之物，經由道路，重擾吾民，除不受外，將入貢之物，以十分爲率，止受一分，就界上交割，厚與回賜，章表令入遞，降書回答。」

慶太上皇后七十壽

十有二月丙子，車駕詣德壽宮，行太上皇后慶壽宮中之禮。詔曰：「朕荷太上之燕謀，承至尊之休德，順稽帝道，丕迪重華之徽；寅賴母儀，胥洽二南之化。惟天純佑，侈國多祥，皇年方衍於萬春，甲曆曩登於七帙。奉卮介壽，嘗祇闡於閎休；含飴保和，茲繼符於昌筭。緊我家之累盛，軼聯册之前聞。爰舉曠文〔二〇〕，躬伸慶禮。上南山之祝，永偕慈極之隆；首東秩之辰，肆推凱澤之被。式敦及老之義，併彰錫類之仁。可大赦天下。」

戊寅，王淮等奏：「前日行慶壽禮，天氣甚好。」上曰：「中外歡悦，一親和氣，不可形容，所以歸晚。」

臣留正等曰：事父孝，故事天明；事母孝，故事地察。誠敬所在，父母與天地一也。壽皇聖帝之所以事親者，可謂盡孝矣。每遇慶禮之行，天宇開霽，景物融和，都人贊仰，萬口一辭，明察之理，焉可誣哉？聖子承休，日嚴三宮之養，慈孝益隆，典册迭舉，猗歟盛哉！家法之美，此開闢以來所未之有也。

李椿不附張説

是月，敷文閣直學士致仕李椿卒。椿嘗爲樞密院檢詳文字，時張説爲僉書，會小吏有持南丹州莫酋表來求自宜州市馬者〔二〕，因説以聞，椿白：「邕遠宜近，官非不知也，故迂之者，豈無意哉？莫氏方横，奈何導之以中國地理之近？請治小臣引致邊事之罪。」説又建議募民爲兵，以所募多寡立賞罰格，以勸沮州郡。椿白説：「若此，則恐必有以捕爲募而致驚擾者。願毋限額。」爲司農卿日，嘗言於制國用者曰：「今倉庾所用，一月營一月之聚，帑藏所給，一旬貸一旬之錢，朝廷之與户部，遂分彼此，告借之與索償，有同市道，此陽城所以惡裴延齡者。願革而正之。」權臨安府，故事，府有中人承受公事，守至必謁。椿弗謁，白廟堂：「無所用承受。」知婺州，有旨衢、婺市皮角若干而筋五千斤。椿奏：「一牛之筋四兩，是屠二萬牛也。」上爲收前詔。爲吏部侍郎，上親慮囚，命椿與張掄敘囚徒。掄官承宣使，奏牘欲列名椿右，不可，白丞相，丞相令先掄。椿退，謂權要恃恩不足怪，廟堂曲徇爲

朝廷與户部分彼此

李椿不謁承受

李椿諫市牛筋

李椿張掄争列銜

可畏。草奏言：「臣固知承宣使序權侍郎之上，但使事以閤門副侍郎耳。所被旨，臣名實在上，不可不正。」章未達而事聞，掄亟罷。侍衛司兵因兢而碎僧舍，新補軍頭乘忿而剽都市，朝廷不深治，椿舉張彝之事爲戒。言官彈劾不勝，去職。所從風聞者黥隸。椿言：「非置臺諫爲耳目之本意。」軍中結邏者以摇主將，擿摘騰播，椿請嚴階級之法。又極言閹寺之盛曰：「自古宦官之盛衰，係有國之興亡，其盛也，始則人畏之，甚則人惡之，極則群起而攻之。漢、唐勿論，靖康、明受之禍未遠，今畏之矣，未甚惡也。有以裁制之，不使至極，則國家免於前日之患，宦官亦保其富貴。願官置蠶室而限其數，復祖宗之制，官高者補外。」又門禁宮戒之外，勿使預於人材政事〔二二〕，又嚴士大夫、兵將官與之交通之禁。」椿嘗論渡江以來茶法之弊〔二三〕，謂官執空券市之園户，州縣歲額配之於民〔二四〕，卒有賴文政之寇。初，廣西鹽法，官自鬻之。後改鈔法，漕計大窘，乃盡以一路田租之米二十二萬斛，令民户折而輸錢，至五倍其估，米既爲錢，二十餘州吏禄兵稍無以給，則又損其估以市於民，曰和糴，曰招糴，民愈病。久之，鈔弗售者三年，椿請改法從舊，除民折苗、和糴、招糴，官民俱便。

李椿論軍政臺諫

李椿言閹寺之盛

李椿論茶法弊

李椿革廣鹽弊

和州麻灃湖之利

權知和州錢之望言：「歷陽縣含山縣有麻、灃二湖灌溉民田，爲利甚博。乾道二年，因守臣胡昉鑿千秋澗以設險，澗既開通，而二湖之水始洩入江。積十餘年，澗水日淺，灌溉之利遂廢。今欲於千秋置斗門，以防湖水之洩，遇大浸則啓之以出外，遇旱暵則用之以瀦水，俾二湖之灌溉如初，又不妨千秋澗之險。」從之。

李燾上續長編

是歲，知遂寧府李燾上續資治通鑑長編至靖康，全書共九百八十卷，舉要六十八卷。

增入名儒講義皇宋中興聖政卷之六十

校勘記

〔一〕淳熙十年春正月戊子　「戊子」，宋史卷三五孝宗本紀三繫於「己丑」。

〔二〕鹽之息厚　「鹽」原作「監」，據宋史全文卷二七改。

〔三〕江東浙西寄招鎮江諸軍及武鋒軍歲額人數　「西寄」原脱，據宋史全文卷二七補。

〔四〕新萬安軍湯鷟在否目　「鷟」，宋史全文卷二七作「鶯」。

〔五〕却成發洩東鈔　「却」原作「知」，據宋刊本、宋史全文卷二七改。

〔六〕豈非陛下之本意顧聞闕乏之端　「意顧」原脱，據宋史全文卷二七補。

〔七〕鄂州都統郭杲言　「杲」原作「果」，據本書卷首分類目録及卷五七、卷六一改。

〔八〕閶閣多勃鬱方愧此身閑淮奏　「閣多勃鬱方愧此身閑淮奏」原脱，據宋史全文卷二七補。

〔九〕殿閣生餘涼　「餘」，舊唐書卷一六五柳公權傳、唐會要卷三五及宋史全文卷二七作「微」。

〔一〇〕清涼分四方　「涼」，蘇文忠公全集東坡續集卷一補唐文宗柳公權聯句、宋史全文卷二七作「陰」。

〔一一〕法以延緩　「延」原作「挻」，據宋史全文卷二七改。

〔一二〕是必假其名以濟其僞者也　「僞」原作「爲」，據宋刊本、宋史全文卷二七改。

〔一三〕其説以謹獨爲能　「謹」當作「慎」，蓋避孝宗之諱而改。

〔一四〕具實迹來上　「具」原作「其」，據宋刊本、宋史全文卷二七改。

〔一五〕恐非所以取重於夷狄者　「夷狄」原作「敵國」，據宋刊本改。

〔一六〕朝廷令守臣季翔看詳　「季翔」原作「李翱」，據宋史全文卷二七、宋會要輯稿食貨六六及建炎以來朝野雜記甲集卷八處州義役改。

〔一七〕然則何用　「何」原作「可」，據宋史全文卷二一七及中興兩朝編年綱目卷一八改。

〔一八〕將處州及兩浙有見行助役去處　「役」原作「法」，據宋史全文卷二一七及中興兩朝編年綱目卷一八改。

〔一九〕是月　「月」原作「日」，據宋刊本、宋史全文卷二一七改。

〔二〇〕爰舉曠文　「舉」原作「與」，據宋刊本、宋史全文卷二一七改。

〔二一〕會小吏有持南丹州莫酋表來求自宜州市馬者　「持」原作「待」，「酋」原作「氏」，據宋刊本、宋史全文卷二一七改。

〔二二〕勿使預於人材政事　「人」原脱，據宋史全文卷二一七補。

〔二三〕椿嘗論渡江以來茶法之弊　「論」原脱，據宋史全文卷二一七補。

〔二四〕州縣歲額配之於民　「歲」原脱，據宋史全文卷二一七補。

增入名儒講義皇宋中興聖政卷之六十一

孝宗皇帝二十一

雨土

淳熙十有一年春正月辛卯朔，雨土。

禁開白馬湖爲田

辛丑，詔：「浙東提舉司將開掘過白馬湖爲田去處，並立板榜。每季檢舉，曉諭人户，日後不得再有侵占。仍仰本司覺察，毋致違犯。」

謝諤言義役之便

丙午，監察御史謝諤言：「去年十月四日，臣僚言：『因處州守臣不合將義役置册，假以藉手，干求差遣，力陳其弊。』奉旨依奏。其所奏係是兩項，第一項云，將處州及兩浙有見行助役去處，聽從民便，令官司即不得干預。第二項云，其民間自難久行，不能息争訟者，仰州縣遵依見行條法，照應物力資次，從公差募〔一〕。第一項是行義役，第二項是行差役也。言者之意〔二〕，欲差役、義役二者並行，元不曾指名言盡罷義役〔三〕。兼但言兩浙之弊，不曾言及别路也。近訪聞江東、西諸路，累年民間有便於義役之處，官司乘此頗有摇動。蓋民間舊因差役，吏緣爲奸，當差之時，枚舉數名，廣行追擾，望其脱免，邀求貨賂，使之争訟，至有累月而不定者，民户因此多有困竭。緣行義役，遂頗便之。自此法之行，胥吏縮手無措，日夕伺隙，思敗其謀。近有饒州德興縣、吉州吉水人户，赴臺陳訴，其詞激切，端有可憫。乞下諸路監司、州縣，應有義役當從民便外，其不願義役及自有争訟，乃行差役，兩項並合遵守，違者，許提舉司按奏。其德興縣人户並賚出本縣舊刊義役石碑，可見經久之計，民情之所安，惟恐官司撓其成法。」上曰：「前日蔣繼周言處州守臣專行義役之弊，今謂欲義役、差役各從民便，法意補得始圓。令照前降指揮施行。」

義役差役從民便

甲寅，雨土。

不覈實災傷

是月，户部奏言：「去歲旱傷，計減放六十萬石。」上初欲下漕臣覈實，既而曰：「若爾，則來年州郡必懷疑不與檢放矣。」

卿少不並除

不以蜀人充本路監司

二月甲子，進呈擬張叔椿等差除。上曰：「今後有卿不除少，有少不除卿，所謂官不必備。」又宣諭：「今後蜀中監司〔四〕，可間差此中人往〔五〕，若皆蜀人，則人情宛轉，甚非法度。」

戒熊克性緩

癸酉，進呈次，諭：「熊克台州當赴上，卿等曾以朕意宣諭否〔六〕？克爲人性緩，古人有韋弦之戒，緩者勉之，急者緩之，全在抑揚之道。」

臣留正等曰：堯、舜之世，九德咸事，寬近於弛也，而寬不廢，以其寬而能栗也。柔近於懦也，而柔不廢，以其柔而能立也。在人無棄材，在朝無曠職，玆所以爲堯、舜之盛歟！克之性緩，誠不逃乎聖明之見，今也勉之使進，則足以救其失矣。夫以人材之衆，而克一介之微，聖謨洋洋，所以委曲成就之者，一至于此。爲克者當如何而報哉！

守臣功過相當

詔：「已降指揮，温、台被水，逐州守臣王之望、陳巖肖各不即聞奏，仍賑恤遲緩〔七〕。之望特降一官，巖肖落職，放罷。近台州獲海賊首領，温州獲次首領，王之望、陳巖肖各有捕賊之勞，以功補過，之望放罷，巖肖宫觀。」

比試民兵事藝

是月，樞密院奏：「兩淮、京西、湖北路民兵萬弩手，自淳熙七年後，不曾拘集教閱。乞令逐路安撫司行下所部州軍，常令不妨本業，在家閱習，俟農隙，照年例拘集比試，其有事藝高强之人，每州許解發一二名，從帥司保明，津發赴樞密院，與依四川義士條例拍試補授，以示激勸。」詔從之。

不頻改錢樣

三月辛卯，進呈耿延年狀，翻鑄到淳熙十一年錢樣。上曰：「且用舊樣，不必頻改。」

臣留正等曰：爲幣，所以通民利也。而人主之操柄在焉，有無於是而通，輕重於是而權。爲有司者，重國法以示民信，焉用數更變爲哉？聖慮及此，其旨深遠矣！

刑部臺察録囚

是日，進呈刑部侍郎曾逮奏：「乞依乾道九年三月二十三日指揮，令刑部長貳、郎官并刑察御史，每月通輪録囚，具名件聞奏，庶得糾察之職，稍復祖宗之制。」上曰：「可令用每季仲月。」於是，詔令刑部、御史臺於每季仲月親録囚徒。

趙汝愚等再任

乙巳，詔知福州趙汝愚除敷文待制，再任。上宣諭：「汝愚在福州甚宣力。」

庚戌，詔知泉州司馬伋除龍圖待制，再任；兩浙運判張杓除徽猷閣，陞轉運副使，再任。

擢衛涇等

是月，親試舉人，賜衛涇以下及第、出身有差。

不明言趙傑之罪

趙傑之知太湖縣，有言其不丁繼母憂者，上諭宰臣王淮等曰：「士大夫一被此名，終身不可贖。行遣中稍爲宛轉，不須明言其罪。」遂降一官，放罷。聖度之忠厚如此。

金州不置場榷鹽

夏四月辛酉，詔：「金州依見行鹽法，聽客人鋪户從便買賣，不得依前置場拘榷。」

詹儀之條析鹽事

癸酉，詔：「廣西經略詹儀之、運判胡庭直開具到見行鹽鈔，已爲詳細，可恪意奉行。」先是，知容州范德勤奏廣西賣鹽不便。詔儀之、庭直公共詳議具奏。於是儀之等條析奏聞：「今詳議静江府等一十六州官賣鹽，以救一十六州之害。住罷高、化等五州敷賣一分食鹽〔八〕，令轉運司置鋪出賣，從便請買〔九〕，以爲五州之利。所有五州歲計，令轉運司計度抱認應副〔一〇〕，如是則一路二十五州，無不均被聖澤，折苗、科敷之弊可以永革而民力裕。」又言：「淳熙十年七月一日改行客鈔，至今年三月十日終，已招賣過鹽鈔六萬二千籮。見今客人不住搬販，措置自有次序。」故有是詔。高、化、雷、廉、欽五州産鹽地分，客鈔不行。尋又奏：「欽州白皮鹽場，事體與雷、廉、高、化一同，乞依舊興復，以備本司取撥作鈔鹽，支付客旅搬請。」

賜進士射

丙子，進呈進士射射日分。上曰：「進士射射甚好。」王淮等奏：「孔子射於矍相之圃，觀者如堵牆。古人以射爲重，後世乃廢而不講。」上曰：「古者有文事必有武備，後世不知此意，所以朕舉行之。」

禁附帶解鹽

丁酉，權知均州何惟清言：「解鹽除京西客人搬販外，更有均、房界入川者甚多，皆是取馬官兵附帶而去[一]。乞嚴賜約束。」從之。

賜史浩送行詩書閣名賜史浩

是月，御製送行詩，賜太保史浩，又書「明良慶會之閣」六字賜之。

舉張熹充廉吏

五月辛卯，進呈知龍州張熹充廉吏。上曰：「廉吏最難得，近不住懲戒，而貪黷尚多。張熹果如何？」王淮等奏：「蜀士皆稱其操履。」上曰：「可與提刑差遣，仍報行所薦劄子，以厲士俗。」

錢之望言和州屯田

乙未，權知和州錢之望奏本州屯田事。先一日，上謂王淮等曰：「之望言課耕無法，士卒惰者無以厲，而勤者無所勸。卿等可詳議奏來。」既而進呈，欲令淮西總、漕同建康副統制詳議以聞。

論守倅將迎費

右正言蔣繼周言：「比朝廷集議監司、守倅接送等物，嚴爲限制[二]，所以節浮費，寬民力也。其有諸路藩府及列郡守暫差監司[三]，或他州通判等兼攝，上下馬饋送并借請公用亦已約束。而偏方小壘，間有違戾，或權官被差而不就，或已權不便而求歸，須申上司，又別差官，年歲之間，接送數次，郡計有限，誠何以堪？乞詔遠郡闕守處，令監司選差，以次官兼權，庶免將迎之費，以蘇郡計。」從之。

温處州流民丁籍

丙午，蔣繼周言：「温、處流民丁籍尚存，諸縣催科無人供納，或其家丁壯既去，老弱獨留，監繫輸填，急如星火，因而多糾未成丁人名爲充代，追擾不能安居。欲乞令温、處守臣，將屬縣流移人户覈實，除落丁籍，不得存留、抑勒陪填，如違，令監司覺察以聞。」從之。

犒戍邊將士

軍政修舉之賞

甲寅，詔：「四川駐劄御前諸軍將士，戍邊滋久，常軫朕懷。可令總領所支撥椿管錢引三十萬道，特與犒設一次。傅鈞、彭杲守邊累年，軍政修舉，內傅鈞與陞都統制，彭杲可帶吉州刺史。」

賑江東西水災

乙卯，詔：「令江東提舉司行下建康府、太平州、寧國府、池州、饒州、廣德軍、南康軍建昌縣，各多支常平錢米，將被水人户優加存恤，務要實惠及民，毋致失所。」

精陞差軍將

六月戊午朔，詔：「諸軍陞差，蓋擇將之根本，必有智勇勞效，乃能服衆。今後宜精加選用，毋得循習苟且。仍令樞密院自準備將以上至統制官，每全軍各爲一籍，逐月揭貼進入〔一四〕，朕當間點三兩名，審觀識略事藝，隨其能否，議主帥之賞罰。」

揭帖進入將官名

臣僚訪聞，諸州軍受納夏税，官吏邀阻，間有將堪好絹帛强行打退，却置場用低價收買；其官中既已買下退絹，多作畸零，折納高價，不恤民病，利其贏餘。欲望嚴禁。令後州軍置場收買退絹，許人户越訴，令監司、御史覺察，違戾科罪。」從之。

禁置場買退絹

詔建寧府，淳熙九年分人户欠二税等錢三萬四千三百十九貫，並令除放。

除建寧府舊欠

辛酉，進呈王淮等上表，爲敕令所編類寬恤詔令成書，乞頒降施行。上曰：「可謂詳備。凡事在人舉行，斟酌輕重盡之矣。」

頒寬恤詔令

壬戌，進呈秘書省校書郎奚商衡奏，制科取士，勿拘三歲之制。上曰：「賢良得人，國家盛事，可令學士院降詔，有合召試人，舉官即以名聞。」

舉賢良勿拘三年

大事記曰：國家以科舉取士，而魏掞之以布衣召對，未嘗限以科舉。國家以資格任官，而朱熹不由舉主，特與改秩，未嘗拘以資格。國家三歲舉制科，而淳熙詔「有合試人，舉官即以名聞」，而不拘三歲之制，故陳亮以布衣六達帝庭上書，敢於論恢復，論宰相，而人才奮矣。

論兵威不及漢唐

甲子，進呈王渥奏小路蠻擊虛狼事。上論及恩威之意，且曰：「國家兵威，不及漢、唐遠甚。所恃者，其天乎？澶淵之役，辛巳之役，匪天而何？」王淮奏：「人君平時仁心厚澤，固結民心。我無失德，而天之所助者順，蓋以理勝〔一五〕，不在力勝。」上曰：「漢武帝時，兵威震懾萬里之外〔一六〕，又何可當？但失之已甚。」

密舉偏裨將校

丙寅，臣僚乞詔諸路總領，各密舉偏裨將校可爲將帥者，不限員數，列其所長，保明來上。令密院籍記考察，不如所舉，坐繆舉之罰。從之。

勸勉屯田人兵

是日，進呈趙汝誼言：「詳議到屯田事，遇一圩水退，諸圩兵卒併力耕種，至立秋止，秋成穀熟，施工力者，皆預分穀之數。」上曰：「若將來所收不多，朕不惜幾萬米分屯田人兵，使之亦如豐年，則更相勸勉。」

因旱申嚴趣辦

己巳，詔：「雨澤稍愆，屢降寬恤指揮。其人户夏税、和買、催納、起綱，自有條限。訪聞官司趣辦追擾，致傷和氣。仰監司嚴行禁止。倘或違戾，御史臺覺察彈劾。」

椿錢屯田支用

丙子，鄂州江陵都統制郭杲言：「昨蒙降錢三萬貫措置屯田，除節次收買牛具、創造寨舍，乞於上件錢内更存留一萬二千貫，付牛僎收管，準備接續。餘錢乞拘收赴元降處回納。」詔：「令郭杲將回納會子二萬貫，於内支一萬四千一百貫付牛僎，貼充犒軍。餘錢就行樁留，準備屯田支用。」

放江浙欠錢米

庚辰，知臨安府張杓言：「乞將浙西、江東諸縣，自淳熙十年以前所欠窠名錢三萬七千二百四十餘貫、米八百三十餘石，盡行蠲放。」從之。

令前後政郡守申交割數

癸未，户部韓彦質言：「州郡財賦場務、縣道所入財穀〔一七〕，皆有名色，在法不得移易。而守臣無忌憚者〔一八〕，竭公帑之儲以快私欲，至於終更席卷而去，不恤後人〔一九〕。乞今後守臣任滿，將所留諸色錢穀交割下政，具數申户部置籍。」上曰：「須令後政限一月具數申户部照會。」王淮奏：「前政只言數贏，後政只言數縮。合令前後政各具數申。」上曰：「過限不申去處，令户部以聞。」

賞江士龍修水利

是夏，知婺州洪邁奏：「本州負郭金華縣田土多沙，勢不受水，五日不雨，則旱及之，故境内陂湖最當繕治。而本縣丞江士龍獨能以身任責，深入阡陌，諭令修築，令耕者出力，而田主出穀以食之，凡爲官私塘堰及湖，總之爲八百三十七所，以畝計者，合萬有九千，用民之力二萬七千有奇。田之被澤者二千餘頃，皆因其故迹葺而深之，於官無所費，於民不告勞，三二十年之中，度亦未至隳廢。使食君之祿者皆能如是，豈不大有補于王政？而士龍者，上不因官司之督責，下不因邑民之訴請〔二〇〕，自以職所當爲，勇於立事。用意如此，誠爲可嘉。乞加獎激，以爲州縣小吏赴功趨事之勸。」從之。

不許軍將置田宅房廊

秋七月戊子，右正言蔣繼周言：「乞詔諸軍將佐屯駐去處，自今並不許私置田宅、房廊、質庫、邸舍及私自興販營運。」從之。

詔郭杲措置耕高仰田

己丑，郭杲言：「木渠下荒田，實有堪耕種田一百九頃四十四畝，除已差撥官兵二百人前去開荒，其餘不通水利高仰田，亦令耕種官兵差去，合請錢米，就屯田官所管稻穀内借支〔二一〕，將來收子課折還。」詔：「郭杲將高仰田段更切措置開耕〔二二〕，毋致荒閑，餘依所乞。」

羅點乞減刺配法

校書郎羅點言：「比年以來，所在流配人甚衆，强盜之獄，每案必有逃卒，積此不已，爲害不細。切謂欲戢盜賊，不可不銷逃亡之卒；欲銷逃亡之卒，不可不減刺配之法。望詔有司，將見行刺配情輕者，從寬減降，別定居役或編管之令。其應配者，檢會淳熙元年五月指揮，擇其强壯，刺充屯駐大軍，庶幾州郡黥配之卒漸少。」上曰：「近歲配隸稍多，久後當如何？」王淮等奏：「如雜犯死罪猶可從輕，至如劫盜，六項指揮之行，爲盜者莫不曉得，將欲爲盜，必先虛立爲首之名，殺人濫奸之罪皆歸之。以故爲首者不獲，而犯者免死，盜何由懲〔二三〕？」上曰：「可令刑寺集議奏聞。」既而刑部、大理寺奏上，壬寅進呈。上曰：「朕夜來思量，配法雜犯死罪，只配本州牢城，犯私茶鹽之類，不必遠配，只刺充本州廂軍，令著役。若是劫盜已經三次，便可致之死。可諭刑、寺官，子細商量奏來。」

補和州不堪開耕田

乙卯，淮西總領趙汝誼言：「和州八家圩西蓑芬散水地，打量得六頃五十畝，乞撥付屯田官兵計置開耕，及下和州，將不堪開耕、不敷元數田二十九頃七十九畝，日下別踏逐，係官荒閑田土，撥付總轄屯田官，補填元管之數。」從之。

不限薦武臣員數

密院言：「八年四月二十九日指揮：江上軍帥於統領中薦舉人才，限以三人之數。深慮搜求未廣。」詔令照八年指揮，不限員數薦舉。

戒飭薦舉受私

臣僚乞：「戒飭帥守、監司，列薦宰邑之官，當務至公，毋徇私情，當求實跡，毋採虛言。後不如舉，必行繆舉之罰。其他列薦所部官吏，併加申儆。」從之。

賑諸州水旱

是月，以泉、福州、興化軍饑，諸州水，興元府旱，並命賑之。

申浙西圍田禁

八月辛酉，詔：「浙西諸州府，各將管下舊來圍田去處，明立標記，仍榜諭官民户，今後不得於標記外再有圍裹。」

禁阻遏客販米

戊辰，給、舍看詳趙汝誼奏：「乞行下守臣，遇客販米，不得阻遏，其免收力勝錢一項，自有見行約束，如有違戾及以喝花爲名，故作留滯者，許客人赴監司、臺部越訴。重寘典憲。」從之。

改隴蜀花裝隊

九月戊子，樞密院言：「準御筆處分，聞隴、蜀向來軍陣多用純隊，近易爲花裝，二者孰便？仰四川駐劄御前諸軍都統制吴挺等條具奏來。」興州吴挺奏：「行軍用師，惟尚整肅，其花裝隊未戰先已錯雜。」興元府彭杲奏：「四川諸軍，昨自紹興之初團結，皆爲純隊，以五十六人爲隊，止是教習純隊事藝，兵刃相接，取便應用。」金州傅鈞奏：「隴、蜀山川，平陸少而險阻多，兩軍相遇，或我高而彼下，必須純用弓弩；狹隘相遇，則純用戈戟，緩急全隊呼索，易於應集〔二四〕。」詔並依舊純隊。

每月進財賦册

辛丑，上諭宰執曰：「每月財賦册，今後更令進入，欲加增減。」

禁移用義倉米

戊申，勘會諸路州軍義倉米斛，在法合隨正苗交納，唯充賑糶。今來收成在即，當議指揮。詔：「諸路提舉常平官，各行下所部州軍，仰隨鄉分豐歉，依條收納入倉，不得侵隱他用，候歲終，具舊管及新收數目，申尚書省。」

日講周易兩卦

詔：「侍講、侍讀見今進讀周易，將欲終篇，可自開講日，每日講兩卦。」

講易泰萃二卦

冬十月乙丑，侍讀張大經等奏：「伏覩陛下嘗因講泰卦之『九二』，玉音有曰：『君子以其類進而爲善，小人以其類進而爲惡，未有無助者也。』講萃卦之『上六』，玉音有曰：『盛極則衰，亂極生治。』三復聖言，皆已深得大易之旨。欲望聖慈宣付史館。」詔從之。

臣留正等曰：三代之治出於道，國朝之治出於。〔二五〕

論武臣難作縣

丙寅，進呈吏部奏：臣僚乞賓州三縣通差文武臣。上曰：「武臣中極難得人，小使臣尤不歷練，今委以一縣，只是害及一縣百姓。」

禁增收商税額

庚午，中書、門下省勘會，州縣税場所收課息，自可足用。訪聞近來官司過數增收，以資妄用，致害民旅，理合禁止。詔：「户部遍牒諸路州軍，將應管税務合趁課息如實及租額之數，即不得抑令增收。敢有違戾，在内委御史臺彈奏，在外委監司覺察。仍許被擾人户越訴。」

宇文虛中恩澤

辛巳，詔宇文虛中特更與恩澤二名，令曾孫承受。

臣留正曰：宇文虛中之忠，亦可得而考矣。方建炎之初，以資政大學士奉命往使金國，留繫虜廷，抗節不屈。故相秦檜用事，盡歸其孥於虜中，則紹興十二年也。虛中在虜中久，其諸名王大族，皆尊信之不疑，因與其子宇文師瑗暨僞翰林學士高士譚謀〔二六〕，爲復讎之舉，欲因九月虜主祭天而劫之〔二七〕，虜之諸王宗親約爲内應，不幸而功不成者，天也。而虜人自此上下相疑，寖行誅戮矣。虛中之家已碎於虜手，跡其禍端，由於蠟彈之繳還，則秦檜之爲也。是時，國家中興二十年，而虛中之事不顯，最後魏國公張浚招韓王來歸，始能言其詳〔二八〕。虛中無子有女，以族人紹節爲之孫，明詔命以京秩，至是，復加褒恩及其曾孫與其外孫，所以勸天下之爲人臣者也。

招建康戰船梢手

壬午，吉肇乞招建康水軍戰船梢手。上曰：「大江之險，人命所係，蓋藉操舟之人，可與招收。」

罰程大昌等繆舉

是月，詔程大昌、程叔達、單夔、趙師夔各貶秩二等，以臣僚言蔣億以贓抵罪，于今一年，未聞舉主自劾，而有司亦不約法以聞，乞令吏部檢舉，故有是命。

賜石刻太上稽山詩

戒大臣勿分文武

十有一月丙戌朔，宰執謝賜太上稽山詩石刻。上曰：「太上詩規模宏大，所以賜卿者，正欲仰體太上之意。如『屬意種、蠡臣』之句，卿等切勿分別文武，便有晉室之風，當視之如一，擇才行兼備者用之。若曰好士人而才不適用，亦何足取？」

蠲放豐儲倉米

戊子，知婺州洪邁言：「本州淳熙八年旱歉，支降豐儲倉米五萬石賑糶，內二千一百餘石係攬載船梢，盤剋折欠，已納到六千餘貫外，淨欠錢一千九百餘貫，約米五百三十餘石。乞照紹興府體例蠲放。」從之。

余永弼等再任

利路帥、憲、茶馬司奏知鳳州余永弼、知文州鄧樞政績。上曰：「邊郡政要得人，永弼、樞各轉一官，候任滿與再任。」

詔相視堰閘

詔：「向來趙善悉所修海鹽縣堰閘及劉俁修華亭縣塘堰，令劉穎親往相視，目今有無衝決損壞，并本州去年所修水利，於今年有無實被灌溉田畝。及未盡去處，開具奏聞。」

置漁陽井鹽官

辛卯，置萬州南浦縣漁陽井鹽官一員，井歲收鹽十四萬六千三百餘斤，初以主簿兼監，於是始專置官。

免丁錢不須降旨

户部侍郎葉翥乞行下覈實免丁錢事。上曰：「此户部可自理會，不必降旨。」

和州均給屯田米

辛亥，進呈淮西總領趙汝誼奏，和州屯田所收物斛，未曾均給。上曰：「可令總領所、都統司將屯田力耕官兵，斟量工力多寡，拘今年收到物斛實數，分作三等，次第均給。」

治旱澇失按劾罪

是月，兩浙運副劉敏士、運判姚憲並降官落職，新江東提刑王彦洪别與差遣，並以温、台二州災澇，失於按劾守臣也。

浚浙西運河

十有二月丁巳，兩浙運判錢沖之言：「奉詔相視開濬常、潤等運河淺澁去處，今相度自臨安至鎮江四郡，共用六萬餘夫，委是大役。乞令諸州將運河兩岸支港地勢卑下泄水去處，牢固捺成堰垻，仍申嚴諸閘啓閉之法；淺澁去處，令逐州守臣措置，隨宜開撩，務要舟楫通行。」從之。

程叔達再任

己未，詔秘閣修撰、知隆興府程叔達除集英殿撰，再任。

不輕任淮郡守

丁卯，進呈知州軍除目，上逐一問其人才如何。至劉壎知滁州、魏敏拯知濠州，上曰：「淮郡不可輕，此二人更契勘。」又曰：「選擇人才，治道之急者。州郡若不得人，雖諄諄日降詔令，亦是徒然。卿等今後每遇一闕，須是遍選，終竟有得。」因言：「今之議者多言邊郡太守須是久任，今邊郡無兵，雖久任何益？大軍皆在江南，若是創置，又費衣糧。却是萬弩手、民兵，無養兵之費，有養兵之實，緩急亦可用。」

邊守不須久任

丁丑，户部言：「建康府申，乞將沙田許從官田所取畫降指揮，與免十料催科外，其沙地、蘆場，乞自初生年分起料催納税租。」從之。

收沙地蘆蕩税

己卯，進呈解元振奏，乞令光州依舒州、蘄州置監鑄錢。上曰：「此事難行。後次鑄到鐵錢時，可令分二三萬與光州。」

不許光州鑄錢

臣留正等曰：幣多則錢益輕而物重，况以鐵爲幣，又非銅比也。鐵之價賤於銅，而又多鑄焉，其輕也必矣。夫以事揆理，則慮有遺策，以理揆事，則物無遯情。雖事物之微，皆有以察其利害之實，神聖之明，天下誦之，爲不可及矣。

是月，知台州熊克上九朝通略。

熊克上九朝通略

是歲，知鎮江耿秉奏：「三縣歲額畸零錢八千餘貫，今以公庫所節浮費

以寬剩錢代民輸

代充解發。若非得旨，則恐後人敷之於民。」上曰：「以寬剩之錢爲民代納固善。後人若無餘，則必别作名色科配。此事州郡自行則可，朝廷難爲施行。」下闕

增入名儒講義皇宋中興聖政卷之六十一

校勘記

〔一〕從公差募　「從」原脱，據宋史全文卷二七補。

〔二〕言者之意　「者」原脱，據宋史全文卷二七補。

〔三〕元不曾指名言盡罷義役　「義」原脱，據宋史全文卷二七補。

〔四〕今後蜀中監司　「今」原作「令」，據宋史全文卷二七改。

〔五〕可間差此中人往　「間」原作「聞」，據宋刊本、宋史全文卷二七改。

〔六〕卿等曾以朕意宣諭否　「卿等」原脱，據宋史全文卷二七補。

〔七〕仍賑恤遲緩　「仍」，宋史全文卷二七作「乃」。

〔八〕住罷高化等五州敷賣二分食鹽　「化」原脱，據宋史全文卷二七補。

〔九〕從便請買　「請」原脱，據宋史全文卷二七補。

〔一〇〕令轉運司計度抱認應副　「抱」原脱，據宋史全文卷二七補。

〔一一〕皆是取馬官兵附帶而去　「馬官」原脱，據宋史全文卷二七補。

〔一二〕嚴爲限制　「嚴」原脱，據宋史全文卷二七補。

〔一三〕其有諸路藩府及列郡守暫差監司　「列」原脱，據宋史全文卷二七補。

〔一四〕逐月揭貼進入　「月」原脱，據宋史全文卷二七補。

〔一五〕蓋以理勝　「蓋以」原脱，據宋史全文卷二七補。

〔一六〕兵威震懾萬里之外　「之」原脱，據宋史全文卷二七補。

〔一七〕州郡財賦場務縣道所入財穀　「縣」原脱，據宋史全文卷二七補。

〔一八〕而守臣無忌憚者　「忌」原脱，據宋史全文卷二七補。

〔一九〕不恤後人　「不」原脱，據宋史全文卷二七補。

〔二〇〕下不因邑民之訴請　「請」原作「情」，據宋刊本、宋史全文卷二七改。

〔二一〕就屯田官所管稻穀内借支　「管」原脱，據宋史全文卷二七補。

〔二二〕郭杲將高仰田段更切措置開耕　「段」原脱，據宋史全文卷二七補。

〔二三〕盜何由懲　「懲」原作「死」，據宋刊本、宋史全文卷二七改。

〔二四〕易於應集　「集」原作「習」，據宋刊本、宋史全文卷二七改。

〔二五〕國朝之治出於　案此文後當有脱文。

〔二六〕案從「丙寅進呈吏部奏」至「暨僞翰林學士」凡二百六十三字原脱，據宋史全文卷二一七輯補。

〔二七〕欲因九月虜主祭天而劫之　「虜」原作「敵」，據宋刊本、宋史全文卷二一七改。下同。

〔二八〕始能言其詳　「詳」原作「事」，據宋刊本、宋史全文卷二一七改。

增入名儒講義皇宋中興聖政卷之六十二

孝宗皇帝二十二

禁販交鹽入界

淳熙十有二年春正月己丑，廣西提舉胡庭直言：「邕州賣官鹽，並緣紹興間一時指揮，於江左永平、太平兩寨置場，用物帛博買交趾私鹽，夾雜官鹽出賣，緣此溪洞之人亦皆販賣交鹽。近雖改行鈔法，其本州尚仍前弊。」詔經略司及知邕州陳士英公共措置聞奏。既而經略司申：「元初起置博易場，以人情不可止絕，而博易交鹽，亦是祖宗成法。乞只嚴禁博販等人，不得販鬻交鹽，攙奪官課，餘仍舊。」從之。

禁開葑地爲田

户部言：「明州申，鄞縣東錢湖積蓄潤水，溉田五十餘萬畝。昨緣茭草延蔓，侵耗湖水，奉旨支降錢米，開淘茭葑，堆積沿湖山灣濼去處，遂成葑地。先係資教院僧承佃，墾成田三百餘畝。切恐人户以增租承佃爲名，填疊增廣，有妨積水。乞將上件沿湖葑地，不許人户請佃，仍舊開掘爲湖，庶免向後堙塞之患。」詔勾昌泰躬親前去，相視開掘。

懲獄案稽緩

辛卯，進呈命令獄案籍三省事下諸州，有督促至十餘而未報者。上曰：「自今命令及獄案，不須行文催促，多則愈玩。只一季將上，擇其怠惰者懲之，則自然不敢。」於是潼川運司以岳霖體究漢州雍有容在任不法事稽緩，特降一官。湖北運司陳達善未開具趙善待妄用過任内錢物，令即具析因依。

罪湯思退退縮

癸巳，進呈湯思謙六院差遣。上曰：「思退退縮，其弟不可與在内差遣。」王淮等奏：「思謙作兩郡，皆有可稱，不知與提舉如何？」上曰：「在外不妨。」上又曰：「編修官湯碩亦可與外任。」

臣留正等曰：虜人之謀弱則示人以强〔一〕，欲和則先之以戰，蓋其計常出於此也。我得海、泗則可以舉山東，彼不敢飲馬於長淮。我得唐、鄧則可以震關中，彼不敢長驅於襄、漢，四郡之得失，天下之大勢也。彼之力能取之，則固將以兵而取之矣，何求乎我哉？既與之矣，而猶兵不解者，亦將以致夫和也。當是之時，山之東、西，河之南、北，豪傑之士、忠義之民，與夫諸國之種所以爲虜人之憂者〔二〕，蓋不一矣。使虜有片言單辭之功，而無亡矢遺鏃之費，思退之罪其可逭哉？

治曾棨贓罪

治監司失按罪

癸卯，進呈知平江府常熟縣曾棨將版帳贓賞等錢支用，及違法科取錢物等事，刑寺看詳，曾棨所犯公罪徒，贓罪流，私罪絞。上曰：「曾棨具獄抵罪〔三〕，可除名，勒停。」上又曰：「朕昨夜思之，監司以按察爲職，置司所在，不能無失職之罪，若欲行罰，又恐此後抉摘人之小過，而知縣愈難爲。」次日，御筆批：「置司所在監司傅淇、劉穎各降一官〔四〕。」

罰謬舉曾棨罪

甲辰，詔蓋經、趙師夔、姚述堯各貶秩二等，以所舉曾棨犯贓故也。

論人君少知道

論人君易驕縱

天下全賴好監司

監司郡守不理資序

二月丁卯，奏事畢，上賜王淮等酒。上問民間風俗及論古今治亂事，上因曰：「自唐、虞而下，人君知道者少，唯漢文帝稍能知道，專務安靜，所以致富庶。自文帝之外，人君非唯不知道，亦不知學。」淮等奏：「道從學中來。」上曰：「知學者未必盡知道，但知學者亦少。」淮等奏：「若唐太宗，末年寖不克終，豈是知道？」上曰：「人君富有天下，易得驕縱。」淮等奏：「若治安日久，每事留意，則是愈久愈新。」上又曰：「天下全賴好監司，若得一好監司，則守令皆好。」淮等奏：「監司、郡守皆在得人。」上曰：「先擇監司爲要。若郡守，亦皆選擇得尤好〔五〕。卿等今後爲朕除授監司，須是留意。」上又曰：「近日來郡守亦勝如已前，若是資序已到，其人不足以當監司、郡守，則監司且作郡守，郡守且作通判，亦何害？」時天氣晴和，淮等因問興居，上曰：「朕尋常飲食亦不敢過。」淮等奏：「易於頤卦稱『謹言語，節飲食。』」上曰：「觀頤，觀其所養也。」

臣留正等曰：堯、舜、禹、湯、文、武之汲汲者，非章句訓詁之謂也。伊尹、甘盤、傅説之所以告其君者，亦非簡册圖籍之富也。道不明，則千載無善治；學不醇，則百世無善政。漢武帝惟不知道，故表章六經，徒以美天下之觀。晉武帝惟不知道，故平吴之後，適以滋耽樂之欲。後世之所以不治者，非無賢君，以其學非堯、舜、禹、湯、文、武之學也。恭惟至尊壽皇聖帝，天縱之資，日新之德，堯傳舜授，相守一道，蓋有自得於心者，又豈末學之所能窺測其萬一哉？

放吉州三縣税

壬申，吉州申：「乞將旱傷最重太和、吉水、廬陵縣第五等人户見欠淳熙十一年夏税和買共一千九百九十餘匹，並與蠲放。」從之。

丙子〔六〕，殿侍陳賈言：「國家財計之入，率費於養兵。然軍之隸卒伍者，所得常不能贍給，而自將佐等而上之，則有至數十百倍之多。今諸軍額

論軍將冗食耗費

外員闕冗泛之費，姑以殿、步兩司言之，殿司額外自統制而至準備將凡一百二十員，而數内護聖步軍至添統制三員；步司額外自統制而至準備將亦一十八員。兩司歲支，除逐官本身請俸外，供給茶湯，猶不下一千萬緡。養軍之須，固已不貲，而額外重費，又復如此，無惑乎財計之不裕也。且以增創額外，謂可儲養將材耶？然諸將或有闕員，未見取之於此。若謂其人不足以備採擇，則高廩厚俸，自不宜輕以與之。乞軫慮國計，責實政，將内外額名色，自今以往，一切住差。其在冗食之人，乞賜甄別，如有可備軍官之選，則存留，以俟正官有闕日，補之。或其人不任使令，亦乞隨宜沙汰，勿使渾雜，無補國事。」從之。

是月，雨雹。

三月甲申朔。

申嚴胡服番樂

是月，申禁胡服、番樂〔七〕。從右正言蔣繼周之請也。

制舉題免出注疏

是春，詔制舉題免出注疏〔八〕。

夏四月丙辰，進呈户部勘當，知鎮江府耿秉奏，如遇亢旱，聽民車河水。上曰：「河水豈可不令百姓灌田？」王淮等奏：「尋常人使來時，恐水淺，所以

許以運河水灌田

不聽人户車水。」上曰：「稼穡事大，可依耿秉所請。」

革廣西丁錢弊

侍讀蕭燧言：「廣西最遠，其民最貧。切見在法：民年二十一爲丁，六十爲老。官司按籍計年，將進丁或入老疾，應免課役者，縣令親觀顔狀注籍，知、通索丁簿考歲數，收附銷落，法意非不善也。奈何並海諸郡，以身丁錢爲巧取之資，有收附而無銷落。輸納之際，邀求亡藝，錢則倍收剩利，米則多量加耗。一户計丁若干，每丁必使之析爲一鈔，一鈔之内有鈔紙錢、息本錢、縻費公庫錢。是以其民苦之，百計避免，或改作女户，或徙居異鄉，或捨農而爲工匠，或泛海而逐商販，曾不得安其業。乞令帥臣、監司措置行下，從收附、銷落之制，革違法過取之害。如或仍前科擾，即令按劾。」從之。

南庫存留庫眼

辛未，右正言蔣繼周言：「南庫撥付户部，于今二年，而南庫之名尚存，官吏如故。乞令户部將南庫廢併，其官吏並從省罷。」又稱：「臣照對，太祖置封樁庫，圖取契丹。太宗分左藏北庫爲内藏庫，并以講武殿後封樁庫屬焉，又改封樁庫爲景福内庫。近年南庫分爲上、下，尋併上庫入封樁庫。今所存南庫係前時下庫。」上曰：「若盡廢庫眼，收支必至殽亂。可存留庫眼，以左藏西上庫爲名〔九〕，官吏全無不得，可與裁減。」於是諸路歲發南庫窠名錢一百九十八萬餘緡〔一〇〕，改隸本庫。後又改稱封樁下庫，仍隸户部焉。

五月丁亥，臣僚言：「諸處夏税和買，止有折帛、折錢二色，惟湖州安吉一縣，獨多折絲、折帛、折綾，民間困於輸納，朝廷以其既納紬絹，又以細絲織綾，許以麄絲織絹，謂之屑絹。自前任顔度申請，改屑絹爲絲絹，遂使此邑重困，續邑民詣闕陳訴，已蒙朝廷仍舊許納屑絹，而夏税産絹猶用細絲。乞令産絹亦依舊用麄絲織造。」從之。

蠲安吉縣税色

丙申，王淮奏：「梅雨已多，莫須降香祈禱。」上曰：「未須如此。朕自昨日早晚焚香，默禱于上帝。」丁酉，進呈次，王淮等奏：「且喜晴霽。」上曰：「朕前日默禱上帝，不意感應如此之速。朕昨晚更不飲酒，只是觀天，夜來便晴霽，不勝欣喜。自今更默禱三日。」淮等奏：「天人之際，應若影響，而況人君爲天之子，宜其隨感而應。」上曰：「臣下禱之於神，朕親禱於上帝。」

默禱上帝得晴

庚戌，上謂王淮等曰：「聞總司糴米皆散在諸處，萬一軍興，而屯駐處却無米，臨時綱運，如何來得？豈不誤事？可便契勘，如要害屯軍去處有樁管米若干。大抵賑糴，可逐歲循環備荒。若樁積米，須留要害屯軍所在，庶軍民皆有其備。」

樁米屯軍要害處

是月，地震。

六月壬戌，進呈淮東總領吳琚奏：「欲望將鎮江都統司諸軍官兵，日前所欠激賞鋪軍須、子鋪布帛錢，並與除放，庶幾官兵得以全請贍家。此令一下，足以感士心，足以正師律，足以戒掊克，足以示陛下知行伍之微，恤士卒之至。」上曰：「軍中刻削，楊存中以來便如此。琚所言極是，可依奏。仍降指揮，其他有無似此去處，及別有侵刻營運錢等，並詔罷之。」

盡罷軍中刻削事

己巳，臣僚言：「臣聞一定不易之謂法，循習引用之謂例，故昔人常守法以廢例，未嘗用例以廢法。今之有司，大抵反是，若天官諸選，條目猥多，法例參錯，吏奸深遠，法無已行而或廢，例有已行而必得，此其爲弊，固非一日。乞詔銓部，凡七司所行之事，條法具載分明，可以遵用，而偶無已行者，並令長貳、郎官據法施行。若於法窒礙而偶有已行之例，並不得引用。」從之。

詔勿以例廢法

丁丑，宰執進呈次，上曰：「秋季在近，命令獄案有稽緩者，可擇數事稍大而日子最久者，當議行遣。今州郡職事弛慢不一，難爲一例從寬。寬猛相濟，政是以和。前此岳霖降官，印榜行下已久，誨爾諄諄，聽我藐藐，豈可

治獄案稽緩罪

不明賞罰？天下事只是賞罰，不然，朝夕諄諄無益。」

治不臧否守臣罪

是日，進呈諸路監司、帥臣每遇歲終，各以所部郡守考察臧否來上，浙東一路最近，淳熙十一年分至今尚未開具聞奏。上曰：「近來廢弛事多，須當懲戒。」於是帥臣鄭丙、提舉勾昌泰各降一官。

椿管采石倉米

秋七月癸未，臣僚言：「伏見淮上州軍，逐處皆有椿管米斛，建康、鎮江大軍屯駐，又有總司錢糧，惟太平州采石鎮沿江要害去處，去歲民間艱食，州部必無儲備。聞淮上去秋成熟，淮人多有載米入浙中，出糶不行。今來秋成在近，欲望先次支降本錢，付總領所，及時和糴。」詔：「趙汝誼於建康務場見椿管會子，先次取撥一十五萬貫，委官就采石倉措置，依在市時直糴米椿管。」

罷荆門三處税場

詔罷荆門軍浰河、武寧、黄泥三處税場。以前知軍陸洸言税額不過二十七貫三百三十三文，豪民買撲擾民故也。

論會子不宜多

是日，進呈會子數，上曰：「會子之數不宜多，他時若省得養兵，須盡收會子。」

壬寅，進呈內藏庫奏：「和州、無爲軍、常德府拖欠淳熙十年分錢，已降

治内侍行賂罪

指揮，再限一季起發〔二〕。」上曰：「近日和州却以三千緡賂内侍求免，事覺，所免只五千緡，却用三千緡囑託，謂何？」王淮等奏：「其意以爲可長久得免，故不憚一時之費。」上曰：「守臣張士儋、張臨、趙公頤各展二年磨勘，更與展限半年，須管發納數足。」

定二廣攝官試格

吏部言：「二廣考試補攝官人，乞依本部銓試出官指揮，將考校到合格人，以十分爲率，取五分。」從之。先是，廣東提舉韓璧言：「二廣兩薦之士，許試攝官，謂之試額。二年再試，謂之待次。累至三試，謂之正額，然後就祿，或任鹽稅，或授簿、尉，至有闕官甚處，雖待次，亦得以濫授。其試攝之程度，大略如銓試之五場，自非雜犯，雖文辭鄙俚，亦在所録，僥倖太甚。乞自今一如銓試法。」下吏部勘當，而有是請。

罷常德復州七處稅場

甲辰，詔罷常德府一處、復州六處稅場。先是，提舉趙善譽奏：「兩州七處稅場，共納一百八貫，與涮河事體一同。」上曰：「罷之甚當。如此等事，一日作得一件，計一歲之利亦多矣。」因并從之。

罷淮東八處稅場

乙巳，詔罷揚州江都縣版橋、泰興縣新城、楚州山陽縣謝家、盱眙軍天長縣龍堽、石梁、秦蘭、高郵縣臨澤、三墩八處稅場，以淮東提舉趙不流言：

「盱眙係極邊，揚州、高郵係次邊，不仰此毫末之利，而徒使豪民撲買，小民被害。所有淨利錢，本司欲依數抱認起發。乞將上件税場並行住罷。」故有是命。

量減兩浙版帳

臣僚言：「竊見浙運耿秉近因屬邑版帳錢額太重，乞與屬郡評議，將額重處量減。詔從其請。臣竊以兩浙版帳錢額之重，實與江西之月樁相似，二浙州郡亦自窘匱，與江西不同。就諸縣之額太重者與之斟酌，縣有毫釐之減，則民有毫釐之惠，此實然之理。若諸路得一賢轉運使，則不待冠蓋交馳，而裕民之説行矣。欲望出臣此疏，付之版曹，行之浙運，更令耿秉與諸郡守臣悉心講究，次第行之，諸路得爲楷式。更願陛下不惜少裨版曹，以蘇民力。」從之。

革監司巡歷之擾

八月甲寅，監察御史冷世光言：「監司歲出巡歷，吏卒誅求，所過騷然，一縣之中，凡數百緡，僅能應辦，否則睚眦以興怨，掊摭以生事〔二〕。乞明詔諸路監司：今後巡歷，力革前弊，所用隨行吏卒，各於州郡差撥〔三〕，逐州交替。」從之。

論二廣鹽事

丁巳，上諭宰執：「二廣鹽事當併爲一司。」王淮等奏：「外議又更有一説，併司後，恐廣西漕既不預鹽事，即無通融錢物，或至支吾不行。」上曰：「如此，亦須更商量。盡天下事全在致思，思之須有策，窮則變，變則通。譬如弈棋，視之如無著，思之既久，著數自至。」淮等奏：「臣等終日思之，陛下乃一言而決。此無他，虚則明爾。」上曰：「更賴卿等。」

治天下猶弈碁

辛酉，令提領封樁庫所支降會子一十五萬六千二百六十九貫，付淮東總領所，三十二萬六千三百一十二貫付淮西總領所，三十萬貫付湖廣總領所，並充今年和糴樁管米本錢支用。

壬戌，詔封樁庫支降會子五十萬貫，委浙西提舉羅點和糴米二十萬石。淮東總領所取撥鎮江府見樁管會子二十九萬貫，湖廣總領所取撥鄂州并大軍庫見樁管會子共三十萬貫，並各就豐熟去處置場。内浙西提舉就平江府置場，招糴堪好米斛，仍一面取見實直開具，申尚書省，毋令稍有科抑。」

降和糴樁管米錢

乙丑，御筆：「朕惟差役之法爲日蓋久，近年以來，又創限田之令，可謂備矣。然州縣奉行之不公，豪貴兼并之太甚，隱寄挾户，弊端益滋。一鄉之中，上户之著役者無幾，貧民下户畏避棄鬻，至不敢蓄頃畝之産。莫若不計官民户，一例只以等第輪差，如此，則不惟貧富均一，且税籍之弊，不革而自

議官民一例差役

去。可令户部、給舍、臺諫詳議聞奏。」

臣留正等曰：自井田之政廢，而賦役之法弊，至於役法之不均，未有甚於此時。豪右貴戚之家占田踰制，雖有限田之法，然其田百倍於編民，縱能使之服役，其何足以救編民之困哉？蓋其力既有十家之田，而特供一家之役，則昔之爲役之家九，又將移之於平民矣。限田之役，誠不足以均之，則不役之而限田，庶乎其可行矣。

戒提舉重鹽事

丙寅，新提舉常平茶鹽公事趙鞏朝辭進對，上曰：「鹽事利害稍重，凡事可親臨之，勿容官吏作弊。」至奏羨餘錢，上又曰：「待與卿少減，庶得卿易爲。監司以刺舉爲職，賢者固可舉，贓吏切不可不按。」

命監司按舉

臣留正等曰：恭惟太祖皇帝懲五季之亂，民之殘於貪吏也，故雖用兵征伐，嘗有不欲殺一人之言，至於贓吏之罪，則悉不輕恕，蓋以贓吏之誅，所以成吾愛民之仁也。伏讀日曆之所紀，聖訓丁寧，爲戒貪吏而發者屢矣。而廉吏之舉，又形於詔書，愛民之心，同符藝祖。又豈史臣之筆所能形容其萬一哉？

試賢良不限人數

樞密院進呈畢，上曰：「陳良祐薦莊治應賢良，卿等見其詞業否？」王淮等奏：「已見之。」上因問鄭建德。上又曰：「李垕爲文無氣概，如蘇軾真是難得。今莊治可與試。」淮等奏：「試時莫亦須有三兩人。」上曰：「既降指揮，不限年月，亦不須限人數。」

治胡斌犯階級罪

癸酉，樞密院進呈知建康府錢良臣奏：「秋教按閱，禁軍路鈐、訓武郎胡斌恃酒無禮，望賜罷黜。」上曰：「胡斌素多口，舊在潛邸，故略假借，而乃敢輒犯階級，可降兩官，放罷。」

行法不私潛邸人

臣留正等曰：漢文帝有高世之行，而無高人之識。唐太宗有取天下之才，而無公天下之量。文帝自代來，夜拜宋昌爲衛將軍，鎮撫南北軍，張武爲郎中令。文帝，高帝子孫也，大臣既迎而立之矣，在廷之臣莫非可用也，何獨於代邸之人而託之腹心私也？太宗昔爲秦王，既得天下而與之更始矣，負秦府官物者督之如故，四海之內，皆吾府庫也，何獨靳秦府之物，亦私也。至尊壽皇聖帝之心，無私如天地，漢之文帝、唐之太宗，曾何足以與於此哉！

治張革犯分罪

甲戌，進呈秦焴奏，德安府巡檢張革慢棄本職，於公廳罵前任守臣，乞罷黜。上曰：「此風不可長。放罷輕典，更降兩官。」

蠲會稽蘭溪借貸

丙子，詔：「浙東提舉具到淳熙十年旱傷，紹興府會稽縣下户借貸官米四百三十餘石，特蠲放。」

九月甲申，詔：「婺州蘭溪第四、第五等人户，淳熙八年内借過常平錢收買稻種，見欠四千九百六十餘貫，可並蠲放。」

乞獎節義之士

丙戌，進呈國子祭酒顔師魯奏劄，欲獎進節義之士。上曰：「甚好。」王淮等奏：「此在陛下進用之間。」上曰：「亦須卿等留意。」

測驗曆法

辛卯，進呈禮部狀：「太史局與成忠郎楊忠輔所陳曆法異同，伏乞朝廷差官，監視楊忠輔同太史局不干礙官測驗施行。」上曰：「日月之行有疏數，故曆久不能無差。大抵月行道遠，多是不及，無有過者。至日可遣臺官并禮部官同共看驗。」乃詔差禮部侍郎顔師魯監視測驗。先是，忠輔言：「南渡

楊忠輔言曆差

以來，嘗改造統元及乾道二曆，皆未三年，已不可用。目今見行淳熙曆，乃因陋就簡，苟且傅會而已。驗之天道，百無一合。淳熙曆朔差者，自戊戌以來〔一四〕，今八年矣。忠輔因讀易，粗得大衍之旨，創立日法，偶與天合，撰衍新

曆已數年矣，凡日月交會、氣候啓閉，無不契驗。今乙巳歲九月望，交蝕在晝，而淳熙曆者，法當在夜。在晝者食晚而不見，在夜者蝕早而見。若以晝夜辨兩曆之是非，斷可決矣。」故有是詔。尋命官測驗，是夜陰雲不見。

命吏部銓量知州

壬辰，臣僚劄子奏：「吏部差注知州，乞並令長貳同共銓量，其人材堪與不堪應選，保明聞奏。或前任有過犯者，亦酌其輕重而爲之去取。其人材不堪應選者，即報罷，注以次人。都堂審察，更加精覈，庶幾不至冒濫。」詔自今吏部差注知州，長貳同共銓量，先次保明聞奏。

論郊祀催班太早

癸巳，進呈起居舍人李巘奏：「切見郊禋之際，命官行事，皆所以尊天禮神。贊導之吏，利於速集，往往先引就位，以待行禮。立俟既久，筋力有限，徒倚疲頓，或至倒側。及當行禮，多不如儀，肅敬之誠，何從而生？」上曰：「此説甚當。朕往日在潛邸，爲亞獻時，催班亦早，時風緊簾疏，頗覺難待，況百官既無幕次，又立班太早，所謂雖有肅敬之心，皆倦怠矣。蓋引班吏只欲早了他事，寧顧時之未可？今次只須先二刻催班，卿可諭與禮官。」

丁酉，進呈郭杲申襄陽府木渠下屯田二麥數，上曰：「下種不少，何所收如此之薄？可令郭杲子細開具因依聞奏。」上又曰：「所在屯田，可令總領、副都統制、漕臣、守臣將每歲所收二麥於六月終，稻穀於十月終，同開具數目帳狀聞奏，仍先具知稟文狀申尚書省。」繼以湖廣總領趙彥逾、知襄陽府高夔、京西運判劉立義、鄂州江陵副都統閻世雄奏，襄、漢之間，麥稻熟晚。乃詔二麥於七月終，稻穀於十一月終，具數聞奏。

立奏屯田收麥稻限

乙巳，樞密院進呈吳煥奏：「比年改除帶御器械供職，復舊還任，倏來倏去，規求解帶恩例。在法，歷任謂二年成資。今雖不及二年，亦合供職及一年以上方可。」上曰：「此劄甚好。今後須管供職及一年，方與解帶恩例，只作直旨行下。」

嚴解帶恩例

中書門下省奏：「訪聞前知綿州史祁得替之日，以本州見在曆尾錢指爲羨餘，獻總領所，希求薦舉。」詔史祁特降一官，放罷。

以曆尾爲羨餘治干求薦舉罪

臣僚言：「諸路臧否守臣姓名，外間多不聞知。乞令三省劄下給舍、臺諫，不公不實者，許繳駁論奏。」從之。

許繳駁諸路臧否

是月，湖州、台州水。

湖台州水

冬十月丙辰，賜建康府駐劄御前諸軍副都統制閻仲御筆：「朕惟將帥之弊，每在蔽功而忌能，尊己而自用。故下有沈抑之歎，而上無勝筭之助。殊

御筆戒諭軍帥

不知兼收衆善，不揜其勞，使智者獻其謀，勇者盡其力，迨夫成效，則皆主帥之功也。昔趙奢解閼與之圍，始令軍中有諫者死，及許歷進北山之策，而奢許諾，卒敗秦師，奢封爲君，與廉頗同位，果何害焉？卿當以奢爲法。」仍刊石給賜殿帥以下。

論監司須擇人

丁巳，進呈洪邁奏：「監司課績，欲倣國朝故實行之。」上曰：「此事只行一過，便是文具。今監司只是擇人爲急，若擇時留意〔一五〕，課績之法不必行。」

展歸正人科稅限

庚申，詔：「兩淮并沿邊州軍歸正人請占官田，昨累降指揮，與免差稅賦。今限滿，理宜優恤。可自淳熙十三年爲始，更與展免三年。」

貪汙人不與差遣

丙寅，上諭宰執：「陳延年今何在？其人貪汙，不可與差遣。」王淮等奏：「延年亦曾爲監司來。」上曰：「不唯監司不可，亦不可與郡。」

程叔達認蠲稅數

乙亥，進呈知隆興府程叔達，乞將淳熙十年分百姓未納稅苗蠲放，其上供及分隸之數，自行管認。上曰：「不虧公家，又有利於百姓，甚好。可依奏，仍令出榜曉諭。」王淮等奏：「以此觀之，州郡若得人，財賦自不至匱乏。」上曰：「此須是守臣自不妄用，若是妄用，何以表率胥吏，使財賦有餘？」

丙子，進呈何萬奏簡拔人材劄子，言及均外輕內重之勢，上曰：「重內輕

人情重內輕外

擇人爲江淮漕

外，自是人情。」王淮等奏：「昔人有爲大理卿者，人以爲登仙。」上因言：「淮漕闕人，可改差王正己，正己昔平淮上事亦簡。却以朱安國爲江東漕，其人亦有立作。」淮等奏：「朱安國近按文思院官亦甚當，不知是副使或判官？與職名否？」上曰：「只是判官，俟其到任，能按發贓吏，除職未晚。」

省冗吏當以漸

革文思院三弊

十有一月甲申，進呈司農少卿吴燠奏：「伏望陛下令有司集議冗食之吏散在百司者，務從減省，先自省部始。若夫不急之官、宜汰之兵，亦可以次第澄廢，其於大農歲計，不爲小補。」上曰：「此説可行，但遽然省罷，人必怨懼。可令敕令所參照條法，合省減人數，且令依舊，俟離司或事故，更不作闕。其合減兵卒，亦許存留，如事故，更不差撥。」十五年五月施行。又進呈前將作監朱安國奏：「文思院製造，有物料未到者，轉移前料以應急切之須。臣願明頒睿旨，自今文思院製造，不得轉料。又文思兩界，除打造器物合支金銀外，雇工食錢並乞給一色錢會支散，庶幾金銀出入，經由門户，有所關防。又皇城司差親從官二名，充本院監作，動輒脅持，邀取常例。乞罷差。」上曰：「三事皆依奏。如差親從官〔一六〕，亦何用？罷之誠當。」

黃啓宗再任

詔知漳州黃啓宗清廉律己，撫字有勞，除秘閣，再任。

蠲福建欠錢

壬辰，福建運司言：「本路財賦，全仰州軍運鹽息錢及趁賣産浮契鹽、丁米等錢以爲歲計，内有掛欠，於民有害，皆當除放。本司已行下所屬，權住催納。竊慮州縣違戾復追，緣所欠錢係本司窠名，正非上供之數，乞賜蠲放。」從之。

郊祀雨霽成禮

辛丑，冬至，郊。先是，詔史浩、陳俊卿陪祠，皆辭之。上曰：「登壇時雨點下，及奠幣玉便晴，此皆上天垂祐。」王淮等奏：「陛下聖德格天，上帝臨饗，實邦國大慶。」

革廣南掛丁錢

敕：「勘會廣南東、西民間有曾祖父母年已六十而身未成丁之人，州縣便行科納，謂之掛丁錢。已令監司約束，或有違戾，帥臣互察以聞。」

蠲夔路係省錢

夔路運判楊櫄言：「本路諸州，自淳熙九年至十年終，所欠轉運司係省錢物，皆言旱荒之後，催科不行，是致積欠。欲將所欠錢引一萬一千五百七十五道、米麥二千二百四十九石、絹五百四十二匹，與行免放，即與上供錢物別無相干。」從之。

丙午，宰執内閣奏事，賜坐，上曰：「前日郊祀行禮時，宮中簷溜已滴，聞北關左右雨尤甚，只圓壇處無雨。」王淮等奏：「陛下至誠，感格天地，百神休饗明甚。」

加太上帝后尊號

十有二月庚戌朔，加上太上皇帝尊號「紹業興統明謨盛烈」八字，太上皇后「備德」二字。

奉慈顏之歡

壬子，進呈次，王淮等奏：「前日册寶禮成，天色晴明，中外無不忻愜。」上曰：「前日慈顏甚歡，和氣洋溢不可言。壽聖諭朕以兒婦盡在前，便圖畫莫能就。」淮等奏：「陛下孝德，奉親甚至誠，載籍所未聞。」

太上賜銷金背

上曰：「太上賜朕銷金背子一領，太上亦自着一領，但色差淺，此便是昔人斑衣。來歲慶壽日，更服以往。」淮等奏：「幸兹際會，獲睹盛事。」

何萬論風俗奢侈

癸丑，尚書右司郎中何萬轉對：「伏見今之風俗，視舊日侈，此家給人足，不能如往時也。本朝自淳化之後，已號極治。仁宗皇帝深慮風俗易至奢縱，景祐三年，乃詔天下士庶之家：『非品官無得起門屋，非宮室、寺觀毋得綵繪棟宇及間朱梁，器用毋得純金及表裏用朱。非三品以上及宗室戚里之家，毋得金棱器及用玳瑁器。非命婦，毋得金爲首飾及真珠裝綴首飾、衣服。凡帟幕、架帊、牀裙，毋得用純錦繡。民間毋得乘擔子，其用兜子者所舁無環。又，非五品以上，毋得乘鬧裝銀鞍，其乘金塗銀裝條子、促結、鞍轡，自文武陞朝以上乃聽。違者，物主、工匠並以違制論。』臣願如景祐之詔，更切考其目，令違戾於禮法者，開具名件，嚴立禁戢，始自中都，以及四方，則用度有制，民力自寬。」乃詔禮部參照景祐詔書并見行條令，討論聞奏。

茶馬司置監歇養

甲寅，茶馬司言：「宕昌馬場歲額所管(一七)，皆是遠蕃夷人入中(一八)，其間多蹄黄怯瘦之類，若行排發，必致損斃。本司於西和州置豐草監，并宕昌良馬監務應副歇養，依已降指揮，招置司牧人兵一百人，本州全不呼索。」

禁詞訟稽違

丙辰，詔：「户、刑部刷具人户經臺詞訴未曾結絶者，開坐名件，下元來所屬，從條結絶，申部報臺。如有稽違，及滅裂不報者，具事因，申取朝廷指揮施行。」

擇任帥臣

庚申，進呈知成都府留正丐祠劄子。上曰：「留正莫實是病，卿等可即擇人往成都。」王淮等奏：「欲以趙汝愚往。」上曰：「朕亦思量，無如汝愚。其處事不偏，可以往。福州未有人，卿等可選擇來，一併降指揮。」

命丁逢遵守所言

癸亥，新差權發遣簡州丁逢朝辭，論：「今日財賦，窠名之數多，養兵之費重。民力有限，而州縣之吏並緣名色，巧計侵移，重困民力之弊，乞嚴行禁止。」上曰：「卿到簡州，當遵守所言。」

放行河渡

丁卯，進呈湖北提舉趙善譽乞：「將本路買撲江陵府高陂等四十五處河渡，盡行廢罷，聽從近便居民各以舟船渡載，庶幾豪民不得專其利，而民旅無迫脇阻滯之患。其課利錢，乞下本司，於常平頭子錢内逐年支撥代納，亦不妨諸處解發窠名，而民旅得以通行，實爲無窮之利。」詔從之。

放濠州救荒米

庚午，淮西常平司言：「濠州乞除豁收糴不敷折欠米一千五百五萬石有奇，係救活餓殍。」詔特與除放。

嚴將帥貪惰罰

乙亥，詔降授忠翊郎、殿前司左翼軍統制盛雄飛特降兩官，送隆興府居住，以在任日不親臨教閲，添置回易，泉州具案來上，故有是詔。

王稱東都事略

是歲，知龍州王稱上東都事略。

增舒蘄鑄額

詔舒、蘄二州鐵錢監歲鑄，並以二十萬貫爲額。

增入名儒講義皇宋中興聖政卷之六十二

校勘記

〔一〕虜人之謀弱則示人以强　「虜」原作「敵」，據宋刊本改。

〔二〕與夫諸國之種所以爲虜人之憂者　「虜」原作「北」，據宋刊本改。下同。

〔三〕曾桀具獄抵罪　「獄」，宋史全文卷二七作「狀」。

〔四〕置司所在監司傅淇劉穎各降一官　「淇」，中興兩朝編年綱目卷一八作「供」；續宋編年資治通鑑卷一〇作「琪」。

〔五〕亦皆選擇得尤好　「皆」，宋史全文卷二七作「當」。

〔六〕丙子　宋史卷三五孝宗本紀三繫於「乙亥」。

〔七〕申禁胡服番樂　「胡」原作「異」，「番」原作「異」，據宋刊本、中興兩朝編年綱目卷一八及宋史全文卷二七改。

〔八〕詔制舉題免出注疏　「注」原作「生」，據宋史全文卷二七改。

〔九〕以左藏西上庫爲名　「西上庫」原脱，據宋史全文卷二七補。

〔一〇〕於是諸路歲發南庫窠名錢一百九十八萬餘緡　「發」原脱，據宋史全文卷二七補。

〔一一〕再限一季起發　「發」原作「復」，據宋刊本、宋史全文卷二七改。

〔一二〕捃摭以生事　「捃摭」原作「君無」，據宋史全文卷二七改。

〔一三〕各於州郡差撥　「於」原作「放」，據宋刊本、宋史全文卷二七改。

〔一四〕自戊戌以來　「自」原作「以」，據宋刊本、宋史全文卷二七改。

〔一五〕若擇時留意　「擇」，宋史全文卷二七作「隨」。

〔一六〕如差親從官　「如」原作「加」，據宋刊本、宋史全文卷二七改。

〔一七〕案從「字太上皇后備德二字」至「宕昌馬場歲額所」凡四百二十六字原脱，據宋史全文卷二七輯補。

〔一八〕皆是遠蕃夷人入中　「遠蕃夷」原作「遠處邊」，據宋刊本、宋史全文卷二七改。

增入名儒講義皇宋中興聖政卷之六十三

孝宗皇帝二十三

慶太上八十歲禮

淳熙十有三年春正月庚辰朔，上詣德壽宫行慶壽禮，内降赦，略曰：「朕懋遵丕訓，紹闡令圖。維慈皇德，盛於中興，肆上帝休，申於多祐。對昌期之舄奕，登鴻筭之延長。且尊歸於父者子之誠，若美報其上者下之誼。荷神明之右序，獲貺施之宣臻。五福之曰壽康，亶駢膺於備順。億載之爲父母，忻並奉於亨嘉。眷言比屋之民，興播康衢之頌。逢熙聖運，介美春祺，新日新而又新，將大颺於懿鑠；老吾老以及老，宜均賚于群黎。」

臣留正等曰：是歲，光堯皇帝聖壽八十，衮冕奉觴，躬行慶賀之禮，虜使在庭〔一〕，故老陪位，縉紳大夫，老□稚齒，舉手加額，途歌里頌，是誠絶無僅有之盛舉也。昔元豐中，程頤謂國家有超越古今者五事。以今觀之，三聖傳授之懿，累朝壽考之福，斯皆典册所未聞者，中興以來，其超越古今則又多矣。自非忠厚世積，慈孝相承，其何以臻此哉？

命申總所大軍庫數目

戊戌，詔：「淮東、淮西、湖廣總所并江、池州、襄陽、江陵府大軍庫，淳熙十二年終見在金銀錢會，並限半月，從實開具，申尚書省。」

岳霖再任運判

二月庚戌，詔：「潼川運判岳霖職事修舉，除直徽猷閣，再任。」

不許知州按舉通判

是日，進呈詹儀之乞將通判沈作器與宮觀。上曰：「詹儀之所按固然，但此門亦不可開。監司按通判則可，知州於通判按舉皆不可。若通判只是隨順，焉用通判？此文字合如何？」王淮等奏：「不與之行又不得，不知可與別州倅對換否？」上曰：「却不如與改差別一處通判。」

不許大縣歸堂闕

癸丑，進呈趙師魯乞四十大縣歸堂。上曰：「今方欲清中書之務，至於知縣差注，全在銓量，不然，焉用銓曹爲〔二〕？」

奏射鐵簾賞

乙卯，進呈步軍都虞候梁師雄奏射鐵簾合格官兵人數。上曰：「聞射鐵簾，諸軍鼓躍奮勵，誠是作成士氣。」周必大等奏：「兵久不用，自然氣惰。今陛下以此法激勸，自然戮力事藝，人人皆勝兵矣。」上曰：「然。」

臣留正等曰：昔人謂鐵劍利而倡優拙者，爲其有志於奮勵，無志於宴安也。壽皇聖帝當時平無事之日，不忘武備，蒐卒於白石，閱藝於選德，以進士習射，以武舉從軍，凡可以厲士氣者，無不爲之。至是，又命士卒射鐵簾，勸以官資，人人奮躍，其振作之術深矣。究觀聖志，夫豈一日而忘國耻也哉？

留知州軍闕

辛酉，進呈知州軍留闕。王淮等奏：「今留此闕，後去欲得近見次與人，却有之。」上曰：「如此甚好，可令中書置簿籍定，但自遵守。」

論唐世多名將

癸酉，上曰：「今射鐵簾與轉官資作多少士氣！」又曰：「朕觀唐世大將得人頗多，蓋緣内討方鎮，外有吐蕃、回紇，無時不用兵，所以人皆習熟。國朝仁厚，不動兵革餘三五十年，所以名將少。」王淮等奏：「人才遇事乃見，但中外多事，用兵不已，亦豈是美事？」上又曰：「事全在人區處，譬之弈碁，到窘迫處，自別有轉身一路，只是思慮不至。」

論人主讀書不知道

以唐二君爲法爲戒

丙子，上曰：「自古人主讀書，少有知道，知之亦罕能行之。且如『與人不求備，檢身若不及』二句，人君豈不知？自是不能行。甚者但作歌詩，如隋、陳之君，竟亦何補？唐德宗豈不知書，然所行不至，陸贄論諫諄複不已者，正欲德宗知而行之。如魏證於太宗，則語言不甚諄複。且德宗禍亂，此何時也，而與陸贄論事，皆是使中人傳旨。且事有是非，當面反覆詰難，猶恐未盡。投機之會，間不容髮，中人傳旨，差了多少事？朕每事以太宗爲法，以德宗爲戒。」

總所申到見在數

三月丙戌，淮東總所具到鎮江户部大軍庫見錢會子等六十七萬一千九百一十五貫有奇，揚州通判廳二萬六千八百四十四貫有奇，楚州大軍庫九千三百二十一貫有奇，計錢七十萬八千八十貫有奇。又鎮江務場十二年十二月終見在錢二十四萬四千二百四十貫有奇，通計九十五萬二千三百二十貫有奇。詔令於鎮江府大軍庫見在會子内，依去年例取撥一十萬貫，赴封樁庫送納。淮西總所具到池州大軍庫見錢、會子五十萬四千五十五貫有奇。詔令於池州酒息會子内取撥二萬貫，就本州認數樁管。湖廣總所具到襄陽府大軍庫一十一萬九千九百一十一貫有奇〔三〕。詔於内取撥會子一萬貫，就本府認數樁管，非朝旨不得擅行支使。

王師愈再任運判

辛卯，詔福建運判王師愈職事修舉，除直秘閣，再任。

讀陸贄奏議

夏四月庚戌，讀陸贄奏議論度支折税市草事狀，蕭燧言：「自古聚斂之臣，務爲欺誑，以炫己能，未有不先紛更制度者。」上曰：「天下本無事，庸人自擾之耳。」讀贄所論裴延齡書，燧言：「君子未嘗不欲去小人，然常爲小人所勝。如蕭望之爲恭顯所勝，張九齡爲李林甫所勝，裴度爲皇甫鎛所勝。」上曰：「皇甫鎛亦延齡之徒也。」

没官田入常平

是月，詔没官田産合拘收租課入常平，違者科罪。

恐有德宗之失

五月己卯，蕭燧奏讀陸贄奏議聖語，上曰：「朕每見贄論德宗事，未嘗不寒心，正恐未免有德宗之失。卿等可條具來上。」又曰：「德宗强明，不肯推誠待下，雖更奉天離亂，終不悔悟，此所以知其不振也。」上又曰：「德宗不明，不能壓服臣下，故當時藩鎮敢爾妄作。」

宴經筵官

是月，以進讀陸贄奏議終篇，賜侍讀蕭燧等御筵及金器、鞍馬。上表稱謝，各進謝恩詩。

乞罷溢額人吏

六月己未，臣僚言：「臨安守臣將本府胥吏除合留外，罷逐一百五十餘人，更有不曾根括、不得姓名人，盡行汰斥，亦幾二百餘輩。臨安在輦轂之下，而吏輩額外增置，私自存留，如此其衆，况四方郡邑之廣〔四〕，胥徒之冗，何可勝計？乞令提舉將州縣人吏，照應紹興二十六年指揮存留正額外，其餘盡行罷逐。其合存留之人，不係過犯，不經斷勒，方許存役。」從之。

革廣州給曆賣鹽弊

秋七月己卯，知廣州潘知言奏：「本州置局拆賣鹽包，係淳熙元年創置，六年内方始計口給曆，付民户照，不測點曆，比較責罰。其實鹽包之價比之鹽鈔減三分之一，公私各便，但給曆鈎考，近於均敷〔五〕。欲拘回元曆頭，買多或少，聽從民便。」從之。

會子不可更增

是月，令諸路州縣並以見錢、會子中半交收。上因言：「聞此間軍民不要見錢，却要會子，朕聞之甚喜。但會子不可更增見在之數。」

淮浙鹽秤下支錢

閏七月己酉，令淮浙提鹽約束逐州主管官，遇亭户納鹽，在官須管，即時秤下，支還本錢，不得縱容官吏掊克。如廳用、以待鹽官饋遺宴集之用。花帶以待鹽官秩滿裹糧之費。等錢及上户兜請折除等事，並嚴覺察按劾，仍許亭户越訴。

是月，雨雹。

日月五星聚軫

八月乙亥朔，日、月、五星聚軫。

論陰陽之理

庚辰，宰臣謝賜。上諭梁克家等：「否、泰陰陽之理，冬、夏二至之候。陽生於子，冬至夜半子時，導迎陽氣，人須是清心窒欲。」又論復卦。王淮等奏：「人之一身，與天地相爲流通。」上曰：「人身一日，便是天地一歲，只是一身小，天地大。」

程叔達再任

辛巳，詔集英殿撰、知隆興府程叔達久任閫寄，治行有聞，除敷文閣待制，再任。宰臣言叔達再任一年有半，上以易地不如因任。

不申嚴折稅禁

辛卯，朱弦奏：「乞約束州縣，不得擅將苗稅折納價錢。」王淮奏：「莫更申嚴？」上曰：「不須得。事貴簡而嚴，若繁，徒爲文具。」

不約束義倉米

己亥，進呈約束諸路納義倉米。上曰：「亦不須得。若有違戾，自當行遣。今後更不降指揮。」

不許折納上供米

九月庚午，進呈戶部勘當到，江西安撫等乞將上供米折納價錢。上曰：「誰爲此說？食與貨自不同，本是納米，今教納錢，不可。」

臣留正等曰：五穀者，土地之所産，百姓之所有也。泉布者，公上之所制，百姓之所無也。今有司欲以上供米折納價錢，若朝廷遂從其說，則其弊必至高價折變，且將强百姓以所無，而廢百姓之所有矣。聖訓曰：「食與貨自不同。」大哉王言！其利民也蓋博，其慮患也蓋深。

王侃再任

辛未，知靜江府詹儀之言：「知宜州王侃盡心邊備，蠻徭知畏。乞優加旌别，仍令再任。」詔王佖特轉一官，減三年磨勘，令再任。

壬申，翰林學士兼修國史洪邁奏：「竊以靖康之難，諸王皆留京師，唯太上皇帝持節河北，用能光啓中興，符一馬化龍之兆。近者忽得欽宗遺翰石刻一紙於故相何㮚家，蓋靖康元年閏十一月，胡騎攻都城〔六〕，中外不復可通，太上奉使至磁州，而有王雲之變，中夕還相州，迤邐東如濟、鄆。當是時，㮚爲開封尹，首建元帥之議。及在相位，遂擬進蠟書之文，其語云：『訪知州郡，糾合軍民，共欲起義，此皆祖宗百年涵養忠孝之俗，天地神示，所當佑助。檄到日，康王可充兵馬大元帥，陳亨伯充兵馬元帥，宗澤、汪伯彦充副元帥，同力協謀，以濟大功。』欽宗批云：『依奏施行。』又批云：『康王指揮已黄帛書訖。』又批云：『康王指揮已付卿，係黄帛書，必已到。』蓋閏月十三日所行也。欲乞行下何㮚家取索，布之史館，以彰示萬世，爲炎德復輝之符。」詔從之。

欽宗命太上爲元帥真蹟

是月，詔求遺書。

詔求遺書

詔裁省百官冗食。

冬十月甲戌朔。

配陳德明

罰謬舉陳德明罪

是月，仁和知縣陳德明坐贓汙不法，免真決，刺面，配信州，其元舉主葉翥、齊慶胄、郭棣各貶秩三等。

論當今要務

十有一月辛亥，進呈陳居仁劄子，乞略細務。上曰：「説得甚好。今之要務，不過擇人才、正紀綱、明賞罰，更賴卿等留意，却不須多降指揮，徒見繁碎。」

臣留正等曰：擇人才，正紀綱，明賞罰，此三言者，天下之至言也。古之忠臣所以告其君，與夫聖帝明王之所以治其國者，率不出於此。不然，用舍顛倒，紀綱紊亂，賞罰無章，而徒屑屑於細務以爲勤，此則衡石程書，傳餐決事者之所爲也。又足尚乎？壽皇聖帝於是乎深明君人之道矣。

喻宰執留意大事

甲寅，進呈司農寺已分委西倉糴事。上曰：「此等文字便可自劄下。凡指揮，須教人信而畏，若是玩瀆，何補於事？當取其大者、要者留意，至於小事，姑從闊略。如除授監司、太守，卿等須當反覆留意。」上又曰：「少降指揮，不唯事簡，又且人信，所謂一舉而兩得之。」

重閤門之選

庚午，臣僚言：「切見舍人、祗候見以二十八員爲額，今先次供職，及待闕者又二十三人，猥併爲甚。今又有旨：吴松年除閤門祗候，令額外供職。欲望將上件指揮特賜追寢。自今或攀援僥倖者，一皆杜絶，蓋清其源，所以重其選。」詔從之。

裁減吏額以漸

辛未，進呈敕令所審定裁減吏額。上曰：「革弊以漸，見在人且依舊存留，只是將來不作額，最爲良法，不至咈人情。今後經審定訖，逐旋進呈。」

四朝國史成

是月，四朝國史成，至是進呈列傳及仁宗玉牒，三祖第六世下宗藩慶繫録、今上會要。

梁克家罷

梁克家罷相，與在京宮觀兼侍讀。

汀州科鹽之害

十有二月辛巳，臣僚言汀州科鹽之害。詔令漕臣趙彦操、王師愈同提舉，應孟明措置聞奏。彦操等尋奏：「汀州六邑，長汀、清流、寧化則食福鹽，上杭、蓮城、武平則食漳鹽，亦各從其俗耳。夫食鹽者既異，則鈔法難於通行。今欲將舊欠鹽錢盡與蠲放，及減鹽價。其所蠲舊欠與所減鹽價，本司却多方措置，那兑應補其數。如此，則州縣之力即日可紓。立價既平，買鹽者衆，私販遂息，官賣益行。價雖裁減，用無所虧。是汀州與六邑歲減於民者三萬九千緡有奇，減於官者一萬緡有奇，所補州用與所放舊欠又在此外。加以利源不壅，財力自豐，救弊之本，無以尚此。」並從之。

賑利路饑

是月，利州路饑，命賑之。

真州展限收銅錢

嚴號令

不許約束綱運

賞罰不可廢

淳熙十有四年春正月丙午，進呈真州運司乞展限收换銅錢。上曰：「人相玩習，全不成號令。」王淮等奏：「且教帥、漕司措置如何？」上曰：「頻降指揮，人却不信。今且教措置亦好。」又進呈陳公亮乞約束綱運之弊。上曰：「只是揀一兩處行遣便得。上賢，不待賞罰自勸勉，自知奉法。至於中人，無賞罰不得。但天下大抵皆中人，指揮雖多無補，只是賞罰。下愚之人，雖賞不知所勸，罰不知所懼，然賞罰豈可廢？」

臣留正等曰：賞罰不行而命令數出，此姑息委靡之習也。是以壽皇聖帝每與大臣議政，未嘗不首及此。

通淯井監鹽

癸丑，詔長寧軍淯井監鹽，許通入瀘州樂共城、博望寨、梅嶺、板橋、政和堡等五處地分販賣。以臣僚言長寧歲計獨仰鹽井，下制置司措置，而有是詔。

選用沿海巡檢

二月庚辰，福帥賈選言：「福州瀕海諸寨〔七〕，皆係海道要害。今巡檢乃有以蔭官及雜流出身〔八〕，或素不知兵，或年已垂老，緩急不可倚仗。乞今後應沿海巡檢，須武舉或軍功出身、年未五十、諳曉兵機行陣之人，方許注差。送吏部看詳，勘會欲先選曾經海道捕賊立功、諸會船水人，次注武舉出身人，如無，即依見行法差注，止不注流外出身之人。」從之。

周必大相

是月，以樞密使周必大爲右丞相，以參知政事施師點知樞密院事。

重忠佐轉資

三月己未，進呈兵部申，李明等該慶典轉資。上曰：「指揮使轉都虞候即止與轉行無害。惟忠佐轉過，即奏予下班祗應，不可放行。」

頒役法撮要

庚申，中書舍人陳居仁言：「祖宗加意斯民，見於役法，尤爲詳備。其後臣僚、州郡申明衝改，寖失法意。乞下敕令所取祖宗免役舊法，并於户部取括紹興十七年以後續指揮，本所官公共精加稽考〔九〕。其有與舊法抵牾，有即行删去，修爲一書，名曰役法撮要，候成，鏤板，頒之天下。」詔從之。

旌節婦廖氏

丁卯，權知臨江軍孫好修奏：「進士歐陽希文妻廖氏死節事。建炎、紹興間，寇起建昌，號白氊笠，剽掠城邑。廖氏與夫共挾姑趨山避之，行至田中，爲賊所圍，欲遂執廖氏，廖氏正色駡賊曰：『爾等兇徒，欲脅從我，我決不能受辱。』厲聲罵賊不絕口。賊知不能屈，即揮刀斫墮其兩耳及臂腕骨皆解。」詔：「令臨江軍將廖氏墳墓量加封護，仍宣付史館。」

擢王容等

是月，親試舉人，賜王容以下及第、出身有差。

戒數移郡守

夏四月戊寅，宰臣王淮等奏平江闕守臣。上曰：「卿等商量，須得資望稍高者爲之。」淮等奏張杓，上曰：「杓在鎮江恰好。」又奏張子顔，上曰：「亦不須得，在彼猶在此也。」

臣留正等曰：爲州郡擇守臣，則能守久任之説，爲守臣擇州郡，則必有數易之弊，二者不並立也。自須數年名藩巨鎮更往迭來，如弈棊然。壽皇聖帝因吴門闕守，不肯輕移張杓、子顔，蓋有意於懲數易之弊矣。

罷軍中添差

壬午，進呈趙伯蒇乞添差軍中屬官差遣。上曰：「軍中豈可添差？虚費請給，占破人從。當時不合開端，遂使源源陳乞不已。可降指揮，除見任添差人許滿今任，日後更不差人。」

捉獲逃軍當斬

五月丁卯，進呈郭杲申，被獲逃走軍兵滿及三年，乞放全分請受。上曰：「軍兵逃走首身，爲知改過自新，所以二年放行全分請受。如已逃走捉獲上禁軍，依法當斬，豈得三年放行全分？有妨軍政，所乞難行。」

命排日申得雨分數

六月己卯，進呈兩浙運司狀，稱取會諸州得雨分數，即便具奏。上曰：「教排日申，恐有旱去處，朕不知也。」

詣太一宮等處禱雨

辛巳，王淮等奏，禱雨未應。上曰：「朕欲親詣太一宮燒香，次至明慶。」淮等奏：「當此盛暑，懼勞聖躬。」上曰：「朕爲百姓，不憚出一日，亦欲小民知朕此意。」

罰馬大同臧否留滯

癸未，王淮等進呈馬大同具析到臧否遲滯因依。上曰：「欲行賞罰須是。」詔江西提刑馬大同降一官。

甲申，車駕詣太一宮祈雨燒香，次詣明慶寺。

詔降香禱雨

是日，降御劄付福建帥臣賈選等曰：「比日行都愆雨〔一〇〕，將幾月矣，驕陽若此，旱勢必廣。永念遐遠〔一一〕，朕心如焚。今專遣人降香前去，仰本路帥臣，可於寺觀靈迹去處，誠潔親往祈求，至於築壇之法，亦可遵用。仍行下所屬州軍，務獲感應，以寬顧憂。」

修炎帝陵

是月，修炎帝陵，陵在衡州茶陵縣。從衡州之請也。

因旱求言

秋七月丙午，詔：「政事不修，旱暵爲虐。可令侍從、臺諫、兩省、卿監、郎官、館職疏陳闕失及當今急務〔一二〕，毋有所隱。」

詔監司條弊事

己酉，詔：「夏秋之交，旱暵爲虐。深慮州縣弊事、民間疾苦，壅於上聞，致干和氣。可令諸路監司各限半月，條具聞奏。」

看詳應詔封事

癸丑，進呈應詔封事。上曰：「所付下封事，可令檢正、都司逐一看詳，有合施行事件，開具申尚書省，亦庶幾求言不爲虚文。」

省吏改易文字

是日，進呈何澹封事，説及省吏改易都司簽擬文字。上曰：「是如此否？卿等可自以意問之，前後所改易者何事？亦欲官吏各有所警。」

看詳監司弊事

戊辰。進呈監司具到州縣弊事，詔付給、舍看詳。

賑浙東旱

是月，賑台、處、紹興府等州旱災。

謝雨歌雲漢詩

八月辛未，謝雨。上問：「歌雲漢之詩如何〔一三〕？」王淮奏：「如法。」

禁差土兵接送

丁丑，令應巡檢下土兵，不許差充接送。從廣東提刑管監請也。

壬午，檢正諸房公事尤袤等奏：「看詳封事内，樞密院檢詳范仲藝奏，近年以來，循習成俗，事無巨細〔一四〕，關節交通，私禱公行，違棄法令，變亂白黑，殽混是非，上誤政刑，不無乖戾。」詔令御史臺覺察。又看詳，右司員外郎京

施行群臣封事

鐺奏：「版曹有一論訴，必徧送監司，而不肯予決；有一取會，必下送子司，而不肯承受。及責其結絶，方且枝蔓其事，人户雖經臺越訴，經省催促，彼豈暇顧？欲人民不怨，可乎！」詔今後須管隨事與決，毋爲文具。

臣留正等曰：漢世每有災異，輒下詔求直言，所以救不逮而答譴告也。自是歷代循之，以爲故實。然其采擇見諸行事者，固已無幾。而以正論獲罪者，亦往往有之。壽皇聖帝間因旱暵，詔陳闕失，導以毋有所隱。而所上封事，或首經乙覽，徑令施行；或付出進呈，與大臣商確；或令宰屬看詳，擇其可行者行之，見於記注，班班可考也。其曰：不爲虛文，誠如聖訓。臣故裒次而著之，以詔萬世。

論唐牛李黨

上曰：「凡事是是非非，須是分明。牛、李之禍，至數十年不解者，正緣主聽不明。若主聽明，惟是之從，勿問其孰爲牛黨、孰爲李黨可也。」

鄭僑言大臣不和

癸未，又進呈封事。上因論：「鄭僑封事多言卿等不和，但事惟其是，若一以爲可，一以爲否，各陳所見，亦何害？朕前争辨，退即無事，若常時然。」王淮等奏：「榻前争辨，退而如常，未嘗争辨，前輩大臣多如此，皆爲國事而已。若心爲國，便有錯誤，何害？所謂君子之過，如日月之食。」

旱傷地不賜廟額

庚寅，進呈嚴州分水縣土地神乞賜廟額。上問：「嚴州今歲旱傷否？」王淮等奏：「嚴州旱傷。」上曰：「本州既是旱傷，神何功於民，而欲加廟額？不可。」

臣留正等曰：古者蜡祭，順成之方，其蜡乃通。蓋人神之道雖不同，而報功之意則不可以不明故也。壽皇聖帝以嚴州旱傷，不賜廟額於無功之神，其勸懲之意明矣，推此道於黜陟群臣之間，其容有以無功而濫賞者乎？

論革弊以漸

甲午，進呈蕭燧乞省節財用。上曰：「朕面諭蕭燧，革弊之道，遲之以漸，則不咈人情，久而弊自革。如減吏額，減冗兵等事，皆以其漸行之，數年之後，必獲其利。」燧因言：「比歲郊祀奏薦甚少，亦是向來裁減之效。」王淮等奏：

武臣關陞法嚴

「正緣武臣關陞，而軍中有官人却須將副以上方理，非所以優從軍之士，賴卿等記得立法之意，不曾放行。」周必大奏：「軍中人考第易得，如外任則多待闕，非十年不成一任，極難關陞奏薦，安得不減。」上顧必大云：「丞相知始末，説得極是。」

乞裁定刺配法

是月，臣僚言：「刺配之法，始於晉天福間，國初加杖，用貸死罪。其後科禁寖密，刺配日增，考之祥符編敕，止四十六條，至于慶曆，已一百七十餘條，今淳熙配法，凡五百七十條。配法既多，犯者自衆。近臣僚建請改定居役之法，已降指揮看詳，至今未有定論。莫若依倣舊格，稍加參訂，將犯配法人如入情重，則依舊刺面，用不移不放之格。其次稍重，則止刺額角，用配及十年之格。其次稍輕，則與免黥刺，用不刺面放還之格。其次最輕，則降爲居役，别立年限，縱免之格。儻使居役本條，或有從坐、編管，則置之本城，減其放限。如此，則於見行條法並無抵牾，且使刺配之法，專處情犯兇蠹，而其他偶麗於罪，皆得全其面目，知所顧藉，可以自新。惟陛下留神，速詔有司裁定施行。」

罰楊輔臧否怠慢

九月壬寅，詔朝奉郎、權發遣夔州楊輔降一官。以奏臧否遲慢故也。

措置京湖民兵

是月，令湖北、京西措置民兵，三丁取一，五丁取二，十丁取三。

太上康復大赦

冬十月戊辰朔，大赦。以太上皇帝違豫痊平也。

不許劉允中添差

是日，進呈劉貴妃姪劉允中乞添差差遣。上曰：「太上皇帝朝，添差差

不許戚里添差

遺少曾放行，如吳益兄弟，最是戚里近親，亦不輕與，何況其他？劉允中止令具正闕陳乞。」

太上皇帝上僊
議行三年之服

乙亥，太上皇帝崩。遺誥太上皇后宜改稱皇太后。尋上宮名曰慈福。

上尋諭王淮等：「欲不用易月之制，如晉孝武、魏孝文實行三年喪服，自不妨聽政。司馬光通鑑所載甚詳。」淮等奏：「通鑑載晉武雖有此意，然後來只是宮中深衣練冠。」上曰：「當時群臣不能將順其美，光所以譏之，後來武帝竟欲行。」淮等奏「記得亦不能行。」上曰：「自我作古，何害？」於是禮官乞大祥改服。大祥之服，素紗軟脚，折上巾，淡黃袍，黑銀帶。上祔廟畢，改服皂幞頭，淡黃袍，黑鞓帶，過宮則纕絰行禮，二十五日而除。上批：「淡黃袍改服白袍。」自是每御延和殿並服大祥之服，而不用皂幞頭，其折上巾，白袍，並以布爲之。禁中則布巾，布衫。過宮則縗絰而杖至，逾月，群臣拜表請御正殿。上批：「俟過祔廟，勉從所請。」

邢璞不辱命

司農少卿邢璞爲告哀使，至汴京，虜人錫宴（一五），欲用樂，璞持不可，自朝至於夜漏下三十刻，璞持議益堅，虜不能奪（一六），竟徹樂即坐，忩遽而罷。至燕京，其閤門又令南使服吉帶而見，璞又持不可，日將中，乃見殿上，皆淺黃帷幄，乃知虜主本無他，特群胡生事也〔一七〕。

詔太子參決庶務

十有一月甲寅〔一八〕，詔令皇太子參決庶務。上謂宰臣曰：「皇太子年長，若在東宫，亦恐怠惰，所以令決庶務，可令擇日開堂，與卿等議事。」

罷軍中回易等事

乙卯，進呈淮西總領趙汝誼體究到馬軍行司回易等事。上曰：「諸軍今後如有違戾，令總領所覺察以聞。」施師點等奏：「總領銜位帶專一報發御前軍馬文字，正是此意。」上曰：「向來銜位帶此一句〔一九〕，防微杜漸，誠爲有理。」

詔定曆差

是月，詔定曆差。先是，給事王信等言：布衣皇甫繼明、太學生石萬指述見行淳熙丙午曆氣朔有差，乞更置局更曆。臣等看詳：「繼明、劉孝榮等定去年八月十六夜太陰交蝕，命官測驗，三人所定，各有差失不同，乞令各造戊申裁淳熙曆一本，并各供乞以何占驗。候占驗訖，取其委無差忒者，取旨。」至是，王淮等奏：「石萬等所造曆，與淳熙戊申曆差兩朔。又淳熙曆十一月下弦在二十四日，恐曆法有差。」上曰：「朔豈可差？朔差則所失多矣。可令禮部、太常寺、秘書省參定以聞。」

揀汰諸軍之效

十有二月己卯，同知趙雄奏：「昨日大閲，器甲鮮明，紀律嚴整。十萬之衆，一一少壯。」上曰：「前此虞允文行揀汰之法，其初謗議紛然。今諸軍皆無老弱，乃見成效。」雄奏：「凡造事之初，衆口難一，唯聖明不惑，乃能集事。」

革八州科鹽弊

乙酉，制司言：「夔路大寧監四分鹽，遞年科在恭、涪等八州，委是擾民。已據運司措置，止就夔州以時變賣，誠爲利便。所有虧錢，除以金銀高價對折，及運司抱認外，餘錢引一萬五千道，已據總所將淳熙十一年、十二年、十三年分，並行抱認。乞行下總所，將淳熙十四年以後年分所虧，依已前三年體例，永遠抱認，庶幾八州得免科抑。」從之。

估賣没官田産

是歲，詔諸路提舉截自今後拘到没官田産，置籍估賣，其價錢拘收取旨。下闕〔二〇〕

增入名儒講義皇宋中興聖政卷之六十三

校勘記

〔一〕虜使在庭　「虜」原作「敵」，據宋刊本改。

〔二〕焉用銓曹爲　「曹」原作「量」，據宋刊本、宋史全文卷二七改。

〔三〕湖廣總所具到襄陽府大軍庫一十一萬九千九百二十一貫有奇　「一十一」，宋史全文卷二七作「二十一」。

〔四〕況四方郡邑之廣　「郡」原作「都」，據宋刊本、宋史全文卷二七改。

〔五〕近於均敷　「敷」原作「數」，據宋刊本、宋史全文卷二七改。

〔六〕胡騎攻都城　「胡」原作「北」，據宋刊本及宋史全文卷二七改。

〔七〕福州瀕海諸寨　「寨」，宋史全文卷二七作「塞」。

〔八〕今巡檢乃有以蔭官及雜流出身　「乃」原作「及」，據宋刊本、宋史全文卷二七改。

〔九〕本所官公共精加稽考　「稽」原作「精」，據宋史全文卷二七改。

〔一〇〕比日行都愆雨　「比」原作「此」，據宋刊本、宋史全文卷二七改。

〔一一〕永念遐遠　「遐」原作「選」，據宋史全文卷二七改。

〔一二〕可令侍從臺諫兩省卿監郎官館職疏陳闕失及當今急務　「急」原作「怠」，據宋史卷三五孝宗本紀三、誠齋集卷六二旱暵應詔上疏及宋史全文卷二七改。

〔一三〕歌雲漢之詩如何　「詩」原作「時」，據宋史全文卷二七改。

〔一四〕事無巨細　「巨」原作「臣」，據宋刊本、宋史全文卷二七改。

〔一五〕虜人錫宴　「虜人」原作「敵國」，據宋刊本及宋史全文卷二七改。

〔一六〕虜不能奪　「虜」原作「敵」，據宋刊本及宋史全文卷二七改。下同。

〔一七〕特群胡生事也　「胡」原作「臣」，據宋刊本及宋史全文卷二七改。

〔一八〕十有一月甲寅　「甲寅」，宋史卷三五孝宗本紀三繫於「戊午」。

〔一九〕向來銜位帶此一句　「此」原作「比」，據宋刊本及宋史全文卷二七改。

〔二〇〕下闕　案本卷不闕，所指乃卷六十四的開頭闕。

增入名儒講義皇宋中興聖政卷之六十四

孝宗皇帝二十四

開議事堂

淳熙十有五年春正月戊戌，開議事堂，以内東門司改充，命皇太子隔日與宰執公裳繫鞋相見議事。如有差擢，在内館職、在外部刺史以上，乃以聞。

置左右補闕拾遺

甲辰，進呈除諫官典故。先是，上出林栗劄子：「諫諍之官，尚有闕員。居其官者，往往分行御史之事，至於箴規闕失，寂無聞焉。乞親擢端方質直、言行相副、堪充補闕、拾遺者，召見而命之，以遺、補爲名，不任糾劾之職。」上曰：「朕每欲增置諫員，但以言官多任意論人。向者初除臺諫，人已預知必論其人，既而果然。若諫官止於規朕過舉、朝廷闕政，誠合古人設官之意。卿等更且考求前代興置本末以聞。」至是，王淮等具到唐六典所載與本朝舊制進呈，上曰：「朕樂聞闕失，若諫官專是規正人主，不事抨彈，雖增十員亦可。卿等便擬指揮來。」既而，詔復置左右補闕、拾遺。光宗即位，罷之。

江西運判宋若水言：「照得本路旱傷，江州、興國軍爲重。乞將第四等、五等人户淳熙十二年、十三年以前拖欠苗税，并第五等淳熙十四年見欠夏税錢帛，權與倚閣，候將來豐熟，逐旋帶納，及將江州、興國軍、隆興府、吉、贛州、臨江、建昌、南安軍、撫州安樂縣未解本司十一年、十二年錢共四萬六〔二〕千七百二十餘貫、米三千六百餘石，並與免解。」從之。

朝殿命太子侍立

乙巳，上諭宰臣曰：「皇太子參決未久，已自諳知外方物情。自今每遇朝殿，令皇太子侍立。」

臣留正等曰：昔堯以天下與舜，必先歷試諸難。至舜之命禹，亦必丁寧而告戒之。蓋神器之重，庶務之繁，非可以嘗試爲之也。壽皇承高宗之付託，臨御二十八年，一旦有倦勤之意，將舉而授之聖子，乃先開議事堂，俾之參決，其望之重，愛之深矣。雖曰聖子生知之性，不待學而能，至是聞見益廣，情僞畢分，曾未旬日，壽皇已有諳知外方物情之喜。日久習慣，豈曰小補之哉？然則今日施設之美，治功之盛，皆得於家法之傳，其視舜、禹，尤有光焉。

尤袤獻言於太子

於是太常少卿兼左諭德尤袤獻言于太子曰：「大權所在，天下之所争趨，甚可懼也。願殿下事無大小，一取上旨而後行，情無厚薄，一付衆議而後定。」又曰：「利害之端，常伏於思慮之所不到；疑間之萌，常開於隄防之所不及[二]。儲副之位，止於侍膳問安，不交外事。撫軍監國，自漢至今，多出權宜。事權不一，動有觸礙。乞俟祔廟之後，便行懇辭，以彰殿下之令德。」

尋以胡晉臣兼諭德，鄭僑兼侍讀，羅點兼侍講。

免二年聖節進奉

進呈户部申，會慶節諸州軍合有進奉。上諭皇太子曰：「朕與免二年，如何？」王淮奏：「此一項錢物幾及十六萬緡，係屬户部歲計。」上曰：「可用封樁庫錢撥還户部。自十七年爲始，依格進奉。如諸路循例科歛充他用，委御史臺覺察彈奏。」

論屯田寓兵於農

辛亥，樞密院奏事，因論及方有開措置屯田。上宣諭施師點等，謂：「二十餘年不用兵，一旦使之屯田，不知樂從否？」師點等奏：「軍兵久佚，初令服田，必以爲勞。才過一二年，人得其利，安得不樂？」上曰：「如此必須樂從。卿等更可詢訪。」師點奏：「屯田本意非止積穀，蓋欲諸軍布在邊鄙，緩急有以爲用。」上曰：「此乃寓兵於農之意。」

醫官不除遥郡

辛酉，進呈醫官劉確降官文字〔三〕。上曰：「劉確爲供進太上皇帝醫藥不謹，此非他比，可於遥郡上降兩官，不許敘復。」上諭皇太子曰：「祖宗朝醫官無除遥郡者，不可不知。」

臣留正等曰：醫官不除遥郡，祖宗法也。劉確雖嘗爲之，而壽皇聖帝之意終有所未安，故因其有罪，特於遥郡上降官，不許牽敘，且明諭東宫如此，燕翼之謀，斯亦其一焉。

禁掘柴地爲田

二月丁丑，禮部郎鄭僑言：「淮東鹽場人户各有官給煎柴地，不許耕種。年歲既久，亭户私自開墾。自淳熙四年以來，按其所耕之地，履畝而税之，十取其五，名曰子斗價錢，悉歸公庫，歲約可得二萬緡，緣此亭户肆意開耕，遂致柴薪減少，妨廢鹽業。臣昨任提舉日，嘗罷收子斗價錢，禁約亭民將已耕過地不得布種。今已累年，慮禁戢不謹，此弊復興，乞令監司覺察。」從之。

黎馬須及格尺

庚辰，樞密院進呈趙汝愚、李大正奏，黎州買馬，乞照舊法，不拘尺寸。上曰：「所引舊法，是紹興間舊法？或京師舊法？」黄洽等奏：「係是祖宗時舊法。」上曰：「祖宗時有西北馬可用，黎馬止是羈縻。今則黎馬分作戰馬，如何不要及格尺？所乞難行。」

選武臣守鳳州

三月辛酉，樞密院言：「臣僚奏，紹興初，吴玠、楊政畫蜀、漢之地以守，自散關以西付之玠，梁、洋付之政。蜀中諸邊，散關爲重。願與二三大臣講求向來蜀中守邊舊迹〔四〕，奉旨令制置司同都統司照應前後所降指揮，公共相度經久利便聞奏。據興元都統制彭杲申，大散關一帶邊面係鳳州地界，隸屬西路安撫所管。淳熙二年間得旨，鳳州係興元管認。見今每年兩司差撥官兵守把。切詳大散關一帶邊面，係對境衝要來路，最爲重害，兼緣鳳州郡事見係文官，即與屯守之兵，各無統臨，亦非本司號令所及，緩急之際，議論不合，或有乖違，即誤國事。乞依已降指揮，將本州知州令本司選擇奏辟，彈壓戍兵，措置邊面。」詔彭杲於統制官精選公慮諳練邊防民政之人，具名聞奏。其鳳州緩急應援一節，仰照應所奏施行。」

是月，葬高宗于永思陵。四川制置司奏：「陝西秦川百姓聞高宗之喪，皆戴白巾。」

將相配享高宗

夏四月丙戌，祔高宗，以吕頤浩、趙鼎、韓世忠、張俊配饗廟庭。

詔行三年之喪

詔曰：「朕昨降指揮，欲縗絰三年。群臣屢請御殿易服，故以布素視事内殿。雖有俟過祔廟勉從所請之詔，然稽諸禮典，心實未安，行之終制，乃爲近古。宜體至意，勿復有請。」於是大臣乃不敢言。蓋三年之制，斷自上心，舉千載廢墜之典，不爲浮議所摇，廟號曰孝，不亦宜乎？是時，執政近臣皆主易月之議。諫官謝諤、禮官尤袤知其非而不敢争，惟敕令所删定官沈清臣嘗上書贊上之决〔五〕，且言：「將來祔廟畢日，乞預降御筆，截然示以終喪之志，杜絶朝臣方來之章，勿令再有奏請。力全聖孝，以示百官，以刑四海。」上頗納用。

沈清臣贊成上意

臣留正曰：三年之喪，天下之通喪也。漢文始變古道，景帝不師典禮，後世遵之，喪紀遂廢。晉武欲申私慕，竟奪於裴秀、傅元之説，元魏孝文能依古制，猶未盡合於亮陰諒密之禮，其餘無足議也。然漢文之制，輕重三等，漢人用之，三十六日而釋服。魏、晉以來，未踰月而葬，既葬而除，隨宜增損，初無定説。以日易月之論，發於應劭，陋儒習之，其後遂斷爲二十七日之制。先王之禮既已大壞，比之漢制，亦非舊章，雖有明智之君、賢哲之輔，憚於更張，因循相襲，良可歎已。唯我壽皇聖帝慕親之孝，根於天性，事亡之敬，發于至誠。雖聖躬以不毁之年，群臣屢致易服之請，而睿志先定，斷然不疑。山陵已事，退奉几筵，縗經三年，以終喪制，千載以來，一人而已。於戲！聖哉。

不啓僥倖之門

五月丙申朔，進呈司諫之差遣。上曰：「司諫之恐是初官，如此，則不要放行。」上顧太子曰：「切不可啓此僥倖之門。」太子奏：「僥倖之門啓之，則便有攀援源源而來，誠不可啓。」

臣留正等曰：此開議事堂時，聖父、聖子親相授受之言也，書之史册，皎如天日，則夫著之於心，□之於身，豈不在今日乎？

王正己撰孝感記

戊申，左司郎中王正己奏〔六〕：「臣輒以己見，採摭事實，撰成皇帝聖德孝感記。仰惟高宗聖神武文憲孝皇帝，誕受天命，紹開中興，因時制宜，繼好息民，海内安静，功成不居，傳授聖子。陛下繼志述事，盛德日新，以天下養者二十有六年。洎駕雲太清，陛下哀慕罔極，正歷代之失，復三年之制，群臣懇祈，莫回聖意，固已冠絶今古。乃三月甲寅，靈駕發引，先是數日，雲陰四垂，時雨間作，濘淖没足，行者病之。壬子晦冥益甚，癸丑之夕，載陰載陽。四鼓既作，天宇澄霽，望舒開明，星宿清潤，乾端坤倪，呈露無蘊〔七〕。遺奠禮成，龍輴不濡，大輦安行，仗衛儀物，肅陳嚴辦，舒舒而前，行列整暇。登舟濟江，潮波不興，祥風瑞煙，以助安濟。波神川后，髣髴畢出，駿奔翊衛，咸效厥職。梅師奏功，如履平陸，洎至陵所，人不告勞。自時厥後，凡大典禮，曰暘而暘，巧相附會。臣工執事，進趨恭肅，登降唯謹，略無沾服失容之患。億兆臣民，踴躍贊歎，稱未曾有，傳之裔夷〔八〕，畏仰歸命。臣竊聞之，莫之爲而爲者，天也。夫風雨晦明，豈係人謀所能力致？凡陛下志之所向，無不景從〔九〕。所謂先天而天弗違者，得非陛下聖孝上通神明〔一〇〕，感格之明效歟？臣濫與朝列，親逢盛旦，雖不學無文〔一一〕，亦知所以歸美之報，而繪畫天地，模寫日月，無益于廣大高明審矣。然區區之忠，自不能已，臣不勝至願，願降睿旨，宣付史館，以昭示無極。謹拜手稽首，摭其實而爲之記。」詔從之。

罷蔡瀵哀斂亭户

戊午，浙西提舉石起宗言：「秀州海鹽縣蘆瀝場催煎官蔡瀵，哀斂亭户，不能舉職，乞與嶽廟。」上曰：「此不可與嶽廟，須是放罷。」仍令吏部契勘蔡瀵得差遣年月日、侍郎爲誰。吏部供到係賈選。上曰：「選已罷去，姑已之。此後吏部如銓量巡、尉等，當知所警。」

縣令遭彈不再任

庚申，殿侍冷世光言：「縣令親民之選，昨吏部措置被按發放罷之人，滿半年方許參部，不許注繁難大縣，止注小縣。小縣之民何罪焉？乞令吏部遵守淳熙五年指揮，凡經彈劾之人，且與祠禄；知縣曾經放罷半年後，亦且與嶽廟；兩次作縣，兩經罷黜者，不得再注親民差遣。」詔吏部將見行條法并節次指揮看詳措置。

王淮罷

沈清臣歷詆故相

是月，王淮罷相，從所請也。判衢州，尋奉祠。時敕令所删定官沈清臣因對，爲上言：「陛下臨御以來，非不論相也。始也，取之故老重臣，既而取之潛藩舊傅，或取之詞臣翰墨，或取之時望名流，或取之刑法能吏，或取之刀筆計臣，或取之雅重詭異，或取之行實自將，或取之跅弛誕謾，或取之謹畏柔懦，或取之狡猾俗吏，或取之勾稽小才。始也，取之姦豪譎詐枵然空鄙之夫；而卒也，任之隨順柔懦委靡無自立之志。既取之，又任之，又從而體貌之〔一二〕，未嘗不注意也，然皆非相也。間有度量沉靜而經畫甚淺〔一三〕、心存社稷而材術似疏、表裏忠讜而規制良狹〔一四〕，其他則以空疏敗，以鄙猥敗，以欺誕敗，以姦險敗，以浮夸敗，以貪墨敗，以詭詐敗，以委靡敗。若此者，豈所謂相哉？甚至於誤國，有大可罪者。海、泗，國家之故地也。私主和議，無故而棄之夷虜〔一五〕。騎兵，天子之宿衛也。不能進取，無故而移之金陵。汲引狂誕浮薄之流，以充塞正塗，擅開佞倖權嬖之門，以自固高位。而今也循習前轍，寖成欺弊，國有變故，略無建明，事有緩急，曾不知任，然則焉用彼相哉？」

龜鑑曰：致堂胡公以爲賢者，用未及盡，憂謗長讒〔下闕〕

詔測驗曆法

禮部言：「國學進士石萬并楊忠輔，指淳熙十五年太史局造曆日差忒事，得旨令參定以聞。今據石萬等造成曆，與見行曆法不同。乞以其年六月二日、十月晦日月不應見而見爲驗，及指陳淳熙曆下弦不合在十一月二十四日〔一六〕，及差五六月滅日日辰。」詔尤袤、宋之瑞監視測驗。

減百司冗食

先是，詔減省百司冗食，至是，共裁減七百三十五人。從吴澳之奏也。

六月戊辰，進呈給事中鄭僑奏：「爲王良輔免呈試，仰惟陛下創法立制，黎然當於人心，可萬世通行而無弊者，文臣出官銓試，武臣出官呈試是也。歷歲以來，有司謹守奉行。偶緣淳熙十一年，有進義副尉何大亨者，以蔭補出官，自陳元係效用人，乞免呈試參部，遂蒙特旨與免。此弊一開，遞相攀

不許武臣免呈試

援，遂使一時特旨，直作永例。在法：免呈試者，惟江海戰船立功補官之人，及諸軍揀汰離軍之人。則法許免呈試，即未嘗有初投效用，後因蔭補出官，與免試參部之法也。若曰彼嘗從軍，何必呈試，此則法之所在，又不容以幸免也。使彼果精於武藝，則呈試之頃，又何畏而求免乎？今若聽其展轉相承，用例廢法，則他僥幸之徒，必有竄名冒籍於軍伍之中，以爲免試張本者。臣望申嚴此法，自王良輔始，將特免試指揮更不施行。仍詔有司恪守成法。」上問：「從軍人如何出官免得呈試？」周必大等奏〔一七〕：「舊法，呈試中，方得出官。淳熙十年，放行曾經從軍免試一兩人〔一八〕，遂以爲例。」上曰：「鄭僑繳章説，既曾從軍，自合習熟武藝，何憚呈試？如赴呈試不得，前此從軍所習何事？此説甚當，可依舊法施行。」

嘉京鏜專對

壬辰，報謝使回程。先數日前，上宣諭京鏜〔一九〕：「昨在京師，堅執不肯聽樂，住了十日。此一節可嘉。尋常人多説節義，須遇事方見。」至是，進擬使副轉官。上曰：「京鏜專對可嘉，當轉兩官。劉端仁亦比類〔二〇〕？」周必大等奏：「不必問轉官，在聖意除擢可也。」上曰：「只依例轉官，便與除擢。」上又曰：「此事全是京鏜，若劉端仁，所謂因人成事者，京鏜則毛遂也。」京鏜便除侍從，劉端仁亦當稍旌別〔二一〕，可令樞密院進擬除環衛官。」於是，詔京鏜除權工部侍郎。

是月，雨雹。

朱熹入對

朱熹言刑獄不當

朱熹言經總制弊

朱熹言理慾

朱熹被召入奏。首言：「近年以來，刑獄不當，輕重失宜，甚至係於人倫風化之重者，有司議刑，亦從流宥之法，則天理民彝，幾何不至於泯滅？」又言：「提刑司管催經總制錢，起於宣和末年，倉卒用兵，權宜措畫。自後立爲比較之説，甚至災傷檢放、倚閣錢米，已無所入，而經總制錢獨不豁除。州縣之煎熬何日而少紓？斯民之愁歎何時而少息？」又言江西科罰之弊〔二二〕，末言：「陛下即位二十有七年，而因循荏苒〔二三〕，無尺寸之效可以仰酬聖志。嘗反覆而思之〔二四〕，無乃燕閒蠖濩之中，虛明應物之地，天理有未純，人欲有未盡歟？天理未純，是以爲善未能充其量；人欲未盡，是以除惡不能去其根。一念之頃，公私邪正，朋分角立，交戰於其中，故體貌大臣非不厚〔二五〕，而便嬖側媚得以深被腹心之寄；寤寐英豪非不切，而柔邪庸繆得以久竊廊廟之權；非不樂聞公議正論，而有時不容；非不欲堲讒説殄行，而未免誤聽；非不欲報復陵廟讎耻，而不免畏怯苟安；非不欲愛養生靈財力，而未免歎息愁怨。凡若此類，不一而足。願陛下自今以往，一念之頃，則必謹而察之，此爲天理邪？爲人欲邪？果天理也，則敬以充之，而不使其少有壅遏；果人欲也，則敬以克之，而不使其少有凝滯。推而至於言語動作之間，用人處事之際，無不以是裁之，則聖心洞然，中外融徹，無一毫之私欲得以介乎其間，而天下之事，將惟陛下之所欲爲，無不如志矣。」翌日，除兵部郎官。熹方以足疾辭，未供職。本部侍郎林栗前數與熹論易、西銘不合，至是，遣部吏抱印，迫以供職。熹以疾作在告。遂疏熹欺慢，即有祠命。太常博士葉適上疏辨之，略曰：「考栗之辭，始末參驗，無一實者。至於其中謂之道學一語，則無實最甚。蓋自昔小人殘害良善，率有指名，或以爲好名，或以爲立異，或以爲植黨。近又創爲道學之目，鄭丙唱之，陳賈和之，居要路者密相付授，見士大夫有稍務潔修，粗能操守〔二六〕，輒以道學之名歸之，殆如喫菜事魔、景迹犯敗之類。往日王淮表裏臺諫，陰廢正人，蓋用此術。」或云適此疏不果上，於是胡晉臣劾栗，併罷之。

林栗奏朱熹欺慢

葉適辨林栗奏疏

賑臨安饑。

賑臨安饑

秋七月癸丑，上出戒諭閻仲御劄一紙，宣示皇太子與黃洽等，令閻仲留

備知諸將長短

意軍務，毋事交結，以邀時譽之意。洽等奏：「陛下於諸將或長或短，無有不知。」上曰：「諸將長短，朕皆備知，因其受病處鍼之，使知警懼耳。」

臣留正等曰：壽皇聖帝撫御將帥，不失恩意，每有指授，輒親灑宸翰，委曲鐫曉，今諸將之家往往刻諸堅珉，以侈上賜，所在有之。其頒示閣仲一札，尤寓勸戒之意，所謂事交結以要時譽，蓋將帥之通弊，聖訓凜然聞之者，足以戒矣。況親下拜而登受者乎？

賑諸州水災

是月，賑諸州水災。

八月甲子朔，日有食之。

問孫紹遠廣西鹽事

是月，湖北運判孫紹遠朝辭。上曰：「祖宗時廣西鹽如何？」對曰：「係官賣。」上曰：「若廣西客鈔可行，祖宗已行了。」紹遠又奏鈔法蠹國害民，上曰：「所聞不一，因卿言而得其實。」

大享明堂

九月辛丑，大饗明堂。先是，輔臣進呈禮官申請明堂畫一。上曰：「配位如何？」周必大言：「禮官昨已申請[二七]，高宗几筵未除，用徽宗故事，未應配坐[二八]，且當以太祖、太宗並配。他日高宗几筵既除，自當別議。大抵前後儒者多因孝經嚴父之説，便謂宗祀專以考配，殊不知周公雖攝政，而主祭則成王。自周公言之，故曰嚴父耳。晉紀瞻答秀才策曰：『周制，明堂宗其祖以配上帝。故漢武帝汶上明堂，捨文、景而遠取高祖爲配〔三九〕。』此其證也。」留正言：「嚴父莫大于配天，則周公其人也，是嚴父專指周公而言。若成王，則其祖也。」上曰：「有紹興間典故在，可以參照無疑。」

參照紹興典故

庚申，上宣諭皇太子曰：「當今禮文之事已自詳備，不待講論。唯是財賦未甚從容，朕每思之，須是省却江州或池州一軍，則財賦稍寬。若議省軍，則住招三年，人數便少，却將餘人併歸建康，事亦有漸。當今天下財賦，以十分爲率，八分以上養兵。不可不知。」

議省軍費

黄洽等奏：「許浦水軍統制胡世安近到都下，備言許浦一軍本在明州定海，後因移駐許浦，是時港道水深，可以泊船。後來潮沙淤塞，遂移戰船泊在顧逕，人船相去近二百里，遇有緩急，如何相就？合依舊移歸定海。」上曰：「説得極是。定海南北之衝，下瞰山東，此用舟師之便。當時自是不合移屯，卿等更且熟議。」

論許浦水軍移屯

是月，録中興節義後，用吏部尚書顔師魯之言也。於是引赦書放行中

録中興節義後

興初節義顯著之家合得恩數，令吏部開具奏聞。

乞修太湖隄

冬十月丙寅，知湖州趙恩言〔三〇〕：「湖州實瀕太湖，有隄爲之限制。且列二十七浦漊〔三一〕，引導湖水以溉民田，因各建斗門，以爲蓄泄之所，視旱潦爲之啓閉。去歲之旱，高下之田，俱失霑溉。委官訪求遺跡，開濬浦漊〔三二〕，不數日間，湖水通徹，遠近獲利，而於斗門因加整葺。乞詔守臣逐歲差官，親詣湖隄相視，開濬浦漊，補治斗門，庶幾永久。」從之。

趙伯逷言廣西鈔鹽法

己巳，廣西提刑趙伯逷奏本路鈔法五弊，且曰：「曩者建議之臣以官般官賣科敷百姓，害及一路，於是改行鈔法，上以足國，下以裕民，莫不以爲便。今六年矣，諸郡煎熬益甚，民旅困於科抑。名曰足國，實未嘗足；名曰裕民，實未嘗裕。所最可慮者，緣邊及近裏州軍，兵額耗減已極，更不招填，所在城壁頹圮，無力修築，卒有緩急〔三三〕，何所倚恃？臣嘗徧詢吏民，向者官般官賣之時〔三四〕，廣西諸郡誠有科敷百姓去處，然不過產鹽地分〔三五〕，所謂高、化、欽、廉、雷五州是也。海鄉鹽賤不肯買，故有科抑。如靜江、鬱林、宜、融、柳、象、昭、賀、梧、藤、邕、容、橫、貴、潯、濱近裏一十六州〔三六〕，去鹽場遠，若非官賣，無從得鹽。舊時逐州衹是置鋪出賣，民間食用，樂然就買〔三七〕，不待科抑。自改行鈔法以來，近裹一十六州徒損於官，無補於民，民食貴鹽，又遭科鹽鈔之苦。沿海五州雖名賣鈔〔三八〕，其舊賣二分食鹽，元不曾禁戢，計户計口，科擾如故。切謂今日之法〔三九〕，正當講究沿海五州利病，杜絶科敷，不得變近裹一十六州官般官賣之法〔四〇〕。」詔令應孟明、朱晞顔同林岊相度，條具聞奏。

乞禁宰執臺諫見客

戊子，臣僚奏：「祖宗之時，士尚恬退。張師德兩詣宰相之門，返遭譏議，豈若今日紛至沓來？臺諫之門猥雜尤甚，終日酬對，亦且厭苦，而無説以拒其來。臣願明詔在廷，止遏奔競，其有數事干謁者，宰執從而抑之，臺諫從而糾之。至於私第謁見之禮，一切削去，果有職事，非時自許相見，庶幾在上者可以愛惜日力，不爲賓客之所困；在下者可以恪共職業，不爲人事之所牽。」詔從之。

豐儲倉以新易陳

己丑，司農寺言：「臣僚劄子，切見豐儲倉初爲額一百五十萬石，不爲不多。然積之既久，寧免朽腐？異時緩急，必失指擬。乞下户部、司農寺相度，每歲諸州合解納行在米數若干〔四一〕，及諸處坐倉收糴數若干，預行會計〔四二〕，以俟對兑。不盡之數，如常平法，許其於陳新未接之時，擇其積之久者，盡數出糶，俟秋成日，盡數補糴，則是五十萬石之額，永無銷耗，此亦廣儲蓄之策也。」從之。

置煥章閣

是月〔四三〕，置煥章閣，藏高宗御集。

鄭僑不辱命

中書舍人鄭僑充賀正旦使，閤門張時修副之，以歲暮抵燕。時虜主病已篤〔四四〕，傳旨令就東上閤門進書。僑與時修力爭，以爲東上閤門者，乃臣僚進獻表章之地，本朝皇帝國書，豈當於此投進？往復爭辯，至漏下十數刻，乃令且就館。相持至元日晚，忽傳其主之命，以使人欲面進書，今已過期，可遣還。明日，虜主告殂。使還，未至，光宗皇帝已受禪〔四五〕，僑遷給事中。見上，再三稱獎，以爲不辱君命〔四六〕。他日，侍從官見北宮，壽皇顧僑曰〔四七〕：「卿守節不屈，舉措得宜，朕甚嘉之〔四八〕。」

論慶壽恩數

十一月丙申，宰執進呈文字間，上謂皇太子曰：「恩數不可汎濫〔四九〕，將來皇太后慶八十與朕慶七十相近，若是恩例太汎〔五〇〕，添多少官？如皇太后慶壽，只得推恩本殿官屬方是〔五一〕。」

臣留正等曰：九月丙申，宣諭兵賦大計，與是日所謂慶壽恩例，乃聖志先定，所以貽謀於方今者也。故皆謹而書之，以備有司之討論。

定奏劄數

甲辰，進呈臣僚奏：「近者百執事輪對辭見，連章累劄，猥及細微。欲自今凡有輪對及辭見，並不許過三劄。若軍國利害、事大體重者，不拘於此。」上曰：「輪對官說此甚當。上殿官多是論事，不務大體，以至瑣屑，或事有成憲者，一一奏陳，以多爲能，無益於事。自今只用三劄。」

戒違戾約束

壬子，進呈楊偉上書，言廣西州郡役使土丁之弊。上曰：「既是屢有約束，不得差使土丁，何用申嚴？便可取問違戾去處。」上謂皇太子曰：「後次有如此等事，便須直行，不必再三申嚴，徒爲文具。」

召朱熹

朱熹論君心及六事

十二月，先是，朱熹以奉祠去，至是再召，熹再辭，遂並具封事，投匭以進，其略曰：「今天下大勢，如人有重病，內自腹心，外達四肢，無一毛一髮不受病者。臣不暇言，且以天下之大本與今日之急務爲陛下言之。蓋大本者，陛下之心。急務，則輔翼太子，選任大臣，振舉綱維，變化風俗，愛養民力，修明軍政六者是也。古先聖王，兢兢業業，持守此心，雖在紛華波蕩之中，幽獨得肆之地，而所以精之、一之、克之、復之，如對神明，如臨淵谷，猶恐隱微之間，或有差失而不自知。是以建師保之官，列諫諍之職，凡飲食、酒漿、衣服、次舍、器用、財賄，與夫宦官、宮妾之政，無一不領於冢宰，使其左右前後，一動一静，無不制以有司之法，而無纖芥之隙、瞬息之頃，得以隱其毫髪之私。陛下之所以精一克復而持守其心，果有如此之功乎？所以修身齊家而正其左右，果有如此之效乎？宮省事禁，臣固不得而知。至於左右便嬖之私，恩遇過當。往者淵、覿、説、抃之流，勢焰熏灼，傾動一時，今已無可言矣。獨有前日臣所開陳者，雖蒙聖恩，委曲開譬，然臣之愚，竊以爲此輩但當使之守門傳命，供掃除之役，不當假借崇長，使得逞邪媚、作淫巧於内，以蕩主心，立門庭、招權勢於外，以累聖政。臣竊聞之道路，自王抃既逐之後，諸將差除，多出此人之手。陛下竭生靈膏血以奉軍旅，而軍士顧乃未嘗得一温飽，是皆將帥巧爲名色，奪取衣糧，肆行貨賂於近習，以圖進用，出入禁闥。腹心之臣，外交將帥，共爲欺蔽，以至於此。而陛下不悟，反寵暱之，以是爲我之私人，至使宰相不得議其制置之得失，給、諫不得論其除授之是非，則陛下之所以正其左右者，未能及古之聖王，明矣。至於輔翼太子，則自王十朋、陳良翰之後，宮僚之選，號爲得人，而能稱其職者，蓋已鮮矣，而又時使邪佞儇薄、闒冗庸妄之輩，或得參錯於其間，所謂講讀，亦姑以應文備數，而未聞其有箴規之效。至於從容朝夕、陪侍游燕者，又不過使

朱熹論近習之害

朱熹言東宫官

臣、宦者數輩而已。夫立太子而不置師傅賓客，則無以發其隆師親友、尊德樂義之心，獨使春坊使臣得侍左右，則無以防其戲嫚媟狎、奇邪雜進之害。宜討論前典，置師傅賓客之官，去春坊使臣，而使詹事、庶子各復其職。至於選任大臣，則以陛下之聰明，豈不知天下之事，必得剛明公正之人而後可任哉？其所以常不得如此之人，而反容鄙夫之竊位者，直以一念之間，未能徹其私邪之蔽，而燕私之好，便嬖之流，不能盡由於法度。

朱熹言命相不得人

若用剛明公正之人以爲輔相，則恐其有以妨吾之事，害吾之人，而不得肆。是以選掄之際，常先排擯此等，置之度外，而後取凡疲懦軟熟、平日不敢直言正色之人，而揣摩之，又於其中得其至庸極陋、決可保其不至於有所妨者，然後舉而加之於位。是以除書未出，而物色先定，姓名未顯，而中外已逆知其決非天下之第一流矣。至於振肅紀綱、變化風俗，則今日宮省之間，禁密之地，而天下不公之道、不正之人，顧乃得以窟穴盤據於其間。而陛下目見耳聞，無非不公不正之事，則其所以薰蒸銷鑠，使陛下好善之心不著，疾惡之意不深，其害已有不可勝言者矣。及其作奸犯法，則陛下又不能深割私愛，而付諸外廷之議，論以有司之法，是以紀綱不能無所撓敗。

朱熹言風俗之弊

紀綱不振於上，是以風

俗頽弊于下，蓋其爲患之日久矣，而浙中爲尤甚。大率習爲軟美之態、依阿之言，以不分是非、不辨曲直爲得計。甚者以珠玉爲脯醢，以契券爲詩文，宰相可啗則啗宰相，近習可通則通近習，惟得之求，無復廉恥。一有剛毅正直、守道循理之士出乎其間，則群議衆排，指爲道學，而加以矯激之罪。十數年來，以此二字禁固天下之賢人君子，復如崇、觀之間所謂元祐學術者，排擯詆辱，必使無所容其身而後已。嗚呼！此豈治世之事，而尚復忍言之哉？

朱熹言禁道學

至於愛養民力，修明軍政，則自虞允文之爲相也，盡取版曹歲入窠名之必可指擬者，號爲歲終羨餘之數，而輸之内帑。顧以其有名無實，積累掛欠，空載簿籍，不可催理者，撥還版曹，以爲内帑之積，將以備他日用兵進取不時之須，宰相不得以式貢均節其出入，版曹不得以簿書勾考其在亡，曷嘗聞其能用此錢以易胡人之首，如太祖皇帝之言哉？徒使版曹闕乏日甚，督趣日峻，造爲比較監司、郡守殿最之法以誘脅之。於是中外承風，競爲苛急，此民力之所以重困也。

朱熹言内帑

諸將之求進也，必先掊克士卒，以殖私財，然後以此自結於陛下之私人，而祈以姓名達於陛下之貴將，貴將得其姓名，即以付之軍中，使自什伍以上節次保明，稱其材武，堪任將帥，然後具奏，諧爲牘

朱熹言諸將掊克

而言之陛下之前。陛下但見其等級推先，案牘具備，則誠以爲公薦，而可以得人矣，而豈知其論價輸錢，已若晚唐之債帥矣。夫將者，三軍之司命，而其選置之方乖剌如此，則智勇材略之人，孰能抑心下首於宦官、宮妾之門？而陛下之所得以爲將帥者，皆庸夫走卒，而猶望其修明軍政，激勸士卒，以强國勢，豈不誤哉？凡此六事，皆不可緩，而本在於陛下之一心。一心正，則六事無不正。一有人心私欲以介乎其間，則雖欲憊精勞力以求正夫六事者，亦將徒爲文具，而天下之事，愈至於不可爲矣。」疏入，夜漏下七刻，上已就寢，亟起秉燭讀之。明日，除主管太乙宮兼崇政殿説書。時上已有倦勤之意，蓋將以爲燕翼之謀。熹嘗草奏疏，言：「講學以正心，修身以齊家，遠便嬖以近忠直，抑私恩以抗公道，明義理以絶神奸，擇師傅以輔皇儲，精選任以明體統，振紀綱以厲風俗，節財用以固邦本，修政事以攘夷狄，凡十事，欲以爲新政之助。」會執政有指道學爲邪氣者，乃辭新命，除秘閣修撰，仍奉新祠，遂不果上。〔五二〕

朱熹草十事不果上

執政指道學爲邪氣

周必大留正並相

淳熙十有六年春正月壬辰朔，以周必大、留正爲左、右丞相，王藺參知政事，葛邲同知樞密院。參知政事蕭燧兼權知樞密院，未幾奉祠。

復廣西官賣鹽

壬寅，先是，命廣西經略應孟明等究實鹽法利害。至是，孟明奏：「鹽鈔抑勒民户，流毒一方，欲得復舊，以解愁怨。」上曰：「初議行此事時，先差胡庭直去商量，非不詳密，往往只是符同詹儀之之説。今爲所誤。」於是臣僚論列，乞將儀之重賜竄責，速行下，俾聽從民便，並依舊法施行。勘會鹽法已別作施行。詔儀之落職，罷官，送袁州居住。

以鹽事竄詹儀之

運判朱晞顔尋奏：「今廣西鹽名曰客鈔，元無客也。自乾道間變法，富商失業，無復客商矣。今鈔以客爲名，乃强税户之家使之承認，至於破家而止。」尋又詔：「詹儀之罔上害民，當行重罰，責授安遠軍節度行軍司馬、袁州安置。」

宣諭内禪意

辛亥，上宣諭周必大等曰：「朕年來稍覺倦勤，欲旬日間禪位於皇太子，退就休養，以畢高宗三年之制。有合施行事，卿等可一面理會進呈。」

減紹興和買絹

蠲紹興府和買絹四萬匹之半。

二月辛酉朔，日有食之。

遜位前一日除授

蔡戡除尚書左司員外郎，制詞有曰：「朕仰惟壽皇厲精庶政二十有八年，無一日怠。乃壬午遜位，辛酉猶自除吏，爾其一也。」

内降詔禪位

壬戌，内降詔書，略曰：「爰自宅憂以來，勉親聽斷，不得日奉先帝之几筵，躬行聖母之定省。皇太子仁孝聰哲，久司匕鬯，軍國之務，歷試參決，宜付大寶，撫綏萬邦。俾予一人，獲遂事親之心，永膺天下之養。皇太子可即皇帝位，朕稱太上皇，移居重華宮。」文武百僚，聽詔拜舞訖，赴殿庭立班，皇

光宗即位

太子即皇帝位，自内出至御榻側，拱手立，應奉官以次稱賀。内侍固請皇太子就坐，皇太子固辭。内侍扶掖至于七八，略就坐，復興。次宰臣率百僚稱賀皇帝即位。禮畢，三省、樞密院官升殿奏事，皇帝亦立聽之。班退，至尊

壽皇居重華宮

壽皇聖帝車駕如重華宮。

臣留正等曰：堯授舜，舜授禹，三聖人揖遜相承，古今所謂盛德蔑加之事。然夷考當時，有歷試之命，有枚卜之請，有出好興戎之戒，則其事殆亦有難焉者。孰如今日聖父傳統，聖子繼軌，授受一堂，光華三葉，朝覲謳歌，無所避而知歸，禮樂法度，有所襲而彌著。倦勤非有迫於耄期之年，釋負蓋欲盡夫事親之心。無在昔之所難，有後世之莫及，全休具美，昭施罔極，皇乎懿哉！噫！堯、舜、禹三聖人授受之事，孔子蓋聞而知之，乃因删書，首敘典、謨，敘其事爲已詳。至魯論，終篇記

執中相命之語，猶復拳拳而致意，誠以盛德之事，照耀萬世，讚揚無盡，自應不一書而足。況臣等親見今日揖遜之盛，故編彙之次，所以拜手稽首，三詠三歎而益不能自已也。

講義曰：高宗即位六年，而育孝宗于宫中。又三十年，而以天下傳之孝宗。孝宗即位十年，而建光宗於東宫。又十有八年，而以天下傳之光宗。其親相傳受，無以異於堯授舜、舜授禹之事，嗚呼盛哉！

立妃李氏爲皇后。

上帝后尊號

上至尊壽成帝、后尊號，皇帝曰至尊壽皇聖帝，皇后曰壽成皇后。

大赦。

上壽聖皇太后尊號。

即位求言

詔求言。尋詔前宰執各言事。

下戒勵詔

下戒勵詔。

復輪對

詔職事官日輪面對，用紹興二年、三十二年之制。其後秘書郎兼權吏部郎官鄭湜因轉對，首言：「三代以還，本朝家法最正，一曰事親，二曰齊家，三曰教子，此家法之大經也。自昔帝王雖有天下之富，而不以天下養其親，

鄭湜奏二事

惟高宗享天下之養。壽皇躬天子之孝二十有七年，人無間言，此聖賢之所難也。陛下率而行之，當如壽皇，然後無愧也。本朝歷世以來，未嘗有不賢之后，蓋祖宗家法最嚴，子孫持守最謹也。后家待遇有節，故無恩寵盈溢之過；妃嬪進御有序，故無忌嫉專恣之行；宮禁不與外事，故無斜封請謁之私。此三者，漢、唐所不及也。皇子岐嶷之性過人遠甚，然講讀之官進見有時，志意不通，休沐之日，或至多於講讀，曾不若左右前後之人與王親狎，朝夕無間。一日暴之，十日寒之，未有能生之物也。願陛下盡事親之道，以全帝王之大孝；嚴家法之義，以正內治之紀綱；明教子之方，以壽萬世之基本。」又曰：「竊聞道路之言，或謂宮中燕飲頻併，費用倍加，便嬖使令，往往親昵。中外章奏，付出稽緩。願陛下奮發乾剛，一洗舊習，省燕飲，節用度，親正人，勤省覽。」

皇子封嘉王

三月，皇子擴進封嘉王。

周必大罷

夏五月，周必大罷相，判潭州，未幾，奉祠。

詔侍從言事

秋八月戊子朔，詔侍從各言時政得失。

定省試日

九月，詔今後省試定以二月一日引試。

詔裁減冗費

冬十月，詔大臣裁節冗費。

詔遵祖宗成憲

十一月，詔遵祖宗成憲，用何澹之請也。應破例之事，斷不可啓。

虜主死孫璟立

是歲，虜主雍死，時僞大定之二十九年。雍即衮也，仁厚不用兵，北人謂之「小堯舜」。其太子允恭早卒，立其孫璟，明年，改明昌元。丙辰，改承安。辛酉，改泰和。泰和三年，始以繼本朝，定爲土德，蓋不數遼人也。〔五三〕

增入名儒講義中興兩朝聖政卷之六十四

校勘記

〔一〕案從「淳熙十五年春正月戊戌」至「錢共四萬六」凡三百八十九字，原脱，據宋史全文卷二七輯補。

〔二〕常開於隄防之所不及　「開」原作「闕」，據宋史全文卷二七改。

〔三〕進呈醫官劉確降官文字　「降」原脱，據宋史全文卷二七補。

〔四〕願與二三大臣講求向來蜀中守邊舊迹　「邊舊迹」原脱，據宋史全文卷二七補。

〔五〕惟敕令所删定官沈清臣嘗上書贊上之決　「上之」原脱，據宋史全文卷二七補。

〔六〕戊申左司郎中王正己奏　「戊申左司」原脱，據宋史全文卷二七補。

〔七〕呈露無蘊　「蘊」，宋史全文卷二七作「隱」。

〔八〕傳之裔夷　「裔夷」原作「四宇」，據宋刊本、宋史全文卷二七改。

〔九〕凡陛下志之所向無不景從　「向無不」原脱，據宋史全文卷二七補。

〔一〇〕得非陛下聖孝上通神明　「聖孝上通神」原脱，據宋史全文卷二七補。

〔一一〕親逢盛旦雖不學無文　「旦雖不」原脱，據宋史全文卷二七補。

〔一二〕又任之又從而體貌之　「之又從」原脱，據宋史全文卷二七補。

〔一三〕間有度量沉静而經畫甚淺　「度量沉静而」原脱，據宋史全文卷二七補。

〔一四〕表裏忠讜而規制良狹　「讜而規」原脱，據宋史全文卷二七補。

〔一五〕無故而棄之夷虜　「夷虜」原脱，據宋刊本、宋史全文卷二七補。

〔一六〕及指陳淳熙曆下弦不合在十一月二十四日　「弦」原脱，據宋刊本、宋史全文卷二七補。

〔一七〕周必大等奏　「必大等」原脱，據宋史全文卷二七補。

〔一八〕放行曾經從軍免試一兩人　「曾經從軍免試」原脱，據宋史全文卷二七補。

〔一九〕上宣諭京鏜　「鏜」原作「鐺」，據宋刊本、宋史全文卷二七改。

〔二〇〕劉端仁亦比類　「類」，宋史全文卷二作「與」。

〔二一〕劉端仁亦當稍旌別　「當」原作「堂」，據宋刊本、宋史全文卷二七改。

〔二二〕又言江西科罰之弊　「又」原作「人」，據宋史全文卷二七改。

〔二三〕陛下即位二十有七年而因循荏苒　「七年而因循荏」原脱；「苒」原作「再」，據宋史全文卷二七補、改。

〔二四〕嘗反覆而思之　「而覆思」原脱，據宋史全文卷二七補。

〔二五〕故體貌大臣非不厚　「厚」原作「得」，據宋刊本、宋史全文卷二七改。

〔二六〕粗能操守　「能操守」原脱，據宋史全文卷二七補。

〔二七〕禮官昨已申請　「已申」原脱，據宋史全文卷二七補。

〔二八〕未應配坐　「未應配」原脱，據宋史全文卷二七補。

〔二九〕捨文景而遠取高祖爲配　「取」原作「配」，據宋刊本、宋史全文卷二七改。

〔三〇〕知湖州趙恩言　「恩」，宋會要輯稿食貨六一作「思」。

〔三一〕且列二十七浦漊　「七浦漊」原脱，據宋史全文卷二七及宋會要輯稿食貨六一之一三三補。

〔三二〕開濬浦漊　「漊」原作「縷」，「浦縷」不文，據宋會要輯稿食貨六一之一三三改。下同。

〔三三〕卒有緩急　「卒」原脱，據宋史全文卷二七補。

〔三四〕向者官般官賣之時　「之時」原脱，據宋史全文卷二七補。

〔三五〕然不過産鹽地分　「分」原脱，據宋史全文卷二七補。

〔三六〕如静江鬱林宜融柳象昭賀梧藤邕容横貴潯濱近裏一十六州　「貴」原脱，據宋刊本、宋史全文卷二七補。

〔三七〕樂然就買　「就」原作「後」，據宋刊本、宋史全文卷二七改。

〔三八〕沿海五州雖名賣鈔　「賣鈔」原脱，據宋史全文卷二七補。

〔三九〕科擾如故切謂今日之法　「如故切謂今日」原脱，據宋史全文卷二七補。

〔四〇〕杜絶科敷不得變近裏一十六州官般官賣之法　「科敷不」原脱，「得」原作「當」，據宋史全文卷二七補、改。

〔四一〕以每歲諸州合解納行在米數若干　「諸州合解」原脱，據宋史全文卷二七補。

〔四二〕預行會計　「行」原脱，據宋史全文卷二七補。

〔四三〕是月　宋史卷三五孝宗本紀三繫於「十一月庚子」。

〔四四〕時虜主病已篤　「虜」原作「北」，據宋刊本及宋史全文卷二七改。下同。

〔四五〕虜主告殂使還未至光宗皇帝已受禪　「殂使還未至光宗」及「禪」字原脱，據宋史全文卷二七補。

〔四六〕僑還給事中見上再三稱獎以爲不辱君命　「僑還給事中見上再三稱獎以爲不」原脱，據宋史全文卷二七補。

〔四七〕侍從官見北宮壽皇顧僑曰　「侍從官見北宮壽皇顧」原脱，據宋史全文卷二七補。

〔四八〕朕甚嘉之　「甚嘉之」原脱，據宋史全文卷二七補。

〔四九〕十一月丙申宰執進呈文字間上謂皇太子曰恩數不可汎濫　「十一月」及「皇太子曰恩數不」原脱，據宋史全文卷二七補。

〔五〇〕將來皇太后慶八十與朕慶七十相近若是恩例太汎　「相近若是」原脱，據宋史全文卷二七補。

〔五一〕只得推恩本殿官屬方是　「恩本殿」原脱，據宋史全文卷二七補。

〔五二〕案從「累劄猥及細微」至「遂不果上」凡二千零一十二字原脱，據宋史全文卷二七輯補。

〔五三〕案從「淳熙十六年春正月壬辰朔」至「蓋不數遼人也」凡一千五百零七字原脱，考本書目録，無淳熙十六年，然本書前分類事目則有淳熙十六年記事二十餘條，且孝宗禪位於光宗是在此年二月，因此本書目録脱淳熙十六年。此據宋史全文卷二七輯補。

附録一　建炎以來繫年要録所存中興聖政闕卷内容

丁丑，車駕詣德壽宮起居〔二〕。

承明集曰：初，上欲率百官朝太上皇帝於德壽殿，以大雨免百官入見，上就宮中行禮。

議朝德壽宮禮

戊寅，有旨：「朕欲每日一朝德壽宮，以修晨昏之禮。昨日面奉太上皇帝聖旨，謂恐廢萬幾，勞煩群下，不蒙賜許。可委禮官重定其期。」

承明集曰：如前代朔望，甚爲疎闊，朕不敢取。

禮部侍郎黄中奏：「謹按：漢高皇帝五日一朝太上皇，今欲乞依前項故事。」詔從之。

登極大赦

大赦，制曰：「春秋法五始之要，聿嚴受命之符，天地之大德曰生，盍下維新之令。太上皇帝慈儉爲寶，遹駿有聲，垂精三紀之間，圖治百王之上。神謨獨運，總一日萬幾之繁；聖武旁昭，極四海九州之廣。未嘗暇逸，久積倦勤。黄屋非帝堯之心，居懷負重；泰元增漢武之策，欲介長年。顧睿訓之博臨，懼眇躬之弗稱。凡今者發政施仁之目，皆得之問安侍膳之餘。爰舉舊章，式覃曠澤。可大赦天下。節文。於戲！有天下傳歸於子，敢忘付託之恩；建皇極敷錫厥民，允副邇遐之望。尚賴股肱同德，中外協謀，共期底於中興，以益光於永世。咨爾有衆，體朕至懷。」

臣留正等曰：談者類曰：「承弊政者務更革，繼治世者尚循守。」是大不然。治世獨無可更革之政乎？夫天下之事，貴於隨時而變通，不可執一而偏徇。

承明集曰：苟當變通之時，而專拘循守之説，不幾於膠柱鼓瑟乎？唯夫雖務循守，而不害其爲更革，雖有更革，而不失其爲遵承，得繼述之意，而不泥其迹，斯爲盡善。臣等竊觀壽皇初政，雖不能不少變於紹興，然其大要則未嘗不以遵奉太上德意爲説。且曰：「凡今者發政施仁之目，皆得之問安侍膳之餘。」此壽皇所以能繼高宗之大業也。

龜鑑曰：「凡今者發政施仁之目，皆得之問安視膳之餘。」此非即位之詔乎？進而得之諄諄之訓，退而得之渾渾之書，此非聖教之序乎？

炎、興詔令，命官裒集，必欲恪意奉承，是一政一事，無不遵之也。稽山宸翰，分賜宰執，且使奉以周旋，是一字一畫，無不敬之也。侍從、臺諫條陳事務，重言責也，亦檢舉紹興之制而行之也。卿監、百執事日輪面對，廣言路也，亦舉行紹興之典而用之也。述太上之意，以責守臣令佐〔二〕，承太上之問，而擇監司郡守。知光堯之念岳飛，則亟復元官；聞光堯之召尹焞，則亟訪巖穴。不愆不忘，率由舊章，吾于孝宗其見之。

尊禮舊弼故老

又曰：「祖宗朝尊禮舊弼，優待故老，有任在京宫觀及入侍經筵者甚衆。至於過闕入覲、郊祀陪位，并歸第就醫之類，所以示眷禮、便詢訪者，惟恐不至。承明集曰：遇有大疑，亦或賜手札就問，俾之條對。故一時人臣立朝之節，雍容可觀。宜令國史院檢討聞奏，當議遵用。」

臣留正等曰：臣聞之書曰：「尚猷詢兹黄髮，則罔所愆。」蓋老成之人，其更事也多，其慮事也審。國有大疑，從而咨訪，所益固多，而況待遇者舊，優之體貌，亦足以見人主尊賢敬老之意。皤然壽俊，儼容在列，又可以增重朝廷，表儀搢紳。祖宗所以眷禮舊弼元老，留之内祠，寘之經筵，意蓋如此。壽皇初政，首命史官討論故實而遵用之，誠知所先務矣。

罷進貢時新

又曰：「應諸路出産時新口味果實之類，所在州軍因緣貢奉煩擾，承明集曰：道上疲費過所，至於數外取索，多歸公庫，更相餽遺，習以成風，或假貢奉爲名，漁奪民利。果實則封閉園林，海錯則强奪商販，至於禽獸昆蟲珍味之屬，則抑配人户。致使所在居民以出産之物爲苦，不唯因口腹之故廣害物命，亦使斯民冒犯險阻，或至喪失軀命，豈不甚痛？太上皇帝已降詔禁約，切慮歲久未能遵奉，承明集曰：仰州軍條具土産合貢之物，申尚書省，禮部參酌天地、宗廟、陵寢合用薦獻，及德壽宫甘旨之奉，當議指揮，止許長吏修貢外。自今一切並罷。如州縣奉行滅裂，因緣多取，以違制論。」

臣留正等曰：昔人有言，以一人治天下，不以天下奉一人。是故聖人菲飲食，薄滋味，不敢恣口腹之欲，自奉養有節者，懼其或至於擾民也。何者？人主意向所在，下皆奔走而奉承之唯恐不及。嗜一味之甘，需一品之珍，初若細事耳，孰知夫奉承者之巧於並緣，乃至彊於抑配，過於搜求，煩費道路。大而病民，小而害物，爲患若此之甚哉！此高宗之所以屢嚴禁約，而壽皇之所以首務遵行者也。至於命有司參酌宗廟、陵寢、薦獻之物，及德壽宮甘旨之奉，許長吏修貢，又不失所謂致孝乎鬼神，以天下養之義。嗚呼，休哉！

戒將帥掊克

又曰：「國家愛養士卒，非不優厚。訪聞軍中管轄人等，或使資倍工價，或令科買物色，多方剋剝，比至請錢，除減幾盡。承明集曰：遂使軍人婚嫁喪葬，多不以時，朕所矜憫。自今主帥仰各體國，務加優恤，以養士氣。如尚不悛，當議顯戮，以勵諸軍。」

臣留正等曰：自兵農分而爲二，國家財賦，費於養兵者，十之八。然而列行伍者猶有不足之歎，蓋主帥不得其人，巧爲減尅而困之也。所謂資倍工價，科買物色之類，蓋不一端。壽皇素知此弊，故於赦令申飭將帥，且言：「如有不悛，將顯戮以勵三軍。」諸將宜知所警矣。

承明集曰：歲月既久，此弊復出，故陛下於即位之初，既降詔旨，又申之以嚴憲。繼自今諸將，或有尚循故習，朝廷苟懲一以警百，使詔令不爲虛文，則軍政自然嚴整矣。

戒將帥私役士卒

又曰：「昔太祖皇帝創業之初，親制軍政，以遺後世。如南北倉請糧之制，平時固欲習其筋力，以戒驕惰，然禁約私役，至爲嚴切。承明集曰：自今諸軍，除繕築城壁、立寨柵、打造戰具、搬請糧草應干工役外。不許私役戰士蓋造私第，營葺房廊，修築園圃及興販工作等，承明集曰：太上皇帝累降指揮約束。如敢更有違犯，委御史臺彈奏，當重寘典憲，庶幾仰合祖宗優養士卒之意。」

臣留正等曰：夫兵不可使太勞，亦不可使太逸。太勞則瘁，太逸則惰。是故役於公可也，役於私不可也。太祖皇帝命軍士於南北倉請粮，使之舍近而就遠，欲以習其筋力，是所謂役之於公也。至於將帥私役，則禁之甚嚴。今壽皇首舉此，以戒諸軍，深得藝祖之意。既重滅尅之令，又申私役之禁，想夫三軍之士，知上之所以撫存之者如此，莫不感激奮興，人百其勇矣。

宮門降輦

癸未，宰臣奏事，陳康伯因奏：「臣等以前一日朝德壽宮，太上皇帝宣諭：車駕每至宮，必於門外降輦。已再三諭之，既以家人之禮相見，自宜至殿上降輦。令臣等奏稟此意。」上曰：「夜來太上皇帝有旨，令朕只朝朔望。朕於子道，問寢侍膳，尤宜勤恪。承明集曰：聖諭丁寧，朕心未安。卿等詳議以

詔求直言

聞。」〔三〕

甲申，詔曰：「朕欽承聖訓，嗣守丕基，猥以眇躬，託於王公士民之上，兢兢業業，懼德菲薄，不敏不明，未燭厥理，將何以緝熙初政，稱太上付託之恩。永惟古先極治之朝，置鼓以延敢諫，立木以求謗言，故下情不塞於上聞，而治功所以興起也。朕甚慕之。況今薦紳之士，咸懷忠良芻蕘之言，豈無一得？朕躬有過失，朝政有缺遺，斯民有休戚，四海有利病，凡可以佐吾元元、輔朕不逮者，皆朕所樂聞。朕方虛懷延納，容受直辭，言而可行，賞將汝勸；弗協於理，罪不汝加。悉意陳之，以啓告朕，毋隱毋諱，毋憚後害。自今時政闕失，並許中外士庶直言極諫，詣登聞檢、鼓院投進，在外於所在州軍實封附遞以聞。」

臣留正等曰：自古帝王之興，其初未有不以直言爲先，蓋以一人耳目之所見，不若合天下耳目所見之多；以一人智慮之所及，不若兼天下智慮所及之廣。而人主之尊，如天威，如雷霆，苟非屈己降心，出於至誠，而有以感動人心，則忠言無自而進。臣竊覩壽皇求言之詔，辭旨明切，可謂出於至誠，而不爲虛文者矣。至曰：「言而可行，賞將汝勸，弗協於理，罪不汝加。」則凡在臣子，孰不欲各効所見，各輸厥忠，以應上之求乎？是宜當時上封事者至以千數也。

朱熹應詔上封事

監潭州南嶽廟朱熹上封事言：「聖躬雖未有過失，而帝王之學，不可以不熟講。朝政雖未有闕遺，而修攘之計，不可以不早定。利害休戚，雖不可偏以疏舉，然本原之地，不可以不加意。帝王之學，必先格物致知，以極夫事物之變，使義理所存，纖悉畢照，則自然意誠心正，而可以應天下之務。」又曰：「今日之計，不過修攘〔四〕。然計不時定者，講和之説疑之也。」又曰：「四海利病，繫斯民之休戚。斯民休戚，繫守令之賢否。監司者，守令之綱，朝廷者，監司之本。本原之地，亦在朝廷而已。」

編建炎紹興詔旨

丁亥，詔曰：「朕惟太上皇帝臨御三紀，法令典章，粲然備具。其議設官裒集建炎、紹興以來所下詔旨，條列以聞，朕當與卿等恪意奉承，以對揚慈訓。」

臣留正等曰：聞之董仲舒曰：「道之大，原出于天，天不變，道亦不變。」是以禹繼舜，舜繼堯，三聖相承，授受以道，無變道之實也。」洪惟高宗皇帝行堯之道，與天同功，萬世之下，猶一日也。肆我壽皇聖帝紹堯之統，與舜同符，嗣位之初，首先設官裒彙建炎、紹興詔令，欲恪意奉承，以對揚慈訓。二十八年之間，刑清而政平，德翔而恩溥，其守道不變，明效大驗如此。

胡銓復元官

詔胡銓復元官，差知饒州。

臣留正等曰：敵國外患，天之所以愛人主也；法家拂士，人主之所以自愛也。人主敬法家拂士，所以自愛者至，然後天無所施其愛。我之意苟爲不知自愛，輕去其法家拂士，則天始愛之，於是乎警之以敵國外患，警之而又不悟，則昔之愛我者，移而爲棄我矣，可不懼哉！壽皇嗣服之初，首褒前日骨鯁之士，一以振作士夫敢言之氣，一以尊王室而壯國威，其自愛之術至矣！宜其內修外攘，功成治定，基泰岳之高，而源洪河之長也。

定七日一朝禮

禮部侍郎黃中等劄子：「奉聖旨：『太上皇帝有詔，却五日之朝。朕心未安。有司宜詳議以聞。』臣等今詳議，除朔望皇帝詣德壽宮朝見外，欲乞於每月初八并二十二日朝見，並如宫中之儀。」詔從之。

臣留正等曰：謹按三輔黄圖，漢高祖初居櫟陽，故太上皇因在櫟陽，漢六年，高祖自南宫歸櫟陽，始五日一朝太公，高祖既侍太公於櫟陽，雖晨至寢門，而日三朝，亦不爲過。顧乃五日而一朝，則於禮爲已疎。今東内在禁城之外，數蹕煩民，而猶循漢制，五日一朝，則於禮爲已數。參稽厥中，距朔望之後七日而朝，則不疎不數，而中於禮矣。是宜率履不越，以彰前美，而垂懿範於無窮也哉！

供德壽宫米炭

司農少卿朱夏卿奏：「今來德壽宫合支供米、炭，未承所屬報到數目。」詔劄與提舉官，據每月合用米、炭，前期報所屬，依數支供，付户部施行。

臣留正等曰：周官：膳夫掌王及后、世子之膳羞，歲終則會，唯王及后、世子之膳不會；外府掌王及后、世子衣服之用，歲終則會，唯王及后之服不會。夫以天下而奉一人，唯恐不極其至，況可從有司之會計哉？惟王不可會，故等而下之，后及世子亦不可會，所以尊王也。夫等而下之，且不可會，則推而上之，其不可會，抑又明矣。蓋爲天子，父尊之至也，以天下養養之至也。不知是，何以昭至養而奉至尊哉！

張震乞復輪對

壬辰，殿中侍御史張震奏：「竊見紹興二年詔書略曰：『昔我太祖皇帝嘗令百官輪次面對。自今後，行在百官日輪一員面對，朕當虛佇以聽其言，且觀其行。』陛下初承聖緒，欲望舉行舊典，特降詔旨，許令百官日以序進，則數月之間，議論畢陳，而賢愚可以概見。俟其既周，即復依舊五日輪對，亦不爲煩。」詔從之。

臣留正等曰：唐太宗問魏徵曰：「爲君何道而明？何失而暗？」徵對曰：「君所以明，兼聽也；所以暗，偏信也。此無他，偏信則私，私則暗；兼聽則公，公則明故也。」肆我太祖皇帝之肇基，高宗皇帝之再造，雖倥傯不暇給之日，而首先延見百執事之臣，使悉具所聞以對，用能成創業、中興之美。我壽皇聖帝嗣守家法，當始初清明之際，亟欲講求民瘼，輟五日輪對之班，詔百官日以序進，非特使位於朝者，亟獲瞻望清光，展盡底蘊，而天日所臨，賢否畢陳，進退用舍，莫不各盡其分矣。

呂中大事記曰：自即位初年，詔百官五日一輪對，自是引見一班，或三四班，而視其所由，退而考察所行，故王曉以朝見而除郎官，王藺以陛辭而除御史，鄭聞、沈度以歸自輔藩而除樞掾、宰屬。賈光祖論州郡不當獻羨餘，則曰：「議論人物，有似楊輔。」近臣問郡守得對者孰爲稱旨，則曰：「潘慈明氣寒，周頡又下慈明一等。」或内召小臣，或特引布衣，如朔，如光朝，如掞之，皆以議論剴切，即蒙擢用。其後生氣驕，言論卑鄙，一經奏對，悉了其爲人，故有晨奏事而暮批除，夕引見而朝放辭者。而碌碌者頗以輪對爲憂，此百官陛對之制，而天日照臨，賢否畢見也如此。

禁私役軍匠

是月，劄下工部長貳，先將軍器所私役、占破、借使工匠，盡令改正，專一造作軍器，務要精緻。如敢依前違戾，監官取旨黜責，合干人重行決配。委御史臺覺察。

除江淮宣撫

張浚論人主之學

召見張浚

上手書召判建康府張浚。既見，上改容曰：「久聞公名，今朝廷所恃惟公。」浚言：「人主以務學爲先。人主之學，以一心爲本。一心合天，何事不濟？所謂天者，天下之公理而已。必兢業自持，使清明在躬，則賞罰舉措，無一不當，人心自歸，醜虜自服〔五〕。」上竦然曰：「當不忘公言。」浚見上天錫英武，力陳和議之非，勸上堅意以圖事功。於是加浚少傅，進封魏國公，除江淮宣撫使、節制屯駐軍馬。

江浙蝗
浙西水災

右正言袁孚言：「乃者六月中旬，霖雨累日，浙西州郡，以山水發洪，壞廬屋、舟楫，而人被其害。近又聞江、浙之間，飛蝗爲害。此二者同出於一月之内，天其或者仁愛陛下之深，警戒陛下之切，欲陛下修德以應之乎？」

秋七月壬寅，詔曰：「永惟邦本，實在斯民。民之休戚，實繫守令。太上皇帝精擇循良，留神惠養，垂及眇躬，其敢怠忽？咨爾分土之臣，毋滋獄訟，毋縱吏姦。毋奪民時，以事土木；毋掊民財，以資餉遺。有一于此，必罰無赦。至於俾民安其田里，愁歎不生，增秩賜金，若古令典。」

臣留正等曰：舜之承堯〔六〕，咨十二牧，在命九官之前，蓋民者邦之本，牧民者政之本也。堯之時，黎民既已時雍，天下既無窮人矣〔七〕，及其咨舜，猶首及於困窮之民，此舜之咨牧，所以必首之以食哉。惟時也，壽皇臨御之初，首述太上之意，戒守令以四事，嚴之以必罰，而勸之以厚賞，聖聖相承，專務惠養，真堯、舜之用心，而有宋之家法也。

詔京尹供饋營辦

丁未，賜知臨安府趙子潚御劄，罷京尹供饋、營辦。上曰：「更宜子細求訪，應有擾民之事，一一條具聞奏。如今次停罷供饋等，所省錢二萬餘貫，可以盡與民間除去科擾。」

臣留正等曰：京師，諸夏之根本也。風俗之美惡，民情之慘舒，天下皆於此乎視傚，是以人主施仁，必先於此致意焉。壽皇聖帝至仁一視，溥博如天，將欲風示四方郡國，皆知以恤民爲心，以擾民爲戒，故一劄之頒，首及天府，罷供饋、營辦之私，以革掊取、科擾之弊。復詔守臣訪求民瘼，悉以條上，至哉，仁聖之用心也！豈惟輦轂之下民被其惠，凡膺牧民之寄者，孰不精白一意，以承休德，敢有一毫病民者哉？播告之修，發於至近，形於至遠，環天下皆如在畿甸中矣。

追復岳飛官録岳飛後

戊申，詔追復岳飛元官，以禮改葬。訪求其後，特與録用。

地震大風拔木

是日，地震，大風拔木。

激賞庫歸左藏

癸丑，詔御前激賞庫並撥歸左藏庫，今後諸路發到綱運准此。

不許折納

己未，詔職田米自今輒敢折納見錢，並計贓坐罪。

臣留正等曰：「興廉黜貪，帝王所以善俗也。古者卿以下有圭田，以圭田名取於純潔，欲其食之以養廉，今之職田是也。月俸之外，有此歲入，可以自養，然猶未滿其欲，而高其直以取錢，將以勸廉而反以資貪，可謂背戾之甚，此宜明聖所以加誅也。」

采用直言

辛酉，詔進士李琦議論可採〔八〕，召赴都堂審察。又詔今後直言上書，並付中書、門下後省看詳，有可採者，中尚書省取旨。

免聖節供奉

壬戌，詔：「將來聖節，諸路監司、州軍應合進金、銀、錢、絹等，緣天申聖節已行進奉合進之數，權與蠲免。」

臣留正等曰：「聖人之德，莫大於仁孝。孝，故不以天下儉其親；仁，故必欲損上以益下。壽皇之初履位也，致孝於親，以天下養，四方進奉，同於祝堯。至於會慶誕節，預下明詔以止之，示不專於天下自奉焉。孝以事親，仁以厚下，一舉而二者兼，聖人之德，亘古鮮儷，雖舜之爲法於天下，可傳於後世，亦何以加此。」

張浚乞降糴本

判建康府張浚奏：「臣面奉聖訓，令措置收糴米斛。今來江、浙豐稔，宜趁時措置其糴本。乞從御前支降。」詔内庫支降銀三十萬兩。

臣留正等曰：預備之道，有國之所宜先。漢文帝時，休養生息，寖富實矣。賈誼則曰：「不幸有方二三千里之旱，國胡以相恤？卒然有急，數千百萬之衆，國胡以餽之？」壽皇嗣政之初，任大臣以北方之寄，論使市糴以廣儲蓄，不用大農之錢，而出少府之藏，約己愛民，聖慮深遠矣！

癸亥，殿中侍御史張震奏：「四川有名無實之錢遞相積壓，州縣各據本年分所收錢物，具鈔赴總領所送納，而總領所即據其已前年分所欠之數批改鈔旁，理作舊欠。則舊欠雖足，而新欠仍在。恭睹登極赦文，積年未納之錢，截自紹興三十年以前，並與除放，甚大惠也。應州縣納總領所鈔旁，若已改批作三十年以前所欠，並聽執用元鈔，作本年分改正豁除。」詔從之。

史浩主和議

先是，虜遣僕散忠義及紇石烈志寧經略四州地〔九〕，爲我師所敗，於是以檄至盱眙軍，云：「既有通和之意，自宜各守元立封疆。」邊臣以聞，乃下詔曰：「敵人來索故禮，從之則不忍屈辱，不從則邊患未已。中原歸正人源源

詔訪和戎策

不絶，納之則東南力不能給，否則絶向化之心。宰執、侍從、臺諫各宜指陳定論以聞。」群臣繼有論列，而宰執獨無奏章。上以問參知政事史浩，浩奏略云：「先爲備守，是謂良規。若夫議戰與和，則亦在彼，不在此，彼戰則戰，彼和則和。和不忘戰，姑爲雪恥之後圖；戰不忘和，乃欲緩師而自治。」又曰：「第當堅壁，力禦攻衝，謹俟乘機，以圖恢復。」先是，史浩議欲城瓜洲、采石，下張浚議。浚謂：「如此，是示虜以削弱之形〔一〇〕。不若先城泗州。」浩既參知政事，浚所規畫，浩必沮撓，如不賞海州之功，屈死驍將張子蓋〔一一〕，散遣東海舟師，皆浩之爲也。

汪澈視師京湖

命參知政事汪澈視師湖北、京西。

虜不納劉珙

張浚乞絶和議

是時，劉珙使虜〔一二〕，不至而復。先是，洪邁、張掄使回，見張浚，具言虜不禮我使狀，且令稱陪臣。浚謂不當復遣使，而史浩議遣使報虜以登寶位，竟遣珙行。至境，虜責舊禮，不納而還。

罷孟思恭交賂

八月乙丑朔，詔知閤門事孟思恭奉使受賂，可罷見任。

詔臧否列郡守

丙寅，詔曰：「永惟民之休戚，繫於牧守，咨爾部使者，其悉乃心，察列城之政，舉循良，劾貪暴及疏怠曠職者，以聽陞黜。至於任非所長，無他大過者，亦條列以聞，朕當命以他官。其令諸路帥臣、監司，限兩月悉具部内知州治行臧否，連銜聞奏。」

臣留正等曰：唐、虞建官，内有百揆、四岳，外有州牧、侯伯，所以綱維乎内外。國朝慶曆間，欲肅清州縣，亦必選用一時風采才幹之臣，分布諸路，以爲監司。所以綱維外治，布宣君人之德意，而民情之休戚利病，得以上聞者，此職僅不廢耳。故其人不可以不擇，而其權不可以不重也。壽皇臨御，既詔守令以惠養，復詔部刺史以察舉，且述祖宗所以分道遣使，寄之耳目，而民安於田里之效。聖意所出，坦然明白，始終在位，遴選使軺，丁寧懇惻，必屬以民事，其致治之本原，深仁厚澤，滲漉中外，端在是矣。

詔戒占破禁軍

丁卯，詔：「祖宗格法，差破禁軍，自有定數。比年三省、樞密院諸房及百司例作名目差占，抽强壯披帶之人，以充擔擎、看管、雜役，實爲蠹兵之弊。仰諸房、百司除依數目差破，餘令拘收。如敢影占，重寘典憲。」

任古按孟思恭

辛未，諫議大夫任古奏：「孟思恭奉使受賂，而朝廷不能正其典刑。夫人之有過而不能治，在國法爲可廢；國之有法而不能施，在朝廷爲可羞。願陛下澄源塞流，使斯輩貪利敗國之心，潛銷於冥冥之中，則專對於外，可以無辱命之憂。」乃降授武功大夫、吉州刺史。

臣留正等曰：法行必自近始，人主所以整齊天下也。思恭奉使而以貨取罰，其可逭哉？故雖上閤親近之臣，即加罷斥，可謂不牽於私矣。諫臣抗疏，以爲未厭於人心，則又鐫秩以勵其餘，用法之公如此，左右之人，孰敢憑恃以壞紀律哉？

上太皇太后册寶

戊寅，上詣德壽宮，奉上光堯壽聖太上皇帝、壽聖太上皇后尊號、册寶，行禮。

臣留正等曰：舜受堯之天下，作堯典繫之，虞書歸尊之，義也。蓋上古簡朴，禮文闕焉。漢高祖始尊太公爲太上皇，典章抑未備。自唐開元、至德以來，迺議隆徽號，備禮儀，燦然可覩矣，而實有不稱乎文者。惟我高宗之於壽皇，以父子之親，行堯、舜之事，雍容於揖遜之餘，故舉行大典，盛禮備樂，和氣薰塞，士生斯時，以身親見之爲幸，然此猶一時禮文之盛也。迨夫篤愛敬之誠，盡尊養之至，承顔養志，二十八年之間，曾微間言，則壽皇事親之孝，根於天性之自然，而海寓乂安，中外悦服，蓋正家而天下定矣。三聖授受一道，再講縟儀，生民以來，未有盛于此時也。豈特下陋漢、唐，殆將上軼虞、夏矣！

追册皇后郭氏。初，后歸於潛邸，愭、愷、惇，皆其所生云。

九月丁酉，詔：「朕仰稽祖宗故事開講。其日可召輔臣觀講。」

臣留正等曰：有一言可以盡爲君之道者，其惟學乎？揚雄曰：「學之爲王者事，其已久矣！」何者？人君以一心之微，而當天下事物之衆，苟非延禮名儒，朝夕講學，求以救其所偏，解其所蔽，則詆欺之言入，是非有或失其真，私比之言入，好惡有或失其正者矣。太宗嘗謂近臣曰：「人君當澹然無欲，形見于外，則姦佞無自而入，朕年老無他欲，但喜讀書，用鑑古今成敗耳。」真宗之時，益修太宗之業。仁宗在位四十二年，學問未嘗暫廢，邇英閣講讀，蓋仁宗之成規也，可謂知所先務矣。壽皇不以上智之天縱，亟思聖德之日躋，肇纘洪圖，若稽古訓，既

追册皇后郭氏
復御講筵
召輔臣勸講

詔有司趣勸講之日，又延輔臣，與從容之觀，君臣上下，相與講摩乎此，則正心、誠意之説，與夫治國、平天下之道，固已溢黈聰而積淵慮矣。在位垂三十載，所以承高宗安静不擾之福，垂今日揖遜無疆之休，蓋本諸此而已。

催看詳奏疏

戊戌，詔：「比下求言之詔，欲急聞過失。四方有獻言者，並付後省看詳。今已踰月，未聞推擇來上。可令催促。」

臣留正等曰：天下之治亂，繫乎言路通塞而已。本朝慶曆、元祐之際，聖度汪涵，容受讜直。方是時，朝廷政事微有過差，上自公卿大夫，下及州縣小吏，皆得以盡言而無諱，故其治效卓然，有三代純懿之風。一弊于熙、豐，再弊於宣、政，而後知言路之不通，其患有不容弭者。壽皇於祖述憲章之際，聖意固知所擇矣。肇啓重熙之運，誕布惟新之政，薄海内外，翹首望治，固未覩夫闕政之可陳也。而乃下詔求言，急於聞過，既命後省推擇，又令催促來上，皇皇汲汲，惟恐一言之或失也，雖大舜舍己從人，禹聞善言則拜，何以上諸？

詔：「蜀去行都萬里，人材豫當儲蓄，以備緩急。欲舉一忠愨明敏之士，周知蜀利害者，爲都轉運使，可令集侍從、臺諫各舉所知，以俟採擇。」

詔舉蜀中都運

臣留正等曰：聖人一視同仁，初無遠近之間。然以天下之勢言之，近之可憂，未若遠之可憂之深也。蜀去天萬里，雖未嘗罹兵革之禍，而渡江以來，養兵之費，皆於此乎取給焉，民力之困，至是最極，則與嘗罹兵革之禍，無以大相過也。而況乎吏之賢否，朝廷未易以亟知，則斯民之冤抑，果何所從以爲赴訴之地乎？此壽皇登極未幾，所以首頒詔旨，急於擇蜀之都轉運使者，其慮遠也，蓋詳矣！孟子曰：「武王不泄邇，不忘遠。」可謂異世而同符也。

甲辰，侍讀洪遵進讀三朝寶訓，至「太宗問『君子少，小人多，何也？』呂蒙正曰：『此繫時運盛衰。』」上曰：「朕以爲不然，正在人君如何。」

進讀三朝寶訓
寶訓論君子小人

臣留正等曰：大哉！壽皇斯言，真可爲萬世法也。人君一心之取舍，君子小人消長之機也。何則？君子所向者爲公正，爲忠直；小人所向者爲私邪，爲佞柔。君子所守者一定而不可移；小人則觀望希合，隨時上下，而無所主。是以君子之道常直而難合，小人之言常遜而易從。自非聖智不惑之君，未有不屈彼而伸此者。昔者舜、禹、共、兜雜處堯朝，堯能賢舜、禹而退共、兜，故大治。孔子與季、孟皆仕于魯，魯公賢季、孟而退孔子，故大亂。由是觀之，君子小人之消長，果何繫乎時運盛衰哉？特在人主取舍何如耳。

不許援例添請

壬子，户侍周葵等言：「臣僚于合得請給數外，陳乞援例增添，今後並從本部稽察。雖有畫降指揮許執奏，不行。」詔從之。

召胡銓王十朋
除周操正言

甲寅，詔胡銓、王十朋並召赴行在，周操除右正言。

臣留正等曰：舜、湯選舉，不仁者遠。人君即政之初，天下特觀其一舉措之間，足以逆覘其治象之爲何如也。壽皇嗣登大寶，妙揀人材，如銓，如十朋，如操者，顧未可亟以皋陶、伊尹之事業聞之，然其砥節勵行，實當時海内之所傾心者也。乃於一日之頃，或賜之命召，或擢之諫垣，使朝廷凡所召用，類皆如此，豈不足以大慰天下之望哉！舜、湯得其一，壽皇有其三，其光明盛大之舉，不止加前哲一等矣。易曰：「聖人作而萬物睹。」萬物之睹，睹此而已，顧不休哉！

龜鑑曰：敬觀高宗尊號之上，名曰光堯，是以堯尊其父而以舜處其子也。重華協帝之事，亦嘗講聞，其大略乎舜典一篇，乃舜即位初年之事。而紹興已受禪之後，隆興未改元之前，孝宗初政，即此而論之，真可同日語。是故戊寅大赦，其與眚災肆赦同一心；丁亥寬恤，其與欽哉惟恤同一意。時政有闕，許令直言，其明四目、達四聰之義歟？「咨爾分土之臣，明示朕意」，其咨四岳、咨十二牧之舉歟？循良貪暴，陞黜有詔，是何異三考之黜陟？貪利受賂，明正典刑，是何異四兇之誅殛？尊禮舊弼，如勉留康伯，再相魏公，即因堯輔佐之遺意也。收召善類，如起胡銓，敘王十朋，擢周操，即十六子堯不能舉而舜舉之也。瑟之方絃，玉之始琢，聳人觀聽，表表若是。以即位之一年考之，則二十八年之聖政，皆可自是而推矣。

不許繼先還行在

庚申，給事中金安節等奏：「奉聖旨，福州居住致仕王繼先已經大赦，可令任便居住。臣竊以王繼先罪惡稔積，群情久憤，太上皇帝用公議逐之，天下稱快。欲乞寢罷令任便居住指揮。」詔王繼先依赦任便居住，不得輒至行在。

臣留正等曰：聖人之治天下，恩與法並用，而後可以相繼於無窮。諸葛亮曰：「吾今威之以法，法行則知恩，二者未嘗使之偏勝而已。」肆我壽皇登極，引大宥之文，許之從便，此恩也。而給、舍之論，猶且以爲殊駭物聽，未厭公議，壽皇於是裁之以聖斷曰：「王繼先依赦任便居住，不得輒至行在。」一以開其自新之路，使之知朝廷之恩；一以杜其僥倖之門，使之不敢玩朝廷之法，不偏不倚，如持衡然。壽皇所以御天下之道，至是無餘蘊矣！

獎獻言之士

壬戌，詔：「吳懤、劉藻、黄開、陳騤、陳巖肖、周允聞、沈堯聞、沈堯咨、汪必明、褚觀、劉祖禮上書，皆已親覽，有補治道。京朝官可減二年磨勘，選人與循一資，布衣、進士與免將來文解一次。」

光宗封恭王

是月，封皇子愭爲鄧王，愷爲慶王，惇爲恭王。

寶訓真宗守清静

冬十月丙寅，侍讀洪遵讀三朝寶訓，至「真宗論政理曰〔一三〕：朝廷但守清静之理，凡事務詳酌而行，勿使庸人擾之。」上曰：「天下本無事。」遵對曰：

「誠如聖諭。」

臣留正等曰：聖人之治天下，惟循乎自然之理，初無容心於其間，此其所以爲清心省事之要也。嘗觀帝舜之治天下，明目達聰，舉賢去惡，事無不舉。而孔子之稱舜，則曰無爲。禹之治水，瀹濟、漯，決汝、漢，害無不去。而孟子之論禹，則曰行其所無事。是二者雖不同，其循乎自然之理，則一而已。故舜雖無爲，而見於施爲者，未嘗不詳。禹雖行其所無事，而見於事功者，未嘗不著也。後世如老聃、莊周不明乎此，乃欲一切取仁義禮樂而棄置之，遂流於空虛寂滅之地，此其與舜、禹相去豈不萬萬哉？至尊壽皇聖帝深明乎真宗清静之訓，而有「天下本無事」之語，此正與帝舜之無爲，大禹之行其無事者，若合符節也。

詔舉監司郡守

詔侍從、兩省、臺諫、卿監各舉可任監司、郡守之人，分爲二等，一見今可用，一將來可用。限一月聞奏。如所舉，增秩賜金，舉主同之；不如所舉，罰亦同之。及見任監司、郡守才與不才，亦限一月内，逐一具姓名、臧否品目來上。

留陳康伯

左僕射陳康伯乞解機政，御筆曰：「太上皇帝儲卿以佐朕，卿遽力請，豈朕涼菲不足與爲治？況今邊陲未爲無事，卿縱欲捨朕而去，寧忍違太上皇帝之意耶？」太上御筆曰：「皇帝來奏，卿上章力乞解罷，欲吾親筆諭卿。皇帝以卿元老耆舊，方委任機務，留卿之意甚堅，卿可體至意，不得再有陳請。」

竟治陸廉公事

丁卯，大理少卿李洪引見奏事，上曰：「陸廉公事，候將來結案日，更來奏知。」

臣留正等曰：舜正四兇之罪，冒賄者必誅之。商立三風之戒，徇貨者必刑之。夫天下之理，清濁異塗，貪廉異趣。濁者進，則清者必退；貪者用，則廉者必去，如冰炭之不可得而合也。故聖人謹刑賞以御之，所謂舉直錯諸枉，則民服也。皇朝自祖宗以來，所以繩贓吏者，其法甚密。紹興之末，陸廉以貪墨繫于有司，而壽皇所以深切注意者如此，至諭理官，俾之更來奏知，竟正廉之罪，而無所貸，天下之人，苟有貪者，其敢不知懼乎？

張浚置武毅騎士

江淮宣撫使張浚劄子奏：「臣近措置招集御前萬弩手，其所招人，多是莊農，間有稍稍出衆之人，恥與爲伍。臣昨乞別置武毅騎士三百員，以待謀慮過人、勇敢絶衆者，至今未蒙指揮。臣續體訪得淮北歸正忠義及見今將佐之家，往往有武勇壯健、曾習弓馬者甚多，以所請既薄，不願前來。契勘諸軍見招武勇效用，每月食錢九貫、米九斗，皆是旋刺南兵，艱於教習。今來大約可將武勇效用三人請受，以給毅士二名。」詔從之。

招徠歸正人

庚午，侍讀洪遵進讀寶訓，至「太祖嘗視朝罷，坐便殿，俛首不語者久之。内侍王繼恩請其故，太祖曰：『爾謂帝王可容易行事乎？朕早來乘快指揮一事，史官必書于簡册，故不樂也。』」上曰：「若朽索之馭六馬，何敢輕忽？」又曰：「爲人上者，奈何不敬？」

讀寶訓知爲君難

臣留正等曰：孔子之論興邦，曰爲君難。夫以萬乘之尊，四海之奉，其貴無敵，其富無倫，而聖人乃以一言蔽之曰難，此萬世人主所當致思焉者也。是故聖人之治，躬示儉約，茅茨土階，而不以爲陋；身履憂勤，胼手胝足，而不以爲勞；容受忠直，犯顔逆耳，而不以爲忤；損上益下，泛愛博施，而不以爲過。皆所以全聖德，而祈天之永命也。皇朝之興，藝祖開創大業，澤流億載，功冠百王，可謂盛矣。當時一事雖或差軼，似未爲害，而聖情不怡如此。壽皇遠遵神謨，而有取於大禹朽索之訓，垂諸萬世，足爲憲法，況聖王以禹紹舜，其可不念之哉？

讀寶訓知養生

又讀寶訓，至「太平興國九年，太宗謂宰相曰：『朕每日所爲，自有常節。行之已久，甚覺得力。凡人食飽，無不昏濁。儻四肢無所運用，更復就枕，血脈凝滯，諸疾自生，欲其清爽，其可得乎？』」上曰：「祖宗不特明治道，又達養生之理，所以治道清静。」又讀至「綾錦使王贊上織錦匠兇濫之罪，上令引對，反言贊私役工傭，鞫之皆實。特詔杖贊，降秩，賜織匠采帛。」上曰：「祖宗精於治道如此。」遵奏云：「願陛下以祖宗爲法，天下幸甚！」

祖宗精於治道

臣留正等曰：自古國家之久長者，未有不由子孫遵守祖宗之訓也。夫繼體守文之世，前聖之法，見於已爲，而驗於既往，遵而行之，以克永世，理有灼然不易者。故司馬光有言曰：「使三代之君，常守禹、湯、文、武之法，雖至今存可也。」壽皇講論治道，動以祖宗爲法，所謂監於先王成憲，其永無愆者哉！

周操乞久任百官

右正言周操奏：「國家内設百官，必資久任，以責成效。今則不然，自丞、簿不數月望爲郎，自郎不數月望爲卿、監。利於速化，人則幸矣，職業不修,國家何賴?若乃監司、郡守之數易,則其害又有大於此者。監司一易則擾一路,郡守一易則擾一州。臣願陛下面諭大臣:自今内外除授之際,恪意精選,務在久任。」詔令三省遵守。

臣留正等曰:貪爵禄而利於速化者,人之私情也。惜名器而務於久任者,國之公法也。私情公法,不能兩立,其所從來遠矣。壽皇用諫臣久任之説,豈非欲爲臣者皆知以公而滅私乎?

編纂勛臣事迹

編類聖政所詳定官徐度劄子,討論慶曆至建中靖國所載勛臣名次,或有未盡,悉令添入。元祐、靖康、建炎以後,有合籍記者,已降指揮,令聖政所接續編纂。今申請乞下吏部,盡數抄録,併移文諸路,搜訪勛勞實迹,繳申朝廷。詔從之。

乞命六察糾六房

壬申,右正言周操言:「三省有六房,其屬爲六部,而御史臺有六察,所以相爲表裏也。祖宗之意,正欲御史糾六房、六部之稽違者。今之六房、六部人吏積習玩侮,情弊百出。欲望申嚴行下六察官,每月糾參所隸官司〔一四〕,親加詢究,小事具奏,大事隨長貳上殿,庶幾察官各舉本職。」詔令檢舉見行條令施行。

甲戌，詔：「諸路州縣老疾、貧乏、乞丐之人，在法以常平米斛養濟。自十一月一日起支，至次年三月終。令户部檢坐條法指揮，申嚴行下，務行實惠。」支養濟米

丁丑，殿侍張震奏：「兩宫册寶，執事者蒙慶賜，奉承于兩宫者，皆已拜官爵，而吏胥無知，舞文巧請，尚書省人吏，大者轉官，與減二年磨勘，小者減半，而太常寺等處人吏又不與焉，此何爲者？願明降指揮，並行追寢。」寢胥吏濫恩

詔從之。

臣留正等曰：舞法者，胥吏之常；守法者，人臣之職。壽皇使臺臣得舉其職，而胥吏無所容其姦，治功豈有不成者乎？

戊寅，殿中侍御史張震奏：「切見去年李顯忠所保明横澗山賞并采石賞，與吴璘保明方山原、隴州賞，厚薄不侔。如臣愚見，欲立爲功賞格式，頒下諸將。如拔某城、斬某將、破某衆者，謂之奇功，其次爲第一、第二、第三等，各當轉若干官，並須各有實狀，就其軍中以次保明推恩。」詔令檢正，左右司同共看詳，立格聞奏。

覈實軍功

右正言周操奏：「去冬虜騎退歸〔一五〕，諸將貪天之功以爲己力，節次奏功，數目浩瀚，略無限節。欲乞下張浚、陳俊卿公共商議，如何措置，以杜僥倖。」詔令張浚、陳俊卿覈實聞奏〔一六〕。

臣留正等曰：臣聞之范祖禹有言：「官爵者，人君所以馭天下，不可以虛名而輕用也。」君以爲貴則貴之，君以爲賤則賤之，難得而加於君子則貴，易得而加於小人則賤，此理昭昭，不可誣也。壽皇内修外攘，當舍爵策勳之際，而能用議臣之言，愛惜爵賞如此，蓋知先聖所謂名器不可以假人者。方之漢置武功爵，唐給空名告身，豈不相千萬哉？

命王之望代允文

是月，以王之望爲川陝宣諭使。時虜將合喜方與吴璘爭德順軍〔一七〕，或上棄三路之議。宣諭使虞允文力請勿棄，章十餘上，乃罷允文而命之望，詔璘審度事勢，從長措置，務要保護川蜀，蓋示以棄地之意也。

詔吴璘保蜀

尋詔允文往璘軍前計事畢，赴行在。

賜尹穡陸游出身

賜樞密院編修官陸游、尹穡進士出身，以權知院史浩、同知黄祖舜之薦也。

館職不定員

十一月甲午，殿中侍御史張震奏論國子監已減員，不宜復置。上曰：「館職、學官，祖宗設此，儲養人材。朕欲待方來之秀，不可定員。」

學官不定員

臣留正等曰：官冗之弊，人皆欲省之，省之，誠是也。然官之設，有若不急而實急者，一切損之，不亦過乎？自非聖意高遠，孰知所省者有大不可省者存焉。且學官之員亦夥矣，損一正、録之職，宜若未過，明詔乃謂：「學官與館職均爲祖宗儲養人材之地，將以此待方來之秀，不可定員。」大哉，王言！豈徒爲儒生光寵，宸衷欲培壅人材，爲國家無窮之用，彼議者豈知所輕重哉？

不取撥常平米

丙午，臣僚言：「近日於淮東西總領司各樁苗米一百萬石，備宣撫司移屯支用。内撥浙西常平米一十三萬二千餘石往淮東，江東常平米三十七萬四千餘石往淮西。切惟常平一司，蓋備水旱、盜賊緩急之用，積年陳腐，及移易，借兑，殆居其半。一旦三分取一，兩路所積，幾無餘矣。間遇水旱、盜賊之變，將何以爲備乎？」詔户部看詳。户部申乞於兩浙漕司和糴米撥一十三萬二千餘石，赴淮東；江東、西漕司和糴米并江西上供米，建康中納米九千石，共三十七萬四千餘石往淮西，其江、浙常平米更不取撥。從之。

庚戌，進呈方滋論沙田疏，上問沙田事，或以爲可取，或以爲可捐。陳康伯等奏曰：「君子小人各從其類，小人樂於生事，不惜爲國斂怨；君子務存大體，惟恐有傷仁政，此所以不同。」上曰：「然。」乃詔措置沙田、蘆場指揮更不施行。

寢沙田蘆場指揮

臣留正等曰：人主之心，惟虛而明，故君子之言易以入焉。漢、唐之君，利欲之私，先寔其中，雖有忠言至論，終莫能奪，武帝、德宗蓋可見矣。今夫沙田之議，或曰可取，或曰可捐，爲取之之説者，不過曰以利吾國也；爲捐之之説者，則曰不若以利吾民也。聖明在上，一於厚下，固有定見矣。輔臣一言，適動真機，欣然開納，已行之命，旋即寢之，非聖心虛明而然哉？是宜大臣誦嘆，而吾民相與鼓舞也。

甲寅，殿中侍御史張震言：「竊見乾德四年詔曰：『自今内臣年及三十以上，兼見在朝廷繫職，方許養一子。』至皇祐五年，詔内侍以一百八十人爲額。嘉祐中，韓絳奏内臣員多，請住養子。至治平以後，始復許奏薦。而熙寧中，神宗諭輔臣曰：「方今宦者數已多，而隸前省官又入内侍，絶人之世，

張震論内侍養子

仁政所不取，且獨不可用三班使臣代其職事乎？」吳充對曰：「此盛德事，臣等敢不奉行？」至於自來條例，又須限以年甲，試以詩書，籍定姓名，遇闕撥填。宜立爲定制。」詔令內侍省開具見在人數聞奏，今年會慶節權免進子。

乞不收敘贓吏

乙卯，臣僚言：「祖宗時，贓罪削籍配流者雖會赦，不許放還敘用。近睹登極赦，應命官除名、追降官資及勒停并永不取敘人，並與敘元官，甚失祖宗痛繩贓吏之意。乞自今官吏嘗經勘斷，犯入己贓，並不許收敘。如有已放行收敘者，即爲改正。」從之。

優禮老臣

辛酉，御史中丞辛次膺奏：「臣恭奉詔書，除常朝便殿引對外，應行事陪位、立班、從駕及非從朝謁，並許請假，并已降指揮，殿下令閤門人扶掖。今後如遇德壽宮起居，臣欲乞趁赴立班，許臣就用本臺知班二人扶掖。」從之。又詔張燾朝謁禮數，並依辛次膺已得指揮，仍許乘轎入出皇城門，至宮門內上下馬處。

臣留正等曰：七十不俟朝，八十杖於朝，著在禮經，此待老臣之異數也。秦穆公一霸者，猶能以番番良士爲貴，不以膂力既愆爲嫌，況於聖明之朝乎！我壽皇聖帝之初政，延登故老，皤然在位，資啟沃之崇論，略朝謁之常儀，其敬賢貴老之意，寔與禮經同符矣。然此豈私爲二臣之榮，蓋所以增朝廷之重也。

汪澈視師京湖

參知政事、督視湖北京西軍馬汪澈言：「荆、鄂兩軍屯守襄、漢，糧斛浩瀚，悉溯漢江。霜降水落，舟膠不進，舟人逃遁，官物耗散，而軍食又不繼。臣今者相視，得襄陽古有二渠，長渠溉田二千頃〔一八〕，木渠溉田千頃〔一九〕。自兵火後，悉已湮廢。臣今先築堰開渠，并合用牛具、糧種，或募民之在邊者，或取軍中之老弱者，雜耕其中，來秋穀熟，量度收租，以充軍儲。既省饋運，又可安集流亡。乞以措置京西營田司爲名，令姚岳兼領。」從之。

措置京西營田

賜筆札令條弊事

十二月戊辰，詔今日早朝，集侍從、臺諫赴都堂，條具方今時務，仍聽詔旨。詔曰：「朕覽張燾所奏，犁然有契於衷。已令侍從、臺諫集於都堂。今賜卿等筆劄，宜取當今弊事，悉意以聞。退各於聽治之所，盡率其屬，諭以朕旨，使極言之，毋得隱諱，朕將有考焉。」初，張燾以故老召除知樞密院事，上問爲治之要，燾因奏言：「太上皇帝紹興初，嘗舉行祖宗故事，詔百官赴都堂，令條具當今弊政與夫救之之宜。乞檢舉行之。」故有是詔。

臣留正等曰：自昔帝王之興，必先開廣言路，詢於芻蕘，蓋所以通下情，達幽隱，雖四方萬里之遠，靡不周知。而況侍從以論思獻納爲職，臺諫以輔君德、糾官邪爲任，可使其情不通於軒陛之間乎？我仁宗皇帝慶曆間，慨思治道，既御天章閣，詔輔臣言事，復御迎陽門，召知制誥至臺諫官，别賜手詔，使條陳闕政。是以士氣振起，紀綱修明，嘉祐之治，流澤至今，良有以也。壽皇納張燾之奏，給劄都省，令侍從、臺諫條當今弊事，且俾率屬諭旨，極言無諱。夫人臣居可言之地，凡朝之闕違，時之利病，忠誠鯁亮者，固當披露忠赤，不待詔而後言。其畏懦蓄縮者，迫於上命，亦將有所激發，而不得默矣。故當時士大夫争言時政得失，壽皇親加披閲，擇其切於時務者，標識其上，次第見於施行，其於初政，豈小補哉？

癸酉，給事中金安節言：「承指揮，成彦忠皇城司任滿賞，并兩任翰林司滿賞，特與遥郡上轉行兩官。按尚書省右選令，諸武功大夫實歷邊任，有五人保舉，磨勘轉遥郡刺史。已後並理十年，轉遥郡團練使，至遥郡防禦使止。祖宗之法，不輕以授人如此。彦忠今年五月方轉遥郡刺史，今來半年，

金安節繳成彦忠

於刺史上轉行兩官，則是二十年磨勘，五月之内一旦得之，於考績之法，無乃戾乎？欲望付有司，依格施行。」詔從之。

臣留正等曰：漢初置中常侍官，亦引用士人，以參其選。其後明帝永平中，始限員數，通中常侍、小黄門，不過十餘人。至和帝以後，紆朱懷金者布滿宫闈，漢之禍實基焉。唐太宗始定制，内侍省不置三品官，黄衣廩食、守門、傳命而已，至明皇以後，除三品將軍者寖多，衣緋、紫者尤衆，唐之亂寔始焉。史册所載，炳炳如丹，誠以宦閹，昵近君側，蓋周家閽寺之官，其職掌自有量，如使寵任益隆，權勢益張，則紀綱寖以敗壞，朝廷寖以陵夷，非小故也。壽皇聞侍御史張震之言，則稍裁宦者之恩，覽給事中金安節之奏，則申嚴遥郡刺史遷轉之法，彼漢、唐之厲階，何自而生哉？成憲具在，傳之億載，萬年所當法也。

金安節繳劉允升

給事中金安節繳駁劉允升皇城司濫賞曰：「凡外之將帥，效命邊庭，亦必有功而後加爵，豈可以僥倖一時微賞，而反過於親臨行陣，出入萬死一生者乎？今劉允升幹辦皇城任滿，比之去年立軍功者，勞逸異矣。遽以一官轉承宣使，其以承宣爲皇城任滿，遂將轉節度使乎？竊恐行之，則將士解體。望愛惜名器，以待勳勞。」從之。

臣留正等曰：傳：「惟名與器，不可以假人。」言國家之所當謹惜也。上從而輕予之，下亦從而輕視之矣。一命令之出未審，一爵賞之施未當，於君道若未甚闕，而其端不可啓。給、舍之職，所以平處可否，駁正違誤。蓋防微杜漸，愛護紀綱之深意。故人臣必守法，置君於無過，然後爲稱職。人君必聽諫，使臣得行其言，然後爲盡道。劉允升以皇城司秩滿遷官，有紊成憲，給、舍論奏至再，不憚於抗尊。壽皇開懷納忠，不嫌于反汗，君臣以誠相與，斯無形迹之間矣。如是，而名器之不重，朝廷之不尊，紀綱之不立，治道之不進，臣不信也。此壽皇所以爲聖明也與！

庚辰，臣僚言：「國朝檢校官一十九員，上者曰太師、太尉、太傅、太保、司徒、司空，而除授則自司徒遷太保，各以序進。陛下方講修聖政，宜下有司討論，立爲定式。」

臣僚陳轉官六事

給事中黃祖舜等言：「看詳臣僚所陳六事，其一曰六等檢校官，舊制也。今則皆無有，而自節度徑除太尉，歷開府儀同三司以至少保。其二曰節度，以移鎮爲恩寵，舊制也。今則一定而不易。其三曰承宣，分大、中、小鎮，觀察分大、小州，舊制也。今則皆徑作一官矣。其四曰横行，自右武大夫以至通侍爲十三等，以待年勞及泛恩者，非有功致顯著，不帶遥郡，舊制也。今則自右武大夫當遷官者，率於遥郡改轉，纔五遷即至遥郡承宣，一落階，遂爲正任承宣使。其五曰武功大夫實歷十年，用七舉主始轉行，舊制也。今或自小使臣爲宣贊舍人，纔遷一官，徑至右武郎。其六曰總管、鈐轄、都監分六等差遣，非正任觀察使及管軍，不以爲總管，舊制也。今降此而得之者紛紛皆是。逐項所陳，委得允當，欲乞施行，自降指揮日爲始。」詔並從之。

辛巳，起居郎兼權中書舍人周必大奏：「皇叔蘄州防禦使士豢湊用恩平郡王璩減年磨勘轉官。竊見南班正任，十年一轉，初無回授之法。又宗室歲得減年，依條許與子孫遥郡刺史以下收使。今士豢於恩平郡王璩，實爲叔祖，乃用侄孫減年，於法爲不合，於體爲不順，一也；法許用之于郡刺史以下，今乃施之于正任防禦使以上，相去遼遠，二也。欲望追寢前命。」從之。

嚴宗室磨勘法

録不畏强禦之臣

上曰：「昨聞臣僚言，秦檜誣岳飛，舉世莫敢言。李若樸爲獄官，獨白其非罪。吕忱中發王晌，所司皆迎合，林待問爲勘官，獨直其冤狀。章傑捕趙鼎送葬酒，又搜其家私書，欲傅致士大夫之罪，翁蒙之爲縣尉，毅然拒之。沈昭遠爲王鈇家治盜〔二〇〕，欲鍛煉富民，多取其倍償，王正己爲司理，卒平反之。此皆不畏强禦，節概可稱。三省詳加訪問，其人如在，可與甄録。」

臣留正等曰：天下之公論，有根于人心而不可易者，然而公論在上則治，在下則否，君子之觀治忽，每于此占焉。夫天下之枉直，朝廷皆知之，天下之忠邪，朝廷皆聞之，是謂公論在上，此治道之所從出也。如使天下自以爲忠直，而朝廷莫之察也，則公論在下矣，雖欲治也，其可得乎？李若樸諸人以鯁亮聞于當代，不爲權勢所移，可謂難矣。而壽皇獨因臣僚之言而知之，至謂其節概可稱，温旨下頒，俾令甄録，是聖主持公論於上，以風厲天下也。爲群臣者疇敢不踴躍自奮，以承休德乎？

頒寬恤十八條

丁亥，内降付下寬恤事十八條，内一項：「訪聞諸路鄉村惡少無賴，以販

禁供指私茶鹽

禁獄吏皆教盜賊

鬻私茶、鹽爲業，良善之民多被强賣，稍不聽從，日後犯敗〔二〕，必行供指，逮得賄賂，乃與除免。自今應犯販私茶、鹽，不得信憑供指，妄有追呼，違者許越訴，承勘官吏，宜重寘於法。」又一項：「訪聞州縣捉獲盜賊，獄吏輒教令廣引豪富之人，指爲窩藏，至有一家被盜，鄰里富室爲之騷然，賊情未得，而胥吏之家賄賂充牣。平居富民或與吏輩小有睚眦，一得賊徒，使之通注，其禍尤酷。自今除緊切干證外，不得泛濫追呼，如違，許越訴，别移所司推勘指教情節，吏人反坐，官員重作施行。」

臣留正等曰：昔史臣論漢宣帝興於民間，具知閭里姦邪、吏治得失，及親政，孜孜民事，選良二千石與之共理。詔旨惻怛，爲民而下者大半，卒之吏稱民安，爲漢中興之主。壽皇即位未三月，內出寬恤十八事，凡民情之疾苦，纖悉委曲，無不周知。如州縣秋苗，官吏規取溢數，以濟貪暴；如豪右兼并，圖免過割，致貧民産去税存之害，與夫一時搶攘甫定之際，所以勞來安集之策，未易以概舉。至於治私販、鞫盜賊，有司並緣爲姦，尤切致意，可謂憂民之憂矣。二十八年之間，撫摩愛養，民安閭里，道洽政治，豈非知所先務哉？今二者之弊，州縣積習，民猶以爲病，申敕之可也。故特詳著焉。

龜鑑曰：讀寛恤十八事之詔，真見其有勤求民瘼之心。讀「毋縱吏姦、毋棄民時」之語，真見其有勤恤民隱之心。聞林機之論，則責以「不體朕意」；聞王大寶之對，則諭以「不可擾民」。江東之和糴既免，福建之上供復蠲，官司之貼換纔除，而芻藁之樁積繼罷。出内帑銀絹以輸民租，出爵募民以激富室。或賜僧牒，或賜米斛，以恤饑荒；或置社倉，或置屯田，以備水旱。江東得劉恭父而民不饑，浙右遣朱文公而民得飽。矜憐惻怛，是其仁民之實者然也。

禁省部吏受賂

又宣恤事内，一：「省部係政令之原，人吏他日出職，當在民上，所宜廉謹，以立基本。訪聞積習成弊，官員士庶理訴公事，賄賂未至，則行遣迂回，問難不已。所求如欲，則雖不可行，亦必舞法以遂其請。有此等被抑之人，許詣登聞鼓院陳訴，當議重實於法。」

臣留正等曰：昔蘇軾論省府胥吏，有曰：「舉天下一毫之事，非金錢無以行之。」又謂：「招權鬻法，長吏心知而不問，以爲當然。」蓋吏强於官久矣，外而郡縣，内而省部，往往而是。然外之監司、守令一或得人，猶足以行其政，至若省部之吏，風成弊積，蓋有肆爲欺慢，而莫之誰何者。其弊始于法令之繁多，而成於居官者之苟且。夫以不素解暫臨之官，馭長子孫之吏，文法之日滋，吏又得以並緣出入，其勢固易于爲欺。而爲之官者，復狃於習俗，樂于因循，以寬縱爲識體，以振厲爲生事，偷安歲月，受成吏手，黷貨撓法，將何憚而不爲？是毋惑乎吏之强矣。壽皇條寬恤事，有及于吏胥之弊，告戒訓飭，曲盡情僞，且議重寘于法，彼寧不知所懼哉？然則，欲革吏姦，當自内始，是以表而出之。

是月，命宰相陳康伯兼樞密使。復命宰臣兼樞使

詔吴璘班師。詔下，僚屬交諫曰：「將在軍，君命有所不受。此舉所繫甚重，奈何退師？」璘知朝論主和，於是棄德順軍，倉卒引退。虜乘其後〔一二〕，正兵三萬，得還者僅七千人，偏裨將佐所存無幾。上尋悔之。詔吴璘棄德順軍

是冬，上召陳俊卿及張浚子栻赴行在所。浚請臨幸建康，以動中原之心；用師淮壖，進舟山東，以遥爲吴璘之援。上見俊卿等，問浚動静飲食顔貌，曰：「朕倚魏公如長城，不容浮言揺奪。」時虜以十萬屯河南〔一三〕，聲言窺召陳俊卿　召張浚之子栻

依魏公如長城

張浚料敵情

上異張栻議論

兩淮。浚以大兵屯盱眙、泗、濠、廬，虜不敢動，第移文索海、泗、唐、鄧、商州及歲幣。浚言：「虜詐，不當爲動。」卒以無事。栻之見上也，即進言曰：「陛下上念宗社之讎恥，下閔中原之塗炭，惕然於中，而思有以振之。臣謂此心之發，即天理也。願益加省察，而稽古親賢以自輔，毋使其少息，則今日之功，可以立成。」上大異之。

校勘記

〔一〕四庫館臣在繫年要録卷二〇〇紹興三十二年六月丁丑條加按語云：「案丁丑以下，原本採取中興聖政附入，以終紹興三十二年之事，今仍其舊。」今據此輯補，並參考宋史全文卷二三相關記事。

〔二〕以責守臣令佐　「佐」，宋史全文卷二三作「長」。

〔三〕卿等詳議以聞　案此句之下宋史全文卷二三有「如宮門降輦，在臣子於君父，禮所當然。太上皇帝雖曲諭，朕端不敢。」一段文字。

〔四〕不過修攘　「修攘」，宋史全文卷二三作「修政事、攘夷狄」。

〔五〕醜虜自服　「醜虜」原作「强鄰」，據宋史全文卷二三改。

〔六〕舜之承堯　「承」原作「臣」，據宋史全文卷二三改。

〔七〕天下既無窮人矣　「既無」，宋史全文卷二三作「既已無」。
〔八〕詔進士李琦議論可採　「琦」，宋史全文卷二三作「珂」。
〔九〕虜遣僕散忠義及紇石烈志寧經略四州地　「虜」原作「金」，據宋史全文卷二三改。
〔一〇〕是示虜以削弱之形　「虜」原作「敵」，據宋史全文卷二三改。
〔一一〕屈死驍將張子蓋　「屈」，宋史全文卷二三作「沮」。
〔一二〕劉珙使虜　「虜」原作「金」，據宋史全文卷二三改。下同。
〔一三〕至真宗論政理曰　案「曰」前宋史全文卷二三有「謂宰相」三字。
〔一四〕每月糾參所隸官司　「參」，宋史全文卷二三作「察」。
〔一五〕去冬虜騎退歸　「虜」原作「敵」，據宋史全文卷二三改。
〔一六〕詔令張浚陳俊卿覈實聞奏　「覈」原作「覆」，據宋史全文卷二三改。
〔一七〕時虜將合喜方與吴璘争德順軍　「虜」原作「金」，據宋史全文卷二三改。
〔一八〕長渠溉田二千頃　「二千」，宋史全文卷二三、宋史卷一七六食貨志一二九及宋會要輯稿食貨三皆作「七千」。
〔一九〕木渠溉田千頃　「木渠」原作「水渠」，據宋史全文卷二三、宋史卷一七六食貨志一二九、元豐九域志卷一等改。「千」，宋史全文卷二三與此同；宋史卷一七六食貨志一二九及宋會要輯稿食貨三作「三千」。

〔二〇〕沈昭遠爲王鈇家治盜　「王鈇」原作「鐵」，據宋史全文卷二三及鄂國金佗續編卷一三天定別録卷一改。

〔二一〕日後犯敗　「敗」原作「販」，據宋史全文卷二三改。

〔二二〕虜乘其後　「虜」原作「金」，據宋史全文卷二三改。

〔二三〕時虜以十萬屯河南　「虜」原作「金」，據宋史全文卷二三改。下同。

據本書目録以上應爲中興聖政卷四十的内容。

中興聖政：史臣曰：紹興以來所以爲國者有二：金欲戰，則分江、淮之鎮以授將帥；金欲和，則收將帥之權以歸朝廷。規模既立，守備益固，操縱自我，此之謂定論。兀朮求和，畏我之强也。故兵可以合，兵合而朝廷之勢重，將帥之權輕，神機靜慮，蓋用之於天下無事之時，而不以爲常也。久而不變，則智者媮，勇者怯，江、淮之役，所患者此爾。爲國譬之養生，視表裏虛實而輔道之，不使砭劑改亂正氣，夫何病之有？

輯自繫年要録卷一五五紹興十六年九月己丑條。

中興聖政：史臣曰：不事其事，雖奪之食不爲過，而聖人有不忍焉，何也？以爲奪之則遂絶之也，予之則所以幸其自新也，愛惜士類當如此。

輯自繫年要録卷一五六紹興十七年三月辛卯條。

中興聖政：吕中大事記曰：以其子熺爲樞密，欲以代居相位，而兩府合爲一矣。

輯自繫年要録卷一五七紹興十八年三月壬午條。

中興聖政：史臣曰：漢孝宣、光武生長民間，其知民疾苦宜也。高宗以諸王總戎河朔，周知民間纖悉利害，雖即位二十年，猶能歷歷及之，此明主之所難也。

輯自繫年要録卷一五八紹興十八年閏八月庚申條。

中興聖政：史臣曰：大臣苟有以厚民力、固人心，雖人主不自言，固當奮然以身任之。月椿之爲害，上至於再四言之，而州縣倚椿辦之名，因之以巧取，至於今尚存，亦足爲一時用事者愧矣！不惟是也，月椿窠名，本出於經、總制，罷月椿而以經、總制錢贍軍，此若有意於奉行者，而月椿未罷，校終歲經、總制之入，擇其最者，必於州縣取盈焉，又非聖上勤恤斯人之意矣。夫減月椿、免和糴、罷免行錢，推仁聖之心，使天下一日帖帖就安，雖瘠己可以肥天下，無愛也。曹泳輩無所忌憚，逞其殘民之術，且直爲此欺誕，大化更行，首正三苗之竄，宜哉。

輯自繫年要録卷一五八紹興十八年十二月壬申條。

據本書目録以上應爲中興聖政卷三十一的内容。

中興聖政：講議曰：秦檜之收三大將兵權也，剛中阿於檜曰：「前所共憂者，一旦便爲安平之道。廟堂不動聲色，而三大將惟恐奉上兵籍之不先。彼曲士不通世務，挾口以議政者，亦皆言塞意順。」謂此非常之舉，因爲檜陳善後之策凡七事，非不忠於檜也。一旦積怒，貶死遐荒，將吏、賓客無得免者。則人之附麗匪人以媒進取者，亦可以爲商鑑矣。

輯自繫年要録卷一五九紹興十九年三月甲辰條。

中興聖政：臣留正等曰：民以役而破家，其爲吏者倚法之弊也歟？爲人上者若難於知之，雖極糟糠憔悴之情，曾不足以動膏粱怡愉之色，非必皆忍人也，其事未嘗知之，故難於聽之也。太上皇帝在河朔時，親見弊事，端居九重，而每以百姓爲念，知艱難而問疾苦，中興之業成有自矣。

輯自繫年要録卷一五九紹興十九年四月庚申條。

據本書目録以上應爲中興聖政卷三十二的内容。

中興聖政：吕中講議曰：巫伋術士之對，蓋恐輒及時事，以觸檜之怒，故舉泛言不切之事，聊以塞責云爾。而檜勃然變色，遽嗾使言路逐之，惟恐他人攘己之位。雖檜之猜狠忌刻，不近人情，然亦可以爲依阿取容，諂事權貴者之戒矣。

輯自繫年要録卷一六三紹興二十二年四月丙子條。

中興聖政：吕中大事記曰：徐宗説爲户侍，爲檜營田産，時人目之爲莊客，而侍從皆其私人矣。

輯自繫年要録卷一六三紹興二十二年十一月丁巳條。

據本書目録以上應爲中興聖政卷三十三的内容。

中興聖政：臣留正等曰：古之爲國者，有城郭、宫室、宗廟祭祀之禮，有諸侯、幣帛、饔飱、百官有司之事，是其勢不得不取諸民，然而聖人猶以爲不得已也。由是量所用以賦之，爲之什一之法，不敢有加焉。過乎此，則百姓有不足，是桀之道也。不及乎此，則君孰與足，是貉之道也。二者聖人皆以爲有罪也。今之事君者，曰：「我能爲君惠養元元，愛惜生民，彼國計之有無，吾不知焉。」是賊國盜名之人也。若夫剥下以益上，獻佞以營私，曰：「我欲爲君充府庫而已。」此又古之所謂民賊，而其罪當不止與盜名者同科。由是觀之，太上皇帝論臣所言利害，必國與民皆足，乃爲稱職者，蓋古者取民之法當如此。

輯自繫年要録卷一六九紹興二十五年八月辛巳條。

中興聖政：大事記曰：甚矣，檜之忍也！不惟王庶、胡銓、趙鼎、張浚、李光、張九成、洪皓、李顯忠、辛企宗之徒相繼貶竄，而吕頤浩之子摭、趙鼎之子汾、王庶之子之荀、之奇皆不免焉。蓋檜之心大狠愎，尤甚於章、蔡。竄趙鼎而必置之死，殺張浚而猶及其家，甚至蕭振以附程氏之學而得禍，洪興祖以序馮瑀論語注而得禍。末年欲殺張浚、胡寅等五十三人。而檜已病不能書。可畏哉！

輯自繫年要録卷一六九紹興二十五年十月辛卯條。

中興聖政：史臣曰：中興以來，言祥瑞者類多貶秩罷官。紅光有火德之祥，赤芝應建炎之號，禾穟生於枯秸，甘露降於潛邸，此其尤怪誕也。聖諭及此，欲屏絶之也。

輯自繫年要録卷一七〇紹興二十五年十二月丙申條。

據本書目録以上應爲中興聖政卷三十四的内容。

中興聖政：史臣曰：建炎初，策士以委有司，不以一人好惡爲之升黜，天下之至公也。紹興中，權臣罔上，假國家科目以私其子弟親戚，則聖斷赫然，拔寒畯、抑權貴，亦天下之至公也。

輯自繫年要録卷一七三紹興二十六年六月戊寅條。

中興聖政云：其後又駁放曹緯一名。

輯自繫年要録卷一七四紹興二十六年八月戊寅條。

中興聖政：臣留正等曰：顯仁皇后恭儉節用，出於天性，中外之人，莫不聞之。如有司進金唾壺，則曰宜易以塗金。宫中宴飲，用伶官纔兩三人，所予緡錢無幾。歲進金帛，帑積已充牣，而一銖一縷不妄用。此自古母后所未有之盛德也。而我太上皇帝且能曲意以順承之，雖以朝廷大慶，奉慈寧萬年觴，而有司禮物皆卻而弗受。噫！兩宫之間，慈孝相承，而加之以恭儉，宜乎天人叶相，而享天下之盛福也歟！

輯自繫年要録卷一七五紹興二十六年十月丙戌條。

據本書目録以上應爲中興聖政卷三十五的内容。

中興聖政：臣留正等曰：元祐相司馬光，盡取熙、豐之政與其人而更新之，天下至爲相賀，而程顥獨有憂色。蔡確新州之竄，一時大臣有名望如文彦博、吕大防，臺諫知大體如劉安世、范祖禹，皆以爲當然，而范純仁獨爲之慨然曰：「搢紳之禍，自此始矣！」夫成敗興廢，天也。君子能爲其可爲者，至其不可爲，則安之以俟命而已，固奚暇他顧？然獨不觀諸水乎，順而導之則行，激而怒之則搏。今以其泛濫無畔際也，隄而障之，曰「吾以止水也」。激而不已，奔怒四出，臣見決隄破岸，傷物轉甚耳。惡乎止水哉，太上皇帝之言也！其殆知消息盈虚者乎？夫漸而察之，則不遽；擇其已甚而去之，則不苛；薄其法以待其改，則不怨。使元祐大臣，家存斯言，則士君子之紛紛竄逐，奚至如紹聖之甚哉？縱使有之，必不至空天下君子黨而籍之，更歷再世，以致於危亂而不悟也。雖然，天下之更相是非，豈有既哉。太上皇帝之言，臣願聖子神孫萬世寶之。

輯自繫年要録卷一七八紹興二十七年十二月乙未條。

據本書目録以上應爲中興聖政卷三十六的内容。

中興聖政：臣留正等曰：人君設高爵厚禄，加體貌以待二三大臣，非私之也，以其能爲人之所難爲，而任人之所不任者也。當無事時，居高食厚，被顧遇而不辭，遇事之難，輒辭焉。彼固未嘗以身許國，與所期者甚異，此而不懲，何以厲臣節？太上皇帝罷麟之本兵之柄，爲避事者之戒。善乎，其有以勸百僚哉！

輯自繫年要録卷一九一紹興三十一年七月庚寅條。

據本書目録以上應爲中興聖政卷三十八的内容。

中興聖政：臣留正等曰：太上皇帝與隣國講好二十餘年，使命往來，無纖介之隙，而乃于内帑儲邊備錢，一毫不敢妄費，是其未嘗斯須忘患也。暨金亮敗盟，師興財費，而無横賦重斂以及民，非聖慮深遠，疇克哉？

輯自繫年要録卷一九三紹興三十一年十月戊申條。

據本書目録以上應爲中興聖政卷三十九的内容。

附録二　著録題跋

宋　李心傳建炎以來朝野雜記甲集卷四

兩朝聖政録

光堯聖政録者，隆興、乾道間所修也。紹興三十二年九月，以敕令所爲編類聖政所，命輔臣領之。乾道二年冬，蔣子禮爲參知政事，上其書，凡三十卷。上自爲之序，大凡分門立論，視寶訓而加詳焉。紹熙中，又爲壽皇聖政録上之，其書亦三十卷。御製序文，實秘書少監陳傅良視草。

宋　陳振孫直齋書録解題卷五

高宗聖政草一卷

陸游在隆興初，奉詔修高宗聖政，草創凡例，多出其手。未成而去，私篋不敢留藁，他日追記，得此録之，而書其後。凡二十條。

高宗孝宗聖政編要二十卷

高宗聖政五十卷,孝宗聖政五十卷,乾道、淳熙中所修,皆有御製序。此二帙,書坊鈔

節,以便舉子應用之儲者也。

孝宗聖政十二卷

亦書坊鈔節,比前爲稍詳。

宋 潛説友(咸淳)臨安志卷七行在所録

光堯太上皇帝聖政序

臣聞道之真以治身,土苴以治天下,帝王之功,聖人之餘事也。五三,六經所傳備矣。孔子叙書,斷自堯始,帝王之制,蓋莫盛於堯也。堯之治,至於協和萬邦,黎民於變時雍,問之在朝在野,皆不自知其然,堯之所以君天下者,民固無得而名也。虞書所述,特其緒餘而已,焕乎,其文章!巍乎,其成功!非書所能盡也。虞書不作,聰明文思之美,天下何傳焉?形容其所難名,揚厲其所不傳,此堯典所以繫之虞書也。恭惟光堯壽聖太上皇帝,身濟大業,紹開中興,智周萬物而不以自用,功冠百王而不以自伐,道全德備,美莫容贊。其形之謨訓,施之命令者,若稽古道,皆不約而合。孝通乎神明,誠參乎化育,範圍天

下之大，而極夫裁成輔相之理；德之乃聖乃神者也。仁涵乎有生，義肅乎不諱，畜揉强暴之民，而納之聲明文物之地，德之乃武乃文者也。招徠畯良，容受忠讜，巧言令色者遠焉，知人之哲也。哀矜犴獄，寬免征賦，困窮無告者遂焉，安民之惠也。三十六年之間，道洽政治，禮制樂作，百度粲然，治具畢張。睿謨聖訓，善教良法，史官傳之，天下誦而歌舞之，此可得而稱述者也。惟微之心，輔萬物之自然，高蹈物表，脱屣萬乘，至道之真，與天同功，其孰得而形容哉！臣以菲質，嗣守大器，惟德不逮，有涉淵馭朽之憂，問安侍膳，得之口教面命者，聞斯行之矣。尊其所知，是宜奉以周旋，不敢忘怠。於是建官設局，纂輯大典，始於建炎受命之初，止於紹興倦勤之日，凡九百五條，釐爲六十卷。昭然日星之垂也，瞭然龜鑑之揭也。繼自今進而得之，諄諄之訓，退而求之，渾渾之書，奉而行之，庶幾於治乎！繼自今發於身，加乎民，云爲注措，弗畔於道，惟聖政之書實詔之。若夫夙寤晨興，兢兢業業，惟大猷是經，惟舊章是循，以無負夫詒謀燕翼之意，臣不敢不勉。

右光堯太上皇帝聖政序，權参政事臣蔣芾等謹記。

臣芾言：臣恭惟皇帝陛下，躬秉聖質，嗣承丕緒，夤念光堯壽聖太上皇帝付託之重，兢畏祗栗，奉若慈訓，凡立政用人治民馭軍之道，惟舊典成式是憲是守。爰自踐祚初載，即命大臣纂輯聖政，萃爲一書，越五年書成。陛下親御翰墨，製爲序文，以冠篇首。臣適待罪政府，幸以薄技，典領著作，乃獲躬覩盛事，拜登跽誦，震耀心目。竊惟自昔帝王昭至德，垂茂憲，必有謨訓，布在方策，載籍之傳，維見可觀也。五帝之盛，莫若堯、舜，然二典之書，不並時而作，況其餘哉？惟我太上皇帝，武定亂略，文臻時雍，功成不居，以授嗣聖。陛下孝篤乎事親，志勤乎協帝，師繇聖道，不敢怠遑，作宋一經，垂示無極。而又駿發睿藻，序所以爲作者之意，父堯子舜，會逢一時，奎文漢章，雕飾萬寶。開闢以來，詩、書所記，未之前聞。顧惟堅珉未刻，無以詔天下，與來世。鬱聖德而弗彰，閟盛美而不傳，臣竊恧焉。臣不勝大願，願以宸翰勒之秘府，與河圖大訓並傳，永永無斁，以揚厲陛下聖孝，奉皇尊章洪業之志。謹昧死以請。制曰：「可。」顧謂臣芾：「其以朕所書賜卿。」臣芾拜手稽首受賜，退而書之，附於聖政序之下方。

壽皇聖帝聖政序

臣聞乾坤之文不著，無以見太極，而太極非有待於文也。虞、夏之書不作，無以見堯、舜，而堯、舜非有蕲於書也。恭惟至尊壽皇聖帝，以妙道治身，參之三才而無間；以篤行事親，質之六藝而無闕。以深仁厚澤幸斯世，極之根荄鱗羽而無不被。宜配雅、頌，宜襲春秋。而臨御二十八年之間，凡施凡設，歸美高廟，金石之刻無傳，名山大川之藏未覩也。夙以神器授於微身，盡遺有迹之累，而退託無名之境，方將淵乎其藏用，沖乎其忘言，尚友太極，法堯而蹈舜矣。則聖政之書，何容心哉！然而寶章玉册，希闊之典，儲於三宫；廟謨宸斷，温厚之詞，施於百辟；而詠歌休威，摹寫功德之人，又徧天下。至於中原之故老，蠻貊之君長，懷好音，歸大號者，家有其説，國有盟載也。豈惟史臣，將夫人能記之，豈惟今日，將後世亦能記之，則鋪陳彙次，以作一經，蓋有孺子弗能抑，聖父弗得辭者焉。矧惟菲薄，膺受重寄，蚤夜震懼，何以嗣服對天之休？亦越成書，是訓是式，率舊因餘，庶幾底義。是用申命大臣，總領衆作，起於初潛，至於内禪，掇其最，凡得六百四十一條，爲五十卷。一言一動，皆足以經天緯地，垂裕無極，猗歟盛哉！昔者文王演易，周公繫辭，父作子述，臣竊慕焉。於是親序此書之意，以附篇首，上之慈廷，副在禁中。

右壽皇聖帝聖政序，左丞相臣留正等謹記。

臣正言：臣聞前聖之德業，莫盛於堯、舜；後聖之作述，莫盛於孔子。然二者相須而不能以同時。恭惟至尊壽皇聖帝，道本於稽古，功成於协帝，臨御二十有八年，仁恩塞穹壤，威聞讋蠻貊，潤色中興之烈，而增光揖遜之美，薄海外内，萬口同辭，以爲自舜以來，一人而已。陛下奉若慈訓，克昌丕緒，見之行事，緝熙光明。且欲以欽承允蹈之餘，布在方册，昭示無極。爰命史臣，裒輯聖政，鋪張表出，作宋一經。於是書成來上，親灑宸翰，攄發睿藻，冠之篇端。日星有爛，著於天文，而太極之妙，自然陳露，縉紳鉛槧之流，又以爲是孔氏之作也。臣竊惟有虞之書，初與五典並行而無辨，更千五百年而得孔氏，斷爲書首，序之百篇之上，然後暴著于萬世。由此觀之，虞舜雖極治矣，嘗久晦而後彰；孔子能祖述矣，蓋追誦而不相及。未有父子兩朝，聖以繼聖，立德立言，自相發揮，皇乎懿哉！如今日之盛者也。抑臣次舜之事，以底豫爲孝，遭人倫之變也，以予賢爲公，因天命之改也。惟我壽皇之事高廟，備極五福，彌歷三紀，雍雍穆穆，胳無間言。曾未倦勤，脱屣萬乘，授之主鬯，神人燕寧，累聖一家，世世同德，父子之間，視舜有光。陛下之序此書，尤足以垂百王之範，補六藝之闕矣。臣以非材，待罪宰事，適董攸司，與訖不朽，而藏之禁嚴，未寫琬琰，無以對揚宏休，臣實甚懼。用是百拜稽首，昧死請以賜本，大書深刻，以幸來世。而又百拜稽首，髣髴大旨，敬書於序之下方。

宋　王應麟玉海卷第四十九藝文

乾道光堯聖政

紹興三十二年六月丁亥，詔曰：「朕惟太上皇帝臨御三紀，法令典章，粲然備具。嗣位之初，深懼墜失，其議設官裒集建炎、紹興以來詔旨條例以聞。朕當與卿等恪意奉行，以對揚慈訓。」既而命吏部侍郎徐度、刑部侍郎路彬裒集。隆興元年三月十六日，令編類聖政所修纂光堯壽聖太上聖政，凡大號令、大政事合遵行者，並編類，每月投進。以淩景夏有請也。乾道二年閏九月二十九日己巳，日曆所上聖政六十卷。十月癸酉恭進，前期設次于德壽宫，其日，皇帝詣德壽宫，以聖政册北鄉躬進，凡九百五條。又御製序，序曰：「夙寤晨興，兢兢業業，惟大猷是經，舊章是循。」

紹熙孝宗聖政

淳熙十六年二月二十九日，有旨令編類壽皇聖政。紹熙三年十二月四日，上五十卷，御製序。十二月壬寅進呈，癸卯詣宫恭進，凡六百四十一條，五十册。序曰：「寶章玉册，希闊之典，備於三宫；廟謨宸斷，温厚之辭，被於百辟。而詠歌休威，摹寫功德之人，又徧天下。豈惟史臣，將夫人能記之，豈惟今日，將後世亦能記之。亦越成書，是訓是式，率舊因餘，庶幾底乂。文王演易，周公繫辭，父作子述，切所慕焉。」

宋 衛涇後樂集卷八

代進聖政表

皇家盛際，紹開揖遜之期；聖政成書，茂對光華之旦。悉上篇章之富，仰干旒冕之書嚴。文明一時，休烈千載。臣某中謝。若昔治功之盛，具存簡册之垂；列宿森羅，於燦圖書之府；群經錯綜，斯昭天地之心。況莫大於親傳，詎可稽於史載，禹躬承乎舜命，雖不過於一言，虞書述乎夏時，並用稱乎二典。欲示無窮之法，必先有永之傳。恭以尊號皇帝陛下，躬睿智之資，履昇平之運，天縱之將聖，而輔之以學，日新之盛德，而本之於誠。凡舉而錯之事功，與出而加乎民庶，制度成一王之法，文章有三代之風。魚躍鳶飛，陶成多士；雲行雨施，澤被萬方。同躋壽域之中，孰越化鈞之外。恭惟皇帝陛下，聰明時憲，精一執中，見聖人而師之，豈遠求於準式；以天下而養者，宜莫尚於繼承。爰敕庶工，崇成鉅典。史編載筆，稽諸日曆之詳；聖製冠篇，倬爾雲章之美。臣等取材何有，奉詔惟嚴，雖欲盡於形容，恐徒勞於摹寫。撮機要，示軌範，視古庶幾；有典則，貽子孫，自今以始。

元脱脱宋史卷二百三藝文志第一百五十六

高宗聖政六十卷

高宗孝宗聖政編要二十卷乾道、淳熙中修

高宗聖政典章十卷不知作者

孝宗聖政五十卷

陸游聖政草一卷

明　楊士奇文淵閣書目卷一

建炎聖政草一部一册

明　楊士奇文淵閣書目卷二

中興聖政一部二十一册

明　焦竑國史經籍志卷三史類

高宗聖政五十卷

孝宗聖政五十卷

清　阮元揅經室外集卷二四庫未收書提要中興兩朝聖政六十四卷提要

此書不知編集人姓名，起建炎元年，訖淳熙十五年。書内標題謂之增入名儒講義皇宋中興兩朝聖政，其所采中興龜鑑、大事記等書各低一格附後，所謂增入講義是也。

其書編年紀事，體例一倣資治通鑑爲之。卷端有分類事目，列十五門：興復一、任相二、君道三、治道四、皇親五、官職六、人才七、禮樂八、儒學九、民政十、兵事十一、財用十二、技術道釋十三、邊事十四、災祥十五。每門各有子目，共三百條。案書録解題典故類有高宗孝宗聖政編要二十卷，陳振孫云：「高宗聖政五十卷，孝宗聖政五十卷，乾道、淳熙中皆有御製序，此二帙，書坊鈔節，以便舉子應用之儲者也。」據振孫所述，知此即彙合兩書而冠以中興兩朝之名者，所有御製序亦不復存，蓋亦書坊所刻，故有「增入講義」，非進御之原本也。此書流傳絶少，今借宋刻本影鈔。自三十卷至四十五卷，惜已闕佚，無從訪補矣。

傅增湘　藏園群書經眼録卷三

增入名儒講義皇宋中興兩朝聖政六十四卷缺卷二十一至四十四，共缺二十四卷。

宋刊巾箱本，板匡高約三寸半，闊約二寸四五，半葉十一行，行二十字，黑口，左右雙闌。闌外標帝名及年號，眉間有提要語，諸儒議論低一格，人名書名皆陰文。卷前分類事目十行，門類三字大字占雙行。（南潯劉氏嘉業堂藏書，乙卯歲觀。）

增入名儒講義皇宋中興兩朝聖政六十四卷

明影寫宋刊本，棉紙藍格，九行二十字。（四明盧址氏抱經樓藏書，癸丑歲見。）

北京圖書館出版社皇宋中興兩朝聖政影印前言

南宋史學承襲北宋，深受司馬光資治通鑑的影響，編年史體的著作最多。如李燾纂北宋九朝的史事爲續資治通鑑長編，即多達九百六十卷，爲空前的私人著作。李心傳記述高宗一朝三十六年的歷史名曰建炎以來繫年要録，也達兩百卷。其他的如熊克的中興小曆（紀）四十卷，李丙的丁未録二百卷等，所修的都是本朝史，對當代人的言行是非功過，多能據事直書。對於不同的記載，亦加並列，置之於按語或注文中，以示不專主一家之言，其去取是極謹嚴的，展現了史家求真求實的精神。尤有進者，乃是在所著書之首細列引用書目，使後世學者瞭然其網羅宏博，體大思精。如徐夢莘的三朝北盟會編，首列引用書目，除國史、實録外，凡徵引野史及官文書多達兩百餘種，前賢著作未見有此。稍後陳均修皇朝編年綱目備要，亦列了二十多種官私著作，並附言云：「他有旁參互證者不盡録。」其網羅薈萃之功可以想見。更有用編年體修成史書，其卷首之目録即依卷次及年次先後順列，查考雖方便，但卷帙較多，欲查某事某人，就須逐年翻閲之，亦頗費時。爲便於讀者查尋，依類書之編輯方法，先分門，再列事目，事目之下再分條，其下注明年份，則查尋就方便了。而且在各卷依年月日之序記録史事，述及聖德之事，即在天頭標示條目，與總目所載者相同，其設想極周到，實在是修纂史籍方法上的一大進步，在此特舉出不著編人的皇宋中興兩朝聖政一書，就是最好的典範。

宋朝以仁立國，時時留心推行仁政，君臣常以過唐、越漢、上追三代相期許。自太祖即位後就立下誓約：「誓不殺大臣及言事官，違者不祥。」故優禮士大夫成爲宋朝的傳統，繼體之君，也以師法祖宗爲職志，祖宗所推行的政令爲聖政，祖宗的一言一行皆是寶訓，必須一一編纂成專書，供繼體守成之君在經筵由侍讀一一進讀，並加闡發，以啓迪聖智。仁宗天聖六年（一〇二八）始詔儒臣李淑、馮元、宋綬等修太祖、太宗、真宗三朝寶訓，明道元年（一〇三二）二月始成書，凡三十卷。至寶元二年（一〇三九）十二月，詔侍讀李淑再加删整，以備來春進讀。至康定元年（一〇四〇）四月，淑先進讀第一卷政體、聽斷，次及於第十三卷以下將帥、邊防、夷狄等篇，因當時正與西夏作戰，最當早日提出討論。自仁宗以下至南宋理宗，三朝寶訓始終爲宋諸帝經筵必讀的。至於聖政記，亦是專備帝王省覽和侍讀進讀的。始修於真宗天禧四年（一〇二〇）十一月，由樞密副使錢惟演主之，名曰天禧聖政記。私撰的有石介所修的太祖至真宗三朝聖政録，始於君道、英斷、謹惜名器，終於戒貪吏，凡十九篇，仁宗慶曆四年（一〇四四）曾在經筵進讀，使帝能體念太祖創業之艱難，太宗、真宗守成之不易，而知所惕勵。自仁宗至徽宗雖無聖政記，但在哲宗元祐年間，范祖禹修仁皇訓典六卷，徽宗大觀中張商英修神宗政典六卷，皆記述仁政大略。宋室南渡後，雖僅能保偏安之局，但在政令的推行上，仍依循祖宗成規，尚能維持一百五十年的政權。孝宗是一位賢君，聖德兼備仁孝，尤善於守成。當在紹興三十二年（一一三二）六月受禪即皇帝位後，尊高宗爲太上皇。曾詔告國人説：「凡今日發政施仁之目，皆得之於問安侍膳之餘。」其意是今後全尊太上皇意推行國政。乃詔修太上聖政，於乾道三年（一一六六）閏九月修成六十卷，計九百零五條，名曰光堯聖政，孝宗御製序云：「夙寤晨興，兢兢業業，惟大猷是經，舊章是循。」當然是會時時觀覽的。孝宗也行内禪，於淳熙十六年（一一八九）二月禪讓於光宗，光宗尊孝宗爲壽聖皇帝，即詔令日曆所修壽皇聖政，於紹熙三年（一一九二）修成五十卷，凡六百四十一條。至寧宗即位後，曾詔秘書省寫高、孝聖政二書投進，於御經筵日讀數條，以爲定式。今日傳世的皇宋中興兩朝聖政，原爲六十四卷，起自高宗建炎元年（一一二七），終於孝宗淳熙十五年（一一八八），共六十二年，編年紀事。通行本爲早年上海商務印書館影印之選印宛委别藏本，不著編人。總目於卷三十至四十五下皆注原闕，但細檢内文，却只是在卷二十九第一葉注有原闕，第二葉行三己亥日記事，與不著編人宋史全文卷二十四孝宗乾道二年四月己亥條記事相同，則是此卷當爲卷四十五，然自是年正月丙辰至四月丁酉之記事仍是全缺的，約計共存四十八卷，其他各卷亦有缺葉者。除此板本外，臺北「中央」圖書館尚藏有兩部，一爲南宋建州刊巾箱本，存卷一至卷二十、卷四十五至卷六十四。另一部爲藍格影印舊鈔本，存卷一至卷二十（按，實爲卷一至卷三十）。在傅增湘所著的藏園群書經眼録卷三中，也著録了這兩種板本，在巾箱本下題記稱：「半葉十一行，行二十字。黑口，左右雙欄，欄外標帝名及年號。眉間有提要語。諸儒議論低一格，人名書名皆陰文。卷首分類事目每半葉十行，門類三字大字占雙行。」注謂此爲南潯劉承幹嘉業堂舊藏。而另一抄本則爲清盧文弨抱經樓藏書。前述高、孝聖政並没有徵引諸儒議論，此彙編本當爲寧宗時日曆所史官合二書爲一者，乃增入中興龜鑑、大事記講義、史官及諸臣議論，其中引録最多的爲光宗時宰相留正的評議，故在書名上特加「增入名儒講義」六字。卷首之分類事目，大者爲門，共區分爲興復、任相、君道、治道、皇親、官職、人才、禮樂、儒學、民政、兵事、財用、技術道釋、邊事、災祥等十五門，門下再分目，目下列條。例如任相門，首列李綱，次及汪黄，以下爲朱勝非、吕頤浩、范宗尹、趙鼎、張浚、秦檜，最後爲秦檜後輔相，孝廟輔相，不再以相臣名諱分目。各條下各注年號及年次，在秦檜名下共列四百零六條，尤可見此人專政之久，陷害忠良之衆，爲人君者自當引以爲戒。在寧宗慶元中，韓侂胄專權用事，與秦檜不殊，觀其書法，頗有深意。

高宗一朝歷史，以李心傳的建炎以來繫年要録記載最詳，孝宗一朝尚無專書。劉時舉的續宋編年資治通鑑十五卷，載高、孝、光、寧四朝史事，其卷八至十凡三卷爲孝宗，甚簡，類似宋史孝宗紀，反不若宋史全文卷二十四至卷二十七記載之詳。取中興兩朝聖政以校宋史全文，頗多相合，而且宋史全文書眉亦有提要語。兩朝聖政卷五十三淳熙元年正月及宋史全文卷二十六同一年正月，書眉皆有「責監司稽緩罪」及「教閲不許設酒」兩條，内文亦一字不差。且宋史全文亦徵引大事記及留正之議論，用雙行小字並較正文低一字，以示有别。但可從此瞭解當時人對特定事件或重要關係人的看法和評價，對後人治南宋史仍有參考價值。今日治南宋史者，不可不研讀這兩部書，現在重加影印兩朝聖政，特撰此前言以爲之介。

丁亥夏日豐縣王德毅謹識

原載二〇〇七年北京圖書館出版社影印本書前

附録三　參考書目

（宋）佚名（一説留正等撰）增入名儒講義皇宋中興兩朝聖政，宛委别藏本。
（宋）佚名（一説留正等撰）增入名儒講義皇宋中興兩朝聖政，臺灣「國家」圖書館藏南宋建刊巾箱本。
（宋）佚名（一説留正等撰）增入名儒講義皇宋中興兩朝聖政，藍格舊鈔明影寫宋刊本。
（元）佚名宋史全文續資治通鑑，臺灣文海出版社宋史萃編本。
（元）佚名宋史全文續資治通鑒，二〇〇六年北京圖書館出版社中華再造善本叢書影印元刊本。
（元）佚名宋史全文，文淵閣四庫全書本。
（元）佚名宋史全文，二〇〇五年黑龍江人民出版社點校本。
（元）佚名宋史全文，二〇一六年中華書局點校本。
（宋）李心傳建炎以來繫年要録，二〇一三年中華書局點校本。
（宋）李心傳建炎以來朝野雜記，二〇〇〇年中華書局點校本。

（宋）徐夢莘三朝北盟會編，一九八七年上海古籍出版社影印許涵度校刻本。
（宋）熊克中興小紀，一九八五年福建人民出版社點校本。
（宋）佚名皇朝中興紀事本末，二〇〇五年北京圖書館出版社影印清抄本。
（宋）佚名中興兩朝編年綱目，二〇〇六年北京圖書館出版社中華再造善本叢書影印宋刊本。
（宋）李𡌴皇宋十朝綱要，二〇一三年中華書局點校本。
（宋）吕中類編皇朝中興大事記講義，二〇一四年上海人民出版社點校本。
（宋）劉時舉續宋中興編年資治通鑑，二〇一四年中華書局點校本。
（漢）司馬遷史記，二〇一三年中華書局點校本修訂本。
（宋）王稱東都事略，臺灣文海出版社宋史資料萃編影印本。
（元）脱脱宋史，一九七七年中華書局點校本。
（元）脱脱金史，一九七七年中華書局點校本。
（宋）宇文懋昭大金國志，二〇一一年中華書局校證本。
（清）徐松輯宋會要輯稿，二〇一四年上海古籍出版社點校本。
（宋）禮部太常寺纂修，（清）徐松輯中興禮書，續修四庫全書影印國家圖書館藏清蔣氏寶彝堂鈔本。

（宋）陳騤南宋館閣録，一九九八年中華書局點校本。

（宋）洪遵翰苑群書，文淵閣四庫全書本。

（宋）王象之輿地紀勝，一九九二年中華書局影印本。

（宋）祝穆方輿勝覽，二〇〇三年中華書局點校本。

（宋）岳珂鄂國金佗稡編續編，一九八九年中華書局校注本。

（宋）徐自明宋宰輔編年録，一九八六年中華書局點校本。

（宋）杜大珪名臣碑傳琬琰之集，文淵閣四庫全書本。

（明）楊士奇、黄淮等歷代名臣奏議，二〇一二年上海古籍出版社影印本。

（宋）王明清揮麈録，二〇一二年上海古籍出版社點校本。

（宋）李心傳道命録，知不足齋叢書本。

（宋）趙善璙自警編，二〇〇六年北京圖書館出版社中華再造善本叢書影印宋刻本。

（宋）洪邁夷堅志，一九八一年中華書局點校本。

（宋）劉達可璧水群英待問會元，一九九七年齊魯書社四庫存目叢書影印本。

（宋）章如愚山堂考索，文淵閣四庫全書本。

(宋)王應麟玉海,文淵閣四庫全書本。
(元)馬端臨文獻通考,二〇一四年中華書局點校本。
(宋)蘇軾蘇軾文集,一九八六年中華書局點校本。
(宋)宗澤宗忠簡集,文淵閣四庫全書本。
(宋)胡寅斐然集,一九九三年中華書局點校本。
(宋)李綱李綱全集,二〇〇四年岳麓書社點校本。
(宋)周必大文忠集,文淵閣四庫全書本。
(宋)王十朋梅溪集,文淵閣四庫全書本。
(宋)朱熹晦庵先生朱文公文集,二〇〇二年上海古籍出版社、安徽教育出版社朱子全書點校本。
(宋)樓鑰攻媿集,文淵閣四庫全書本。
(宋)楊萬里誠齋集,四部叢刊影印本。
(宋)晁公武郡齋讀書志,一九九〇年上海古籍出版社校證本。
(宋)陳振孫直齋書録解題,一九八七年上海古籍出版社點校本。
(明)楊士奇文淵閣書目,一九三七年商務印書館國學基本叢書本。

（清）阮元四庫未收書提要，清刻揅經室外集本。
（清）永瑢等撰四庫全書總目，一九六五年中華書局影印本。

附録四　陸游中興聖政草

建炎元年五月庚寅，上以四方勸進，群臣固請，即皇帝位于南京。以汪伯彦中興日曆、耿延禧中興記參修。

臣等曰：堯、舜所以獨高百王者，以其得天下及其傳天下而知之。湯有慚德，武未盡善，況於後世乎！漢高帝、唐太宗號爲盛主，然其得天下也以争；其傳天下也幾以致亂。大哉！太祖皇帝之受命，與太上皇帝之中興也！謳歌獄訟，歸而不釋，則不得已而履大位。及夫爲天下得人，則舉成業授焉，不詢群臣，不謀卜筮，惟視天意之所在而已。自堯、舜以來數千載，始有太祖及我太上皇帝，豈非希闊甚盛之際哉！

六月甲子，詔徽猷閣待制邢焕授觀察使。時諫官衛膚敏論焕后父，不當除待制。孟忠厚，隆祐太后兄子，不當除直學士。焕即有是命，而上以太后故，不忍罷忠厚職名。於是給事中劉珏、中書舍人汪藻引故事極論之。膚敏改中書舍人，言所論不行，不敢就職。明年正月丁未，卒授忠厚承宣使。且詔后族勿任侍從官，著於令。以汪伯彦時政記及汪藻所記參修。

臣等曰：臣聞章獻明肅太后垂簾時，外戚馬季良爲待制。仁宗親政，於明肅之政，無大變更，獨季良即日易武弁，以爲祖宗之制，不可以私恩廢也。太上皇帝奉隆祐太后至矣，而不敢抑言者，以私忠厚。嗚呼！此我宋家法，萬世所當守也。臣是以詳著之。

辛亥，赦書：拘籍天下神霄宫貲産錢穀，付轉運司，以克省計。先是，即位赦書已罷神霄宫，至是，復申諭焉。丙午，又詔：「道士林靈素、鄭知微、傅希烈家貲，令温、處州籍没。」以汪藻所記修入。

臣等曰：晉以老、莊清言亂天下，車轍既東，而君臣莫知創艾，卒以不振。建炎中興，首黜方士之害，丁寧切至，如救焚拯溺。然非上聖，其孰能之？乃者方士稍稍以附託干恩澤，特旨冠其徒至數十人，侵害度牒法，歲給緡錢以千數，而齋醮祈禳，猶不與也。雖間采近臣之議，寢而弗行，然此門要不可啓。臣等敢論著本末，以備覽觀焉。

辛巳，詔以知南康軍李定、通判韓璹便宜誅許高、許亢，特轉一官。先是，臣僚論靖康末折彦質爲宣撫副使，錢蓋爲制置使，高、亢總兵守河，皆不戰而遁，今置不問，則後何以使人？詔彥質責授散官、昌化軍安置；蓋落職，宮觀；高、亢編管海外。會南康奏高寓其境上，欲謀變，定、壽以便宜誅之而待罪。辛相李綱奏曰：「淵聖委高、亢守河，付以兵甚衆，賊將至而先走，朝廷不能正軍法，而一軍壘守倅敢誅之，必健吏也。使後日受命扞賊者知退走而郡縣之吏有敢誅之者，其亦少知所戒，是當賞。」上曰：「然。」乃有是命。以李綱時政記修入。

臣等曰：古之守封疆者，皆知進未必死於敵，而退必死於法。故援枹而鼓之士爭致命，以爲進猶或生，而退必死也。況受命爲大將，任安危成敗之寄者乎！三代聖人，仁民愛物，忠厚惻怛，至矣！然其出師不用命者，必戮弗敢赦也。太上皇帝之英斷，後世可忽忘哉！

丙戌，詔：「京東、京西、河北、永興軍、淮南、江南、兩浙、荆湖路，皆置帥府、要郡、次要郡。帥府爲安撫使，帶馬步軍都總管，要郡帶兵馬鈐轄，次要郡帶兵馬都監，皆以武臣爲之副。改路分爲副總管，路鈐轄爲鈐轄，州鈐轄爲副都監。總管、鈐轄司許便宜行軍馬事，辟置僚屬，依帥臣法，屯兵各有差。遇朝廷起兵，副總管爲帥，副鈐轄、都監各以兵從，聽其節制。正官願行者，聽。轉運使副一員、隨軍一員。留本路提點刑獄，彈壓本路盜賊。遇有盜賊，則量敵多寡出兵，會合以應援。」以李綱時政記修入。

臣等曰：昔太祖皇帝監唐末、五代方鎮强、王室弱之弊，故削鎮兵以尊京師。暨我太上皇帝，親見靖康以來群盜充斥，郡邑無備之患，故屯兵諸郡。且責提點刑獄以警備盜賊，扶偏補弊，可謂各適其時矣。乃者，郡邑安於無事，武備寖闕，一有非常，且復蹈前日之害，故臣具述其詳，以待制詔行焉。

十月丁巳，駕自南京登舟，巡幸淮甸。戊辰，宰執登御舟奏事。上曰：「昨日有内侍至自京師，進内府珠玉二囊，朕投之汴水矣。」右僕射黄潛善曰：「可惜，有之不必棄，無之不必求。」上曰：「太古之世，擿玉毁珠，小盜不起，朕甚慕之，庶幾求所以息盜爾！」先是，六月丁亥，上諭宰執，東京有司發到内庫寶器，有玻璃、碼碯之屬，皆遐方異物，内侍陳列以進。朕念玩物喪志，悉令碎之於殿庭。以李綱、汪伯彦時政記參修。

臣等曰：方承平無事時，陳寶玉、飾珠琲以爲玩耳。嗚呼！安知是物之足以敗天下而召寇戎也！太上皇帝身履艱難，撥亂中興，其視是物猶蝮蛇鴆毒，肯復親之耶？碎寶器，棄珠玉，臣知出於至誠惻怛，非如唐明皇焚錦繡，姑以飾一時虚譽而止也。

十二月丁巳，詔：「朕側身寅畏，與一二三大臣宵旰圖治，罔貴奇玩，罔好畋游。罔昵近習，使干政事，罔有斜封黑敕，以濫名器。夙夜正心，持誠祈天助順。聞小人爲姦，或欺誕請屬以鬻官爵，或臂鷹走犬以事畋獵，而率以御前爲名，使朕之好惡，何以昭示四方，格于上帝？其令三省、樞密院榜諭戒約，言事官覺察彈奏，敢有違者，重寘于法，並許人告，賞錢一千貫。内畋獵之人，輒稱御前鷹犬者，根治得實，配沙門島。」以汪藻所記修入。

臣等曰：春秋之義，王者無外，天下，王者家也。善乎諸葛亮之言曰：「宫中、國中當爲一體。」往者閹寺與姦臣相表裏，動挾御前之名，以脅制上下，卒成天下之禍。臣讀是詔，至于太息流涕。嗟乎！此建炎、紹興之政所以赫然有祖宗風烈也！

建炎二年四月己未，詔惟京畿、京東西、河北、河東、陝西，依已降指揮置巡社，餘路悉罷。時杭、温州已就緒，奏乞存留，亦弗聽。以汪藻所記修入。

臣等曰：唐中葉以後，府衛之制盡廢。至梁，涅人爲軍，於是兵民遂分，雖以周世宗之善治兵，我太祖、太宗之神聖英武，且去唐未遠，而兵民已不可復合矣。治平以來，學士大夫乃始欲追古制而復之，識者固知其難矣。一變而爲義勇，再變而爲保甲，三變而爲巡社，法非不古，而習俗已成，復之無由，此太上皇帝所以不憚改令，以安元元也。

庚申，詔：「御前軍器所，見織戰袍工匠，發還綾錦院，令依限織進。」初，命監綾錦院姜涣擇良工，就御前軍器所專織戰袍，欲以賜有功將士。中書侍郎張慤等言於上曰：「前日中人因事輒置局，紊亂紀綱，不可不深鑑。今若以織文責綾錦院，而使少府監督其程限，則事歸有司，於體爲正。」上曰：「甚善。」故有是命。以汪伯彦時政記修入。

臣等曰：臣聞明主之察治亂也審，而守法度也堅。寧逆志咈心，弗便於事，而常戒懼，於細微孽芽之間不敢忽也。夫取工於綾錦院，而織袍於軍器所。又以賞功，由常人觀之，誠若無甚害。然太上皇帝矍然改令，不俟終日，何哉？官失其守，而事奪於貴臣，法廢其舊，而制出於一切，則亂由之而作有不難矣。嗚呼！治亂之機，如此其微也，非明主其孰察之！

乙丑，上諭宰執曰：「昨日有内侍輒奏曰：『比侍講筵，竊聞講讀官某敷陳甚善，陛下必亦謂然，臣輒撰獎諭詔書進呈。』朕曰：『臣僚一時恩禮，當出朕意，非小臣所得預，若降詔書，自有學士，汝等各有職事，豈宜不安分如此？況此詔書，詞既未工，又不知體，取笑外人。』」上因曰：「朕每退朝，過屏風後，押班以下欲奏事者，朕亦正衣冠，再御座，聽其所陳，未嘗與之款昵。性亦不喜與婦人久處，多在殿旁閤子垂簾獨坐，筆硯外，不設長物，静思軍國合行大事，或省閲四方章奏。左右止留小黄門二人，一執事，一應門。至於内中掌文書，亦多是前朝老宫人。有來奏事者，朕亦出閤子外處分，畢，却入閤子坐。無一日不如是也。」以汪伯彦時政記修入。

臣等曰：閹寺之禍著矣！佞柔側媚，以狗馬聲色惑其君，禍之小者也。剽略書傳，誦説古今，以才藝自售，則其爲禍，豈易測哉！建炎之初，天子厲精求治，而宦者（技）〔投〕隙肆言，猶敢如此，亦可謂姦人之雄矣。非聖武英斷，絶其萌芽，則基亂胎禍，將何所不至！嗚呼！方其伺顔色，售才藝，能赫然拒絶之，固已難矣。又（慕）〔暴〕其情狀，告大臣，豈不甚難哉！至於清心寡欲，屏遠聲色，皆中興之本。臣是以論著之詳焉。

七月丁亥，楚州發歸朝官至行在。上諭宰執曰：「聞州郡多囚繫此輩，久者至經歲不得釋，少涉疑似，則殺之。覆燾間，皆吾赤子也，朕欲發諸郡拘囚歸朝官，盡赴行在存撫之，庶幾可召和氣。」以汪伯彦時政記修入。

臣等曰：古之王者，蓋有殺一不辜而得天下，則弗爲者矣。彼姦雄忍酷之言，至曰：「寧我負人。」嗚呼，人之用心何止天壤之異哉！方建炎之初，所在盜起如蝟，窮荒絶漢狼子野心之人，錯處郡縣，有司爲之禁防，或未過也。而太上皇帝惻然哀矜，形於聖訓，不以防亂備患，而忘淫刑之戒；不以艱危多事，而廢好生之心。凛然有三代王者之遺風矣，是豈秦、漢以來所能髣髴哉！

八月癸丑，臣僚請復常平官，講補助之政，廣儲蓄之具。從之。十月壬戌，詔：「常平之法，歲久多弊，頃以『紹述』爲名，雖知有公私不便，當增損更易者，亦莫敢言。今止爲常平本法，所繫甚大，非他司兼領，故復置提舉官。尚慮蹈襲前弊，反致害民。可明諭天下，青苗散斂法，永勿復行。其餘條制令葉夢得、孫覿、張徵討論以聞。」以汪伯彦時政記及汪藻所記參修。

臣等曰：常平之法，尚矣！穀賤則糴，穀貴則糶，無散斂之煩，而有救災之實，公私俱便，農末皆利，天下之良法也。孟子譏狗彘食人食，而不知檢；塗有餓莩，而不知發。使孟子而爲政於天下，常平之法必在所取矣。彼青苗出於近世，蓋非常平之舊。建炎之初，廢青苗以利民，而有司奉行失指，至侵耗常平之積，此詔書所以丁寧繼下也。今官存而事寖弛，法具而吏費處。意者朝廷仁愛之心雖至，而責實之政尚寬歟！臣故著初詔于篇，願有稽焉。

乙亥，上御殿策進士。九月庚寅，賜李易等及第、出身、同出身。初有司欲以上十人所對策進呈，且請以上意定名次。上卻之，曰：「朕委主司取士，必不錯。」乃悉從所擬，不復更易。以汪伯彦時政記及汪藻所記參修。

臣等〔曰〕：恭惟太上皇帝，當建炎之初，策士于廷，一委主司，不以一人之好惡，爲之升黜，天下之至公也。及紹興中，權臣罔上，假國家之科目，以私其子弟親戚，則聖斷赫然，拔寒畯，抑權貴，亦天下之至公也。惟一出於至公，故静則爲天地之度，動則爲神明之斷。傳曰：「公生明。」太上皇帝實有焉！

建炎三年三月辛巳，臣僚上言：「宜倣唐制及祖宗舊制，應章奏委翰林學士、給事中、中書舍人，輪日於禁中看詳，條陳具奏，使是非與奪，盡從公論，左右小臣，不得妄言利害。既委臣僚，乞不差内臣轉送，只實封往復，庶免黨與交結之弊。」詔從之。以路允迪時政記修入。

臣等曰：人主親决天下事，而不以假臣下，未爲甚害也。然天下之亂，往往輒生於此。秦始皇、隋文帝、唐德宗皆是聰明過人，無待輔助。於是疏間群臣，厭忽公論，而不知近習小人已陰竊其柄矣。太上皇帝深鑑前代之禍，博采在廷之議，以看詳章奏專責儒臣，使左右小臣，無所投其隙，防微杜漸至矣！今天子即位之初，首詔兩省分閱公車之奏，條流來上，實遵建炎故事也。聖聖相繼，出於一道，蓋多類此。嗚呼，盛矣！

四月乙卯，赦書：仁宗皇帝在位四十餘年，恩結民心，社稷長久，應仁宗法度，理合舉行。元祐大臣，雖累降處分，盡還官職恩數，尚慮未盡霑恩，其令本家自陳，有司疾速施行。先是，元年六月赦書，舊係籍及上書人悉還其元任官職，及贈謚碑額等。至是，復申敕焉。

臣等曰：臣竊觀三代以來，風俗忠厚，莫若我宋。世世修德，澤被天下，最久莫若仁宗皇帝，此太上皇帝所以慨然發德音也。天監在上，克相聖志，海内乂安，年穀屢豐，於萬斯年，無疆維休。則亦躬享仁宗眘畏之福，可謂盛矣！元祐大臣，勳德相望，中更黨錮之禍，其死於紹聖、崇寧之前者，嘗被恩數，固可還之矣。其間不幸没於謫籍之後者，謚，所以易名，而或未盡議；贈官，所以念功，而或未盡舉；碑額，所以旌賢，而或未盡賜。意者太上皇帝之心，將以啓迪嗣聖，故略而未行，以俟今日歟！此議郎博士之責也。

五月辛巳，巡幸次鎮江府。上謂宰相吕頤浩等曰：「張慤，古之遺直。陳東誅死可念，二人皆葬郡境，已降親札，令有司致祭，卿等更議恤其家。」癸未，中書舍人張忞被旨引對。甲申，上謂頤浩等曰：「張忞謂朕即位以來無纖毫之失，自古人君不患無過，患不能改過耳。忞諂諛如此，豈可寘之從班？可黜之。」於是詔忞落職宮觀。以呂頤浩、張浚時政記，汪藻所記參修。

臣等曰：武王克商，有下車而爲之者，有未及下車而爲之者。建炎中，太上皇帝櫛風沐雨，日不暇給，而汲汲於褒忠直，去佞諛。辛壬癸甲，未越信宿，聖政可以傳後世者三焉，抑可謂明所先後矣。然臣伏觀是時，上方勵精政事，躬行勤儉，張忞稱述，以爲無纖毫之失，亦未爲甚過也，而聖斷赫然屏遠斥絕之，惟恐少緩。臣知欺罔讒慝之姦，固無所容矣，是誠中興之本也。

丙戌，詔曰：「建康之地，古稱名都。既前代創業之方，又仁祖興王之國，朕本繇代邸，光膺寶圖，載惟藩潛之名，實符建啓之義，蓋天人之允屬，況形勝之具存，興邦正議於宏規，繼夏不失於舊物。其令父老再覩漢官之儀，亦冀士夫無作楚囚之泣。江寧府可改爲建康府，其節鎮舊號如故。」

臣等曰：建炎初載，重違汴都父老之意，是以車駕所臨，止曰「巡幸」，示不忍去故都耳。然自古未有爲國數十年，而無定都者，江左之必居建業，猶中原之必居雍、雒，天造地設，無可更議矣。王師北討，非盡復燕、趙、并、代，雖得河南，未可以舍建業而北也。自古披草萊，立都邑，不數年遂致富盛者多矣，況經營如是之久乎！臣故具載初詔，冀天子有感焉。

八月戊申，上曰：「昨日吳國長公主入內，以畫及小玉山、玉管筆爲獻。朕對以平生不識畫，因而不好，長主可惜錢買此，遂并玉山等復還之。」以王綯時政記修入。

臣等曰：昔宋高祖未備音樂，湯仲文以爲言。帝曰：「日不暇給，且所不解。」仲文曰：「屢聽自然解之。」帝曰：「政以解，則好之，故不習爾。」蓋耳目之玩，解生於好，好生於解，惟澹然清静，則物莫能入。太上皇帝體堯蹈舜，固非區區宋高祖所能仰望，然其言有適用者。臣是以著之，以見開國治謀之君，躬履艱難，崇尚儉約，大抵皆如此也。

閏八月丙戌，上與宰執論借補官資之弊，曰：「三十年來，爵秩冒濫，日甚一日，政和、宣和則以應奉花石之類補授，官爵遂輕。自宣和末以來軍興，借補猥冗，不可勝計，小使臣闕止二萬餘。今借補者何啻三五十萬，將來事平，未知何以處之。」以王綯時政記修入。

臣等曰：借補，猶前代假版之類爾。雖甚冗濫，一旦朝廷澄清之，猶可爲也，而太上皇帝已慮之如此。乃者軍興，賞功至五十萬有奇，往往貿亂相乘，又皆真命，一予不可復奪，天子雖當宁太息，思有以革其弊，而有司安常習，故終未能仰承上意也。

臣誠竊憂之，敢論著于篇，以備省覽。

丙申，主管頓遞官奏，巡幸日迫，爨竈器皿不備，請惟給衛士蒸餬、熟猪肉。上曰：「今來巡幸，豈可搔擾？如朕昨匆遽渡江，被褥亦不以自隨，偶攜得一貂皮，披卧蓋各半，未嘗取索一物，而有司借湯瓶至四百枚，不知何用？只今可出黄榜，告諭所過州縣，除蒸餬外，皆勿供。如違，當重寘之法。」以王綯時政記修入。

臣等曰：前代當多故時，人主務行姑息之政，往往反以階亂。獨太上皇帝神武英睿，深鑑兹弊，以爲人主猶暴衣露蓋，蒙犯霜露，宿衛之士，得飽餅餌多矣，其可重困吾民哉！故戎寇雖深，而軍律愈整，艱危雖極，而民心不離，卒以中興大業，垂裕萬世，聖矣！

夫游被命修光堯皇帝聖政，草刱凡例，網羅放逸，雖寢食間，未嘗置也。然不敢以稟留私篋，暇日偶追記得此，命兒輩録之。隆興二年十月一日，左通直郎、通判鎮江軍府事陸游記。

見中華書局影印版永樂大典卷一二九二九

後記

我與中興兩朝聖政結緣始於上世紀九十年代，當時我對李心傳的建炎以來繫年要録進行研究，而繫年要録中增入了大量中興兩朝聖政的評論，引起我對本書的注意。意外的收穫是我從永樂大典中發現了被認爲失傳已久的陸游中興聖政草，並撰成小文，發表在史學月刊上。但對中興聖政的研究並没有繼續下去，原因一是本書部頭大，二是本書殘缺嚴重。然機緣巧合，後來我給宋史研究生開設「宋史史料學」的課程，重新關注此書，當我從四庫全書的宋史全文提要中，瞭解到宋史全文的高孝兩朝内容來自中興聖政，我想是否可以利用宋史全文來輯補中興兩朝聖政的闕文，後來又看到一些學者對二書關係論述不一，促使我一探究竟。通過比對，我認爲中興兩朝聖政的殘缺可以恢復到百分之九十五以上。同時筆者研究宋史有年，熟悉這段歷史，加之前人也有很多相關成果可資參考，於是，不揣淺陋，對本書進行輯校。然而一旦進行整理，其難度仍超出了我的預想，如名物典章的解讀，脱訛衍倒的嚴重等等。然而開弓没有回頭箭，經過兩年的艱苦輯校，本書得以脱稿。經劉本棟博士聯絡，本書得以在中華書局出版。

本書的出版得到「中國古代史研究中心」及「2011協同創新中心」大力支持。

在本書出版過程中，得到責任編輯胡珂先生大力幫助，對本書的修訂提出不少有益意見，謹致謝忱。

本書的輯校肯定還存在不少不足或錯誤，歡迎讀者批評指正。

二〇一六年七月十二日於河南大學仁和小區陋室書齋

補記

本書除了宛委別藏本外，還有臺灣「國家」圖書館藏南宋建刊巾箱本（簡稱宋本），藍格舊鈔明影寫宋刊本（簡稱明抄本）。在我準備校勘本書時，曾欲設法利用這兩種殘本，但因種種原因未果，本書二校時，在責任編輯胡珂先生的幫助下獲睹這兩種本子，對此本人表示衷心感謝！

宋刊本與宛委別藏本相比，少了卷二十一至二十八。其他各卷的殘缺二者基本一致。其中卷一二、一三、五十、五十四有錯亂。但此本時代早，可以據此改正清人對本書的竄改，對宛委別藏本進行校勘。

明抄本現存前三十卷，雖然是影抄宋刻本而來，但與宋刊本及宛委別藏差別較大。由於是抄寫，錯別字較多，且卷一二、一三、二六、二九、三十有錯亂。但本書最大的價值是比前兩本多出二十九、三十兩卷，可以進行配補。其他各卷也可以對宛委別藏本進行校勘。

本人據此兩種殘本再對原書校對一過，多有改動。

二〇一八年八月一日於河南大學仁和小區陋室書齋

中國史學基本典籍叢刊　書目

皇明通紀
明季北略
明季南略
小腆紀年附考
小腆紀傳
廿二史劄記校證